세계 철강산업의
주도권 변화

세계 철강산업의
주도권 변화

ⓒ 곽강수, 2019

초판 1쇄 발행 2019년 11월 12일
    2쇄 발행 2020년 3월 10일

지은이   곽강수
펴낸이   이기봉
편집   좋은땅 편집팀
펴낸곳   도서출판 좋은땅
주소   서울 마포구 성지길 25 보광빌딩 2층
전화   02)374-8616~7
팩스   02)374-8614
이메일   gworldbook@naver.com
홈페이지 www.g-world.co.kr

ISBN   979-11-6435-802-1 (03320)

이 도서의 국립중앙도서관 출판예정도서목록(CIP)은 서지정보유통지원시스템 홈페이지(http://seoji.nl.go.kr)와 국가자료공동목록시스템
(http://www.nl.go.kr/kolisnet)에서 이용하실 수 있습니다. (CIP제어번호 : CIP2019044080)

세계 철강산업을 통해 바라본 한국 철강산업의 미래

세계 철강산업의 주도권 변화

곽강수 지음

미국 · 일본 · 중국 철강산업의 흥망성쇠를 통해
한국 철강산업이 얻을 수 있는 교훈은 무엇인가?

좋은땅

영국의 윈스턴 처칠 수상은 "과거를 멀리 돌아볼수록, 미래를 더 멀리 내다볼 수 있다"라고 했고, 명심보감에도 "미래를 알려거든 먼저 지나간 일을 살펴라"라고 되어 있다. 또한 역사학자인 E. H 카는 "역사란 과거와 현재의 끊임없는 대화이다"라고도 했다.

이 모두 현재의 관점에서 과거의 역사적 사실을 고찰하고 거기에서 나온 지혜를 통해 미래에 실천해야 한다는 의미일 것이다. 즉, 미래에 발생할 환경 변화는 과거와 다르게 나타나겠지만, 과거의 역사적 사실을 통해 교훈을 얻을 경우 미래에 대한 혜안을 얻을 수 있으며, 이를 통해 과거와 같은 실수를 반복하지 않고 지속적인 발전을 추구할 수 있다는 의미로 해석된다.

세계 철강산업의 주도권 변화에 관한 책을 집필하게 된 계기는 1998년으로 거슬러 올라간다. "세계철강산업의 주도권 변화와 시사점"이라는 주제의 이슈 리포트를 당시 연구소의 황경로 회장에게 보고하면서부터이다. 주요 내용은 미국과 일본 철강산업의 흥망성쇠의 배경을 통해 시사점을 찾는 것이었다. 이후부터 관련 자료를 수집하고 논문으로 작성하여 2001년에는 같은 제목으로 "POSRI경영연구"라는 연구논문집에 실리기도 했다. 논문을 작성하면서 언젠가는 이와 관련된 내용의 책을 써 보겠다는 생각을 했다.

연구원 생활을 하면서 수행한 연구과제 중의 일부가 철강산업의 흥망성쇠, 금융위기 이후의 세계 철강산업 구조 변화, 세계 철강산업 성장 속에서의 포스코의 위상 변화 등 철강산업의 성장 역사와 관련된 과제들을 수행하기도 했다. 과제를 수행하면서 관련된 자료를 수집 정리하기도 했고, 일본이나 미국에는 자료가 풍부한데, 왜 우리나라에는 참고할 만한 자료가 부족할까 자책하기도 했다. 이러한 자책감도 원고를 작성하게 만든 배경이 되기도 했다. 또한 철강 전문가로서의 연구원 생활을 종합해 보고, 이러한 주제에 대해 정리를 해 보고 싶었던 점도 책을 쓰게 한 동기라고 하겠다.

이러한 주제에 관심을 갖고 책자 원고를 준비하면서 갖게 된 이슈는 4가지였다. 첫째는 왜 비슷한 환경 변화 속에서 미국 철강산업은 쇠퇴하고, 일본은 주도권을 확보하고 2000년대 들어 부활했는가였다. 특히 2000년대 초반 들어 자동차 강판 기술을 중심으로 글로벌 철강사 간의 제휴경쟁이 일본 고로사들을 중심으로 나타나면서 일본 고로사들의 기술경쟁력을 눈여겨봤다. 둘째, 경기 침체 시에 미국이나 일본의 철강 소비가 Peak대비 30~40% 하락한 것처럼 우리나라도 언젠가는 선진국들처럼 철강 소비가 감소할 가능성에 주목했다. 셋째, 2000년대 들어 중국 철강 생산이 큰 폭으로 증가하고 순수출국으로 전환하면서 우리나라가 수입재를 방어할 시스템은 있는가 하는 의문과, 일본은 어떻게 수입을 억제하고 있는가에 대한 이슈가 추가되었다. 넷째, 최근에는 중국의 철강 소비가 급증하면서 일정 시점이 지나면 나타날 중국의 철 Scrap 증가와 관련된 이슈가 추가되면서 총 4가지 이슈를 염두에 두었다.

따라서 원고를 작성하면서 이러한 이슈를 염두에 두고 미국과 일본 철강산업의 흥망성쇠와 그 배경을 중심으로 하여, 이미 철강 소비의 정점을 지난 것으로 판단되는 한국 철강산업에 대한 시사점을 찾는 데 중점을 두었다.

역사는 과거의 사실을 분석하는 의미도 있지만 이를 통해 미래의 새로운 가능성을 열어 주기도 한다. 따라서 과거의 사실 자체에 매몰되기보다는 과거 역사의 인과 관계 발생의 교훈을 통해 미래를 위한 혜안을 갖는 것이 중요하다. 당시의 시대적 상황을 이해하고 객관적인 시각으로 지난 과거의 철강 역사를 통해 교훈을 얻을 수 있다면 미래 환경 변화에 대하여 같은 실수를 막을 수 있고, 슬기롭게 대응할 수 있는 지혜를 얻을 수 있지 않을까 기대해 본다.

자료를 준비하고 원고를 작성하면서 아쉬웠던 점은 철강 관련 통계나 자료의 접근이 쉽지 않았다는 점이다. 자료실의 접근이 과거처럼 용이하지는 않았기 때문이다. 이런 점에서 철강 통계나 자료를 입수하는 데 적극 협조해 준 포스코경영연구원 관계자 분들에게 먼저 감사의 말씀을 전해드린다. 그리고 책을 집필하는 데 용기와 격려를 보내주신 많은 분들과, 원고의 교정과 디자인을 담당한 분들을 포함한 출판사 관계자분들께도 마음 깊은 감사의 말씀을 전하고자 한다. 또한 그 동안 묵묵히 남편의 뒷바라지를 해주고 용기를 보내준 평생의 반려자인 내자와 사랑하는 가족들에게 고마움을 표하고자 한다.

끝으로 필자가 글 쓰는 재주가 부족하여 혹시라도 이 책을 읽는데 명쾌하지 않거나, 외국 자료에 대한 번역이 미진하여 과거의 사실 관계를 제대로 전달하지 못했을지 모른다는 우려가 앞선다. 또한 인용한 자료에 대해서는 가능한 인용 표시를 하려고 노력했지만 혹시라도 빠진 부분이 있을 것이다. 이러한 사항들에 대해서는 모두 철저하게 준비하지 못한 필자의 책임일 것이다.

목차

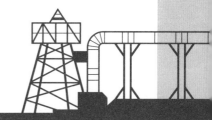

제1부

들어가며

제1장

집필 목적 및 방향

산업의 주도권이란, 한 국가의 특정산업이 세계 시장에서 충분한 경쟁력을 유지하고 그 산업을 이끌어 가는 힘을 의미한다고 할 수 있다. 이러한 경쟁력의 우위 요소에는 새로운 가치를 창출할 수 있는 능력, 새로운 기술 개발 능력, 시장 점유율, 가격 주도권의 우위 및 품질의 우위 등 다양한 요소가 있으나 주도권 측면에서는 이러한 요소들을 포함한 종합적인 의미라고 하겠다.

따라서 철강산업에 있어 주도권의 변화[1]는 경쟁력 우위의 국가 간 또는 기업 간 이동을 말한다. 이러한 주도권의 변화는 결국 산업화 과정에 따른 국가 간 산업의 발전 격차에 기인하게 된다. 또한 산업화의 과정에서 기업의 코스트, 생산성, 수익성에 변화가 나타나기 때문에 산업의 구조조정 과정에

---

1   이하 철강산업의 주도권 변화와 관련된 내용은 POSRI 경영연구 논문 준비자료인, 곽강수, "세계 철강산업의 주도권 변화와 시사점", 1998.12를 기본으로 수정 · 보완되었음을 밝힌다.

서 자연히 주도권의 변화가 발생하게 된다. 단지 그 산업 및 각 기업들의 국제경쟁력 유지를 위한 노력과 국가 경제 또는 경제 외적인 외부 요인에 의해서도 주도권의 변화가 발생할 수 있기 때문에 그 산업이나 각 기업의 노력에 따라서는 주도권의 수명이 연장될 수 있는 여지는 있다고 하겠다.

　세계 철강산업은 산업혁명과 함께 영국에서 발전하기 시작하여 영국 및 독일을 중심으로 유럽에서 성장을 가속하였다. 그러나 20세기를 전후하여 철강산업의 주도권이 미국으로 이동하면서 세계 철강산업이 급속히 성장하게 되었다. 세계 경제의 패권 유지와 함께 미국 철강산업은 1960년대까지 세계 철강산업에서의 주도권을 유지해 왔다. 그러나 1970년대 이후 두 차례의 오일쇼크를 계기로 급격히 쇠퇴하면서 주도권도 약화되었다. 이에 반해 일본은 1950년대부터의 고도성장을 배경으로 단기간에 미국을 추월하여 1970년대 이후에는 생산규모나 기술면에서도 세계 최고 수준의 철강국으로 등장하였다. 이와 더불어 중국이 거대 내수시장을 배경으로 개혁개방과 함께 1990년대 후반 이후 급속한 성장을 지속하면서 양적인 측면에서 세계 철강산업에 대한 막대한 영향력을 행사하고 있다. 이처럼 세계 철강산업의 주도권은 영국을 시작으로 20세기 미국, 1970년대 일본을 거쳐 현재는 중국으로 이동해 왔다. (〈그림 1-1〉 참조)

〈그림 1-1〉 세계 철강산업의 주도권 변화

세계 철강산업의 주도권 변화 경로

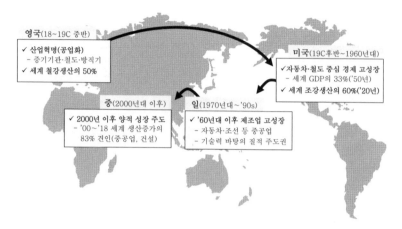

자료: 포스코경영연구소, "글로벌 위기 이후 세계 철강산업의 구조변화 전망", 연구과제, 2009.3.에서 일부 수정

　여기서는 철강산업 주도권 변화의 전체 진행과정을 살펴보는 것이 아니라 미국과 일본의 흥망성쇠의 과정과 그 원인 분석을 통해 한국 철강산업에 대한 시사점을 도출하는 데 목적을 둔다. 즉 오일쇼크나, 버블 붕괴, 금융위기 등 유사한 외부환경 변화 속에서 미국 철강업계는 왜 쇠락의 길을 걸었고, 일본의 철강업계는 어떻게 주도권을 확보하고, 2000년대 들어 부활하게 되었는지에 대한 근원적인 요인을 분석하는 데 중점을 두고자 한다. 따라서 미국과 일본 철강산업을 중심으로 살펴보고, 중국은 성장과정과 고도성장의 영향으로 나타날 환경변화에 대해 간략히 살펴본다.

　이를 위해 제2부에서는 미국 철강산업의 성장과 쇠퇴 과정을 살펴보고, 미국 철강업계의 노력에도 불구하고 쇠퇴하게 된 원인을 분석해 보고자 한다. 제3부에서는 일본 철강산업의 성장 과정과 경기 침체 시의 철강업계의 극복 노력과 함께 일본이 미국을 추월하여 주도권을 확보하고, 2000년대 들어 일본 철강업계가 다시 부활하게 된 원인을 분석해 본다. 이와 함께 미국과 일본의 대표적인 철강사인 USS의 쇠락과 신일철의 부활 과정의 분석을 통해 미국과 일본 철강산업의 부침에 대해 부연 설명코자 한다.

제4부에서의 중국 철강산업의 주도권은 현재진행형이고 가까운 장래에 주도권이 추락할 가능성은 적다는 점에서 간략히 살펴본다. 단지 향후 철 Scrap의 공급 증가에 따른 영향을 전망해 본다. 마지막으로 제5부에서는 이러한 미국과 일본 철강산업의 주도권 변화를 통해 한국 철강산업이 반면교사해야 할 교훈과 중국의 고속성장에 따른 미래 환경변화 가능성에 대한 시사점을 도출하고자 한다.

제2장

철강산업의 주도권 변화 요인

1. 경쟁력 우위의 이동 과정

어떤 산업에서나 국가 간 또는 기업 간 주도권의 이동은 추격과 추월의 2단계로 나누어 진행된다고 할 수 있다. 먼저, 후발국들은 산업의 성장을 통해 선진국을 추격하게 되는데, 이 단계에서 후발국들은 풍부하고 저렴한 생산요소를 바탕으로 빠르게 선발국에 접근하게 된다. 이러한 추격 과정에서는 이러한 생산요소뿐만 아니라 정부의 역할이나 기업가정신도 주요한 요소로 작용하게 된다. 즉 국가의 특정 산업에 대한 보호나 세제, 금융 지원 및 독과점 기업의 보호 등 정부정책이 중대한 영향을 미치게 된다.

다음으로 선발국의 수준에 도달하게 되면 같은 선발국 중에서도 리더로서의 위치를 차지하기 위한 경쟁이 심화되는데, 이 단계에서는 기술 혁신 등이 중요한 요소로 작용하게 된다. 선발국 중 기술 혁신에 성공한 기업이나 국가가 그 기술의 우위성을 인정받고 선도해 나갈 때 세계적인 리더로서 자리 잡을 수 있게 된다. 이 단계에서는 정부의 정책은 그 비중이 줄어들고 주로 기업의 제도적 측면, 즉 기술연구나 연구조직 등이 강조되게 된다.

결론적으로 주도권의 이동을 결정하는 요인들은 추격 과정에서는 생산요소 우위에 의한 생산성의 격차, 혁신 기술 도입, 기업가정신 및 독과점 기업의 존재 여부가 중요하고, 추월 과정에서는 기술 혁신과 이를 위한 제도적인 측면이 산업의 경쟁력에 있어 중요한 요소로 작용한다. (〈그림 1-2〉참조)

〈그림 1-2〉 경쟁력 우위의 이동과정

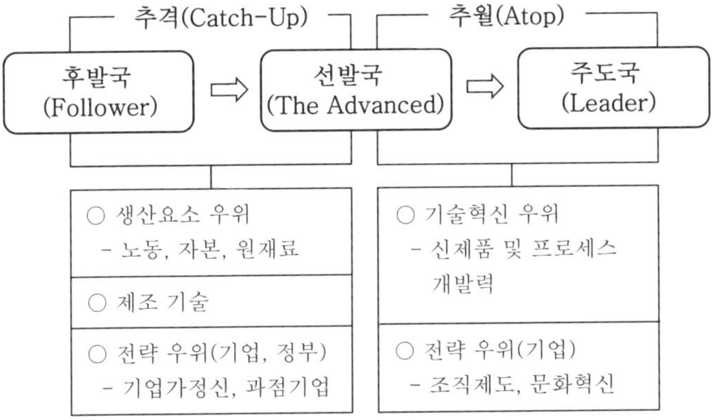

자료: 곽강수, "세계 철강 산업의 주도권 변화와 시사점", POSRI 경영연구 제1권 제2호, 2001.8, pp. 5

2. 철강산업에서의 국가 간 주도권 확보 요인

철강산업에 있어 국가 간의 경쟁력의 우위 요소를 살펴보면, 영국은 국내산 석탄과 인근 지역의 철광석을 값싸게 조달할 수 있었고 노동력도 풍부했다. 제조기술에 있어서도 코크스 제조법이나 베세머 제강법 등 기술 혁신을 선도하면서 세계 철강산업을 주도할 수 있었다. 그러나 20세기 이후에는 미국이 국내산 원료의 개발과 평로제강법 등 대량생산 체제 구축을 통해 원가를 낮추고 자본투자의 효율성을 향상시킴으로써 국제 비교 우위를 확보할 수 있었다.

20세기 미국이 세계 철강산업의 주도권을 확보할 수 있었던 원동력은 산업자본의 출현, 풍부한 원재료의 국내 조달, 그리고 기술에서 평로 제강기술의 확립과 연속열연압연기술의 확립 등 기술혁신에 있었다. 제철산업에 대한 기업가와 기업의 역할에서 보면, 철강왕으로 불리는 Carnegie를 들 수 있다. 그는 금융자본을 동원하여 소규모 철강기업들과의 합병을 통해 거대기업으로 육성하였으며, 당시 대형 일관제철소를 건설함으로써 대량생산에 의한 효율성을 추구했다. 또한 시장을 주도하는 대형 철강사의 존재는 시장을 안정시키고 가격을 주도함으로써 기업의 안정성장에 크게 기여했다.

〈표 1-1〉 주요국의 경쟁 우위 확보 요소

	영국(19C)	미국(1901~1960년대)	일본('70년대 이후)
생산요소 우위	- 원재료(석탄)	- 자본 - 원재료	- 노동력 - 자본 - 원재료(대량수송)
기술혁신	- 베세머 제강법 - Puddle법	- 평로제강법 - Hot Strip Mill	- LD 전로 - 연속주조 - 대형화기술 (고로, 전로, 압연)

전략 선택 (정부, 기업)	- 기업가정신	- 기업가정신 (Carnegie) - 일관제철소 - 기업규모 대형화 - 독과점기업 (US Steel)	- 기업가정신 (니시야마) - 임해제철소 - 정부지원(금융 등) - 신제품개발/수용 - 독과점기업 (신일철)

자료: 이금용, "鐵鋼産業의 國際競爭力 評價와 競爭優位 移動에 관한 硏究", 석사학위논문, 1997.6, pp. 59를 이용한 곽강수 "세계 철강 산업의 주도권 변화와 시사점", POSRI 경영연구 논문 준비자료, 1998.12에서 재인용

한편 1970년대 이후 일본은 풍부하고 저렴한 노동력 및 원료의 대량수송과 대형제철소 건설을 통한 대량생산체제를 완비함으로써 단위당 생산 코스트를 줄이고, 가격경쟁력을 확보함으로써 미국을 추월하여 세계 철강업의 주도권을 확보했다. 또한 은행자본을 새로운 제철소 건설에 투자해 낮은 금리에 의한 자본의 효율성을 최대로 이용하였다. 기술면에서는 대형고로의 운영기술 확립, LD 전로의 최초 도입, 연속주조기술의 도입, 고성능 Hot Strip Mill의 도입 등으로 새로운 기술에 의한 생산성 증가와 원가절감을 도모했다. 이와 함께 정부의 철강사업 육성을 위한 지원과 야와타(八幡)제철과 후지(富士)제철의 합병에 의해 탄생된 신일철의 독과점적 구조도 주요 성공요인으로 작용했다고 할 수 있다. 또한 그 이후에는 자동차강판을 비롯한 차별화된 기술경쟁력을 바탕으로 세계 철강산업에서의 주도권을 유지해 왔다고 할 수 있다.

철강산업의 혁명을 몰고 온 헨리 베세머(Henry Bessemer)

19세기 중반까지 주로 사용되었던 선철은 탄소 함유량이 많고 불순물을 함유하고 있어 부러지기 쉽고 가공성이 취약한 특성을 가지고 있었다. 이러한 선철의 한계를 극복한 것이 '위대한 강철왕'으로 불리는 헨리 베세머(Henry Bessemer, 1813~1898)였다.

베세머가 강철에 관심을 두게 된 계기는 크림전쟁에 참여하면서였다. 그는 1854년에 프랑스로 건너 가 크림전쟁에 사용할 포탄을 만들면서 나폴레옹의 프랑스 군을 지원했다. 그러나 탄환을 많이 발사하면 대포가 자주 깨어졌던 것이다. 베세머는 이를 극복하기 위해서는 선철에서 탄소나 불순물을 제거하여 우수한 강철을 생산하는 것이 관건이라고 생각했다.

베세머는 영국으로 돌아온 후 실험공장을 차리고 강철을 대량으로 제조하는 방법에 도전했다. 1년여의 기간 동안 다양한 형태의 설비를 만들고 여러 가지 조건을 달리 하면서 실험을 계속했다. 드디어 1856년 회전이 가능한 항아리 모양의 전로(Converter)를 이용하여 강철을 제조하는 방법을 개발했다. 당시

영국 셰필드 산업박물관에 전시된 베세머 전로

베세머는 "철강산업에 이제야 완전한 혁명이 오고 있다"고 말했다.

크림전쟁에서 러시아의 문호 톨스토이와 조우했을까?

크림 전쟁 당시 러시아의 톨스토이도 크림 전쟁에 참여하여 1854년 크림반도에서 프랑스 군의 포격을 마주하기도 했다. 프랑스 군 지원을 위해 포탄을 만들었던 베세머는 톨스토이와 한 번이라도 전장에서 마주했을까?

전로법의 등장으로 선철 속에 포함된 탄소 성분은 상당 부문 조절될 수 있었으며, 3~5톤의 선철을 가공할 때 걸리는 시간이 1일에서 10분으로 단축되었다. 또한 기존의 제강로는 사람이 휘저어야 했기 때문에 크기가 200kg 이내로 제한되었던 반면 베세머 전로는 20톤 정도까지 확대될 수 있어서 규모의 경제를 가능하게 하였다.

이처럼 베세머 전로는 제강 공정에서의 생산성을 획기적으로 향상시켰으며, 이를 통해 품질이 우수한 강철을 대량으로 생산할 수 있는 "강철의 시대"가 개막된 것이다.

1859년 베세머는 셰필드에 제철소를 세우고 무기와 철도에 사용될 강철을 생산하기 시작했다. 그는 1879년에 영국 정부로부터 기사 작위를 받았으며 왕립학회의 회원으로 선출되었다. 베세머는 1898년 세상을 떠났지만 그의 이름은 철강의 노벨상으로 불리는 '베세머 금상'에 영원히 남아 있다.

• 자료: [세계 철강산업을 움직인 10대 철인] 헨리 베세머, 2005.3.8, (http://blog.naver.com/basicity/120010894796) 및 톨스토이, 「인생이란 무엇인가」 채수동 · 고산 옮김, 2018.6

제2부

미국 철강산업

미국 철강산업의 성장과정

1. 대공황 이전까지의 초기 고도성장

가. 초기 성장과정

미국에서 최초로 철광석이 발견된 것은 영국의 청교도들이 도착하기 이전인 1585년이었다. 현재의 North Carolina주에서 처음으로 철광석이 발견되어 목탄 고로를 통해 철을 생산하기 시작했다. 당시에는 원료를 대량으로 수송할 수 있는 수단이 없었으므로 철강산업이 발전하기 위해서는 원료 산지 인근에 위치하는 게 기본적인 조건이었다. 1620년에는 영국에서 청교도들이 도착했고, 이민자들의 정착과 생활에 필요한 철강의 수요가 증가했다. 1692년에는 양질의 원료탄이 펜실베니아 주에서 발견되면서 자연스럽게 철강산업의 입지가 이전되었다.[2]

---

2   児玉光弘,「アメリカ鐵鋼業の盛衰」日鐵技術情報センター 1994.8.1., pp. 1

1776년 미국이 독립을 선언하면서 철강산업도 독자적으로 발전하기 시작했고, 1800년대 들어서는 철강 수요가 농업 부문에서 공업 부문으로 이동하면서 철강은 농기구 중심 수요에서 면직공업의 발전에 따라 섬유기계, 증기기관 등의 생산을 위한 주철(鑄鐵)[3] 수요가 급증하기 시작했다. 또 1850년대부터 철도 건설이 확산되면서 철도 레일(Rail)을 중심으로 새로운 수요를 창출했다. 철도 레일 수요는 1850년 3만 9천 톤[4]에서 1860년에는 18만 3천 톤으로 4배 이상 급증했다.

　　또한 석탄을 활용한 고로와 압연 기술의 발달로 제철소의 위치가 도시지역으로 이동되기 시작했다. 철도를 통해 석탄을 도시지역으로 이동이 가능해졌기 때문이다. 1859년에는 미국 최초의 근대식 고로가 인근 지역에서의 원료탄 조달이 용이한 피츠버그(Pittsburgh)에 건설되었고, 선철 생산도 크게 증가하면서 철강도시로 성장했다.[5]

　　1873년 이후 6년간의 장기 불황을 계기로 구식 목탄 고로설비는 점진적으로 폐쇄되고, 효율성이 높은 신형설비인 코크스 고로 및 제강공정을 거친 강(Steel) 제품의 생산이 증가했다. 이는 지역적으로는 Pittsburgh를 중

3　주철은 철광석을 용광로에서 환원시켜 용융 상태에서 뽑아낸 뒤 주선이라 하는 잉곳의 형태로 냉각시켜 만든다. 주철은 연철 가공 시 필요한 많은 망치질이 필요 없기 때문에 비용은 훨씬 저렴하나 쉽게 부러지며, 인장강도도 떨어진다. 주철은 압축강도가 뛰어나 초기의 고층 건물의 일부에 사용되었다. 20세기에는 건축용은 강철로 대체되었지만, 주철은 자동차 실린더 블록, 농기구 및 기계 부품, 난로 등에 많이 쓰이고 있다. (인터넷 Daum백과)

4　미국에서 사용중인 Short Ton의 개념으로 국제표준인 Metric Ton과의 혼돈을 피하기 위해 이하 미국 편에서는 특별히 톤(MT)으로 표시하지 않는 한, 미국에서 사용하는 NT를 사용한다. (1NT=0.9072MT)

5　日本貿易會 貿易研究所, 「美國産業 貿易構造の變遷と展望」, NIRA 위탁연구 NRC-85-23, 1987.12. pp. 225

심으로 한 미국 동북부 지역의 코크스 고로와 베세머 전로를 기반으로 하는 근대식 철강 기업들의 승리를 의미했다.[6] 예를 들어 카네기(Carnegie)의 Thomson 제강공장에서는 1875년부터 3년간 강(Steel)으로 만든 Rail의 생산 Cost가 30% 감소했다. 그러다가 1879~1880년에는 철도 건설 붐이 발생하면서 레일 판매가격이 대폭 상승했다. 그 결과 카네기의 철강회사는 높은 이익이 발생하여 1880년대 이후 기업 발전의 기초가 되었다. 1870년대 후반 들어서는 유연탄을 사용하는 제철법이 확산되면서 제철산업에서도 고로, 베세머 제강공장과 레일 압연공장을 한 곳에 집약한 초기 형태의 일관제철소가 출현했다.

이러한 과정을 통해 미국의 조강생산량은 1880년 124만 톤에서 1886년에는 260만 톤으로 확대되면서 영국(230만 톤)을 추월하여 세계 최대의 철강 생산국이 되었다. 또한 1870~1900년 30년 기간 동안 선철(Iron)생산은 8배 증가하는 사이, 강(Steel)의 생산은 153배나 급증하여 본격적으로 강(Steel)의 시대가 도래했다. (〈표 2-1〉 참조)

〈표 2-1〉 1870년 이후 미국 철강 생산량 변화

(천 MT)

	1870(A)	1880	1890	1900(B)	B/A
선철(Iron)	1,665	3,835	9,203	13,789	8배
강(Steel)	67	1,241	4,295	10,219	153배

자료: US International Commission 자료를 기초로 日本貿易會 貿易硏究所, 「美國産業 貿易構造の變遷と展望」 NIRA 위탁연구 NRC-85-23, 1987.12, pp. 227에서 재인용

---

6   大橋周治, 「現代の産業 - 鐵鋼業」 東洋經濟新報社, 1966.12, pp. 61

1860년대 남북전쟁 이후 미국의 산업혁명이 본격적으로 진행되고 도시화가 진행되면서 철강 수요는 급증했다. 이를 배경으로 미국의 조강생산량은 US Steel이 통합을 통해 설립되던 1901년 1,350만 톤(MT)으로 전세계 조강생산의 44%를 차지했고, 1929년에는 5,734만 톤으로 4배 이상 증가했다.[7] 철도가 가장 큰 수요 산업이었지만 자동차산업, 전기기계산업 및 석유가스산업이 등장하고, 고속도로 건설과 제1차 대전 시의 군수산업 등을 중심으로 생산 활동이 증가하면서 지속적인 성장을 달성했다.

1914년부터 유럽에서 시작된 제1차 세계대전으로 초기에는 전쟁수요가 발생하면서 미국 철강업계는 설비 능력을 대폭 확장했다. 미국의 전체 제강능력은 1차 대전 이전 5년간(1909~1913년)에는 약 500만 톤 증가한 반면, 1차대전 기간인 5년간(1914~1918년)에는 1,500만 톤 증가하여 1918년에는 약 5,500만 톤에 달했다.

전쟁 이후 미국 철강산업은 전쟁 후유증에 따른 불황으로 조강생산량이 절반 이하로 축소되기도 했으나, 1920년대 대중소비시대를 맞아 자동차를 비롯한 내구소비재의 수요 증가를 배경으로 1921~1929년 기간 중 연평균 14% 증가했다. 대공황이 발생했던 1929년 미국 조강생산의 전세계 비중은 47.5%를 차지하고 있었다.[8] (〈그림 2-1〉 참조)

---

7   1901년 세계 조강생산비중에 있어 독일은 21%, 영국은 16%였다.

8   大橋周治, 「現代の産業 – 鐵鋼業」 東洋經濟新報社, 1966.12, pp. 93 참조

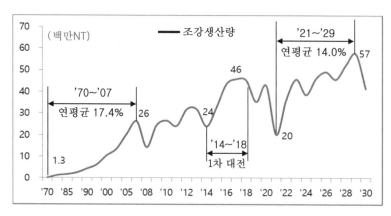

자료: AISI, *Annual Statistical Report*를 이용한 통계 DB 참조

나. 고도성장의 배경

1) 생산요소의 증가

철강산업이 성장하기 위해서는 최소한 3가지의 조건이 구비되어야 한다. 철강을 생산할 수 있는 원료를 안정적으로 확보하는 것이고, 다음으로 철강 제품을 생산할 수 있는 기술과 생산된 철강제품을 소비하는 수요가 있어야 한다.

이러한 의미에서 미국은 5대호 인근 지역에 양질의 철광석과 원료탄이 풍부하게 매장되어 있어서 세계 최대의 철강 생산국이 될 수 있는 조건을 초기부터 구비하고 있었다. 1844년 5대호 인근 미시간(Michigan)주에서 철광석 광산이 발견되었고, 1885년에는 미네소타(Minnesota) 주에서 양질의 철광석 광산이 발견되었다.[9] 그리고 이미 1690년대 펜실베니아(Pennsylvania) 주에

---

9   Google Wikipedia, https://en.wikipedia.org/wiki/Iron_mining_in_the_United_States

서는 원료탄 광산이 개발된 상태였다.

이와 함께 1800년대에는 5대호를 상호 연결하는 운하(運河)가 건설되면서 철강산업 발전에 크게 기여했다. 1825년에 개통된 에리(Erie)호 운하, 1855년에 개통된 수 세인트 메리(Sault Sainte Marie) 운하를 시작으로 5대호 지역의 운하는 원료탄, 철광석 및 제품 등을 낮은 Cost로 대량 운송이 가능해졌다.

이와 함께 미국 철강산업의 성장 초기에 철강을 생산하는 데 노동력을 공급해 주고 철강 수요를 결정하는 인구 수가 급속히 증가했다. 1600년대 초반부터 영국의 청교도를 중심으로 이민이 시작되면서 1640년에는 이민자 수가 2만 5천 명에 달했고 1750년에는 120만 명에 달했다. 이처럼 이민자가 증가하면서 미국의 인구는 1800년 500만 명에서 1900년에는 7,489만 명으로 15배나 증가했고, 1920년에는 1억 6백만 명으로 1억 명을 상회했다.

이처럼 인구 수가 급증한 데에는 이민자 수도 한몫했지만, 또 다른 이유는 자연증가였다. 광활한 토지를 경작하기 위해 보다 많은 사람들이 필요해지면서 자연스럽게 출생률이 증가했고, 10명 이상의 자녀를 두는 것이 보통이었다. 그러나 19세기 후반부터 20세기 초에 걸쳐 미국 철강산업의 성장을 노동력 공급 측면에서 지탱해 온 것은 당시 유럽으로부터의 이민자들이었다. 철강산업에서 1900년 당시 노동자의 63%는 이러한 새로운 이민자들이었다.[10]

이러한 인구 증가는 철강산업이 성장하는 데 저렴하고 양질의 노동력을 공급해 주고, 수요 측면에서는 인구 증가에 따른 도시화 진전 등으로 인프라

---

10   児玉光弘, 「アメリカ鐵鋼業の盛衰」 日鐵技術情報センタ-, 1994.8.1, pp. 3~4

수요 및 생활에 필요한 산업의 발전을 통해 철강 수요를 견인한 것이다.

2) 수요산업의 급성장

이러한 인구 수의 급격한 증가는 새로운 지역에 다양한 지역사회를 형성하면서 이에 필요한 인프라 건설과 철도 건설을 포함한 수요산업의 발달을 유인했다. 먼저 이민자 수가 증가하면서 다른 지역으로 이동이 활발해져 신도시가 형성되는 과정에서 건설수요가 급속히 증가했다. 도시 형성에 필요한 상하수도 등 인프라 건설이 증가했고, 주거 및 상업용 건축이 늘어났다. 1874년에는 미시시피강에 미국 최초의 철교(鐵橋)가 건설되었고, 1883년에는 New York 시를 연결하는 Brooklyn교가 완성되었다. 1885년에는 시카고에 10층짜리 철골조 건물이 완성되기도 하는 등 1900년대 들어서는 고층건물 건축 붐이 일기 시작하여 강재수요가 급증하기도 했다.

또한 사람들의 생활필수품 생산을 위한 공장건설과 도시 간 통행을 위한 도로나 철도 건설이 증가했다. 1830년에는 미국 최초로 철도가 개통되었고, 1840년에는 철도 총 길이가 4,540Km에 달했다. 1848년에는 캘리포니아 주에 금광이 발견되어 서부지역으로 이동하려는 인구가 증가하면서 1860년 철도 총 길이는 4만 9,300Km에 달했다. 1869년에는 대륙횡단철도가 완성되기 시작하여 19세기 말에는 대륙을 횡단하는 철도 노선만 5개나 되었다.

철도의 발전은 막대한 철강 수요를 창출한 철도 레일, 교량, 기관차 등 철강제품의 최대시장이 됐다. 뿐만 아니라 철도의 확장을 통해 전국 각지의 시장이 통합되면서 유통이 급속히 발달하였고, 각 지역의 도시발전을 촉진시켰다. 이는 다시 관련산업의 성장을 촉진시키고 철강 수요 증가를 유인했다.

이처럼 1900년대 초까지 미국 철강산업의 최대 수요처는 철도였다.[11]

1900년대 들어서는 새로운 수요 산업인 자동차 산업이 등장하면서 폭발적으로 성장했다. 1903년 설립된 Ford자동차는 초기부터 지속적으로 자체 모델을 제작해 왔다. 그리고 1908년 9월에는 작업표준화를 통한 T형 모델(Ford Model T)을 발표하여 대량생산에 성공했다. 예전에는 자동차 1대당 출고 시간이 12시간 8분이었으나, T형 모델은 1시간 33분으로 생산성이 10배 이상 증가하면서 대량생산이 가능해진 것이다.[12] 이에 따라 T형 모델의 생산량은 1908년 1만 대를 상회한 이후 1923년에는 200만 대를 돌파했다.[13]

이러한 대량생산 및 생산성 향상을 통해 T형 모델은 미국에서 자동차의 대중화를 이끈 역사적인 모델이 되었다. 당시 미국의 고급 자동차는 2,000달러에서 3,000달러 정도에 판매되고 있었는데, 모델 T의 가격은 850달러에 불과했고 1920년대에는 300달러까지 떨어졌다. 또한 Ford는 1915년에 "철강에서 자동차생산에 이르는 완벽한 수직적 통합을 위한 제철소 건설"을 천명한 이후 1920년에는 Dearborn 공장에 철강사업부문으로 당시 세계 최대 규모의 고로를 완성하여 자동차용 강재를 생산하는 제철소인 Rouge 공장을 건설하기도 했다.[14]

Ford자동차와 함께 1908년에는 뷰익(Buick) 등 자동차사들의 통합을 통

---

11   日本貿易會 貿易研究所, 「美國産業 貿易構造의 變遷과 展望」 NIRA 위탁연구 NRC-85-23, 1987.12. pp. 228

12   Naver Blog, "미국의 역사:3. '대량생산'과 '대량소비'의 시대 (1910~1930)", 2015.1.6

13   Google 위키백과사전

14   Ford자동차의 이러한 시도는 오일쇼크 이후 자동차생산이 감소하면서 Rouge Steel이 1978년 이후 9년 연속 적자를 기록하는 등 자동차와 철강 부문의 Death Spiral이 발생하면서 1989년에 Rouge Steel을 매각했다.

한 General Motors(GM)이 설립되는 등 자동차산업이 급성장했다. 이를 통해 미국에서의 자동차 생산은 1903년 1만 1천 대였으나 1920년에 200만 대를 기록한 이후 1929년에는 한국의 Peak시 생산량보다 많은 534만 대를 생산[15]하는 등 1913년 이후 연평균 16% 이상씩 급증했다.[16] 〈표 2-2〉에서 보는 바와 같이 미국 자동차산업은 1920년대 들어서는 건설산업과 비슷한 수준의 미국 내 최대 철강 수요산업 중의 하나로 성장했다.

〈표 2-2〉 열간압연강재 소비량 및 비중 변화 추이

(천 톤, %)

		1923	1928	1933	1938
자동차		4,254	7,074	3,586	3,677
	비중	12.6	18.5	21.1	17.2
철도		8,558	6,217	1,388	1,301
	비중	25.3	16.2	7.9	6.1
건설		5,014	7,172	2,686	3,990
	비중	14.8	18.7	15.8	18.7
광업 · 에너지		3,559	2,894	1,035	1,651
	비중	10.5	7.6	6.1	7.7
기타 비중		36.8	39.0	49.1	50.3
합계		33,809	38,266	17,003	21,322

자료: 児玉光弘, 「アメリカ鐵鋼業の盛衰」 日鐵技術情報センタ-, 1994.8.1, pp. 16

---

15   참고로 지금까지 한국에서의 자동차 생산은 2011년 465만 7천 대가 최대생산량이다.

16   児玉光弘, 「アメリカ鐵鋼業の盛衰」 日鐵技術情報センタ-, 1994.8.1, pp. 15

3) 철강기술의 혁신

1800년대 후반 이후 미국 철강산업이 고성장을 지속하고 세계 철강산업의 주도권을 확보할 수 있었던 이유 중 다른 하나는 제품을 생산할 수 있는 혁신 기술을 도입하거나 자체 개발을 통해 생산성과 품질을 대폭 향상시켰기 때문이다. 예를 들어 19세기 후반 고로에서의 송풍 엔진 개발, 기계식 주조, 제선과 제강공장 간 직송체제 구축 등으로 미국 고로의 평균 생산능력은 영국 고로 대비 50% 정도의 효율성이 높아졌다.[17]

제강공장에서는 1867년 대형 베세머(Bessemer) 전로가 도입되면서 레일(Rail) 생산에 선철(Iron) 대신 불순물이 적은 강(Steel)을 사용할 수 있었다. 1880년대에는 미국 제강생산량의 80% 이상이 베세머 제강법을 이용했고, 1907년에도 약 50% 정도가 이 제강법을 이용했다. 베세머 제강법의 도입으로 철강 생산의 생산성이 대폭 향상되어 양질의 철강제품을 대량으로 생산하는 대량생산 시대에 접어들었다. 기존 기술에 비해 5톤의 선철을 용강으로 전환하는 데 걸리는 시간을 기존의 하루(1일)에서 1시간으로 단축했다. 예를 들어 기존 제강법에 비해 작업 가능량이 100배 가까이 증가했고, 선철에 공기를 주입하여 탄소 성분을 조절함으로써 불순물을 줄일 수 있었다.

그러나 1890년 전후로 평로(Open-hearth)제강법이 도입되면서 1890년에는 51.3만NT, 1900년에는 340만NT이 평로를 통해 생산되었다. 평로 설비기

---

17   Yoshitaka Suzuki, "The Rise and Decline of Steel Industries: A Business Historical Introduction", pp. 1~18, Changing Patterns of International Rivalry : Some Lessons from the Steel Industry, Edited by ETSUO ABE, YOSHITAKA SUZUKI, University of Tokyo Press, 1991, pp. 6

술은 베세머 제강 기술 대비 3가지 장점을 보유하고 있었다.[18] 첫째, 평로는 인(P)를 함유한 미국산 철광석을 사용하기 용이했다. 둘째, 베세머 제강법에 비해 소형으로 건설이 가능했고, 투자비는 25~50% 저렴했다. 셋째, 평로는 에너지 연료소비에 있어 경제성이 높았다.

이러한 제선과 제강부문의 혁신기술 도입을 통해 철강 생산의 대량생산 시스템과 그 기술적 기초가 되는 일관제철소가 형성되기 시작했다. 이를 통해 1908년에는 평로가 주도적인 제강법으로 지위를 차지한 이후 1950년대 산소전로(BOF)가 개발 보급되기까지 그 지위를 유지했다.[19]

1900년대 초 미국 철강산업의 생산성을 향상시킨 또 다른 중요한 기술은 압연 밀에서의 전동기(Electrical Motor)의 도입이라고 할 수 있다.[20] 비록 1920년대 중반까지는 제철소에 자체 전력설비를 구축한 것은 아니지만 전동기 도입을 통해 1900년대 이후 생산성이 증가하면서 철강 수요 증가에 대응할 수 있었다.

또한 1900년대 들어 자동차산업의 성장과 함께 등장한 것이 20세기 철강 기술의 진보를 상징하는 Strip Mill(연속식광폭대강압연기)이었다. 자동차산업의 성장은 자연스럽게 판재류 수요 증가를 견인했다. 이러한 판재류 수요 증가에 대응하고 자동차업계의 니즈에 대응하기 위해 Strip Mill이라는 고성

---

18 Paul F. Paskoff, "The Growth of American Steel Industry 1865~1914: Technological Change, Capital Investment and Trade Policy", pp. 76~109, Changing Patterns of International Rivalry : Some Lessons from the Steel Industry, Edited by ETSUO ABE, YOSHITAKA SUZUKI, University of Tokyo Press, 1991, pp. 76~77

19 川端 望, "戰後 미국 철강산업에 있어서의 성장의 一國的 構造" - 리스트럭처링의 諸前提에 관한 연구 (1), 證券硏究年報 제10號 1995, pp. 51~80 및 pp. 61

20 Paul F. Paskoff, 상게서, pp. 87

능의 박판 제조설비가 개발되었다.

최초의 Hot Strip Mill은 1922년 시험 제작되어, 1924년 Armco사의 Ashland 제철소에서 조업을 시작했다.[21] 1926년에는 4단식 롤을 사용하여 거의 현재와 같은 메커니즘을 가진 Hot Strip Mill이 완성되었다. 1929년에는 미국 전체로 6기, 1939년에는 39기로 증가하여 자동차용 박판 생산은 전면적으로 Strip Mill로 전환되었다. 그리고 1929년에는 최초로 Cold Strip Mill의 상업생산이 시작되었다.[22]

4) American System

이처럼 1800년대 후반 들어 미국에서 산업혁명이 발생하고, Ford와 같은 기업가정신 즉 앙트레프레너십(Entrepreneurship)이 번성하면서, 단기간 내 영국의 산업혁명을 추월할 수 있었던 배경에는 미국만의 고유한 시스템 즉 American System[23]이 있었기 때문이었다. 이를 바탕으로 미국을 농업국가에서 산업국가로 변화시키는 카네기, 에디슨, 록펠러, 포드 등과 같은 앙트레프레너들이 활발히 활동할 수 있었다.

독립전쟁 직후인 1787년 해밀턴(A. Hamilton) 재무장관은 "미국이 완전한 독립을 위해서는 제조업의 육성이 필요하고, 13개 주를 하나의 강력한 연

21　Armco사가 Strip Mill을 개발하기 이전에는 1개월에 약 520NT의 Sheet를 생산했는데, 신기술 개발 이후에는 1개월에 45만NT를 생산했다.(인터넷 Google 검색)

22　大橋周治, 「現代の産業 - 鐵鋼業」 東洋經濟新報社, 1966.12, pp. 93~94

23　American System은 EBS, "EBS 다큐프라임 - 앙트레프레너, 경제강국의 비밀 5부 - 아메리칸 시스템의 비밀", 2016. 10, EBS 방송의 일부를 바탕으로 보완 수정한 것이다.

방으로 묶어야 한다"고 워싱턴(G. Washington) 대통령을 설득했다.[24] 이를 통해 아메리칸 합중국이 탄생하게 되었고, 국민의 재산권을 보장하기 위해 특허권을 보장하는 법률을 제정하고 이를 보호하기 위한 국가의 역할을 헌법에 명시했다. 1790년에는 특허권을 보장하는 법률을 제정했다. 이러한 특허권 보장은 미국을 변화시키는 결정적인 원인이 되었다. 유럽의 기술을 단순히 받아들이는 나라에서 스스로 창조하는 나라로 변모할 수 있었기 때문이다.

실제로 1865년부터 1900년까지 미국에서 발명 특허로 공식적으로 등록된 것만 64만여 종이었고, 이는 같은 기간 유럽 전체의 특허권 수를 합친 것보다 많은 수치였다. 19세기 후반 도래한 2차 산업혁명 시기에 미국이 선도적인 위치에서 기술혁신을 주도할 수 있었던 것의 원인이 특허권에 있었다고 해도 과언이 아니었다. 영국에서 시작된 1차 산업혁명이 증기기관을 이용한 방직업 등 경공업과 석탄산업이 중심이었다면, 19세기 후반부터의 2차 산업혁명은 미국을 중심으로 철강, 석유, 화학, 전기 등 중화학공업이 주도했다.[25]

이처럼 American System은 미국을 하나의 시스템으로 묶고, 시장을 통합하고 누구나 자신의 재능을 발휘하고 그 결과물을 보호해 줌으로써 앙트레프레너들이 번성할 수 있게 토대를 만들어 준 것이다.

---

24 당시만 해도 13개 주는 각각의 대표권을 가지고, 영국에 대한 대응이나 독립 이후의 처리방안에 대해서도 각각 다른 목소리를 내고 있었다.

25 Naver Blog, "미국의 역사: 2. 발명왕 · 철강왕 · 석유왕의 시대(1870~1910)", 2014.12.25

다. 고도성장 과정에서의 철강산업 구조 변화

1) 미국 철강산업의 과점화

1901년 합병을 통해 탄생한 US Steel은 당시 미국 철강 생산능력의 65% 이상을 차지했다. 이처럼 USS가 독점적 지배력을 차지하면서 자연스럽게 과점적 시장구조가 형성되었다. 이를 통해 중소기업 간 과당경쟁이 사라지고 US Steel을 중심으로 한 기업 간 협조체제가 형성된 것이다.

이를 상징하는 것이 1907년 대침체기에 시작된 "Gary 만찬"이다. 만찬에서 가격이 결정되는 것은 아니었지만 USS 회장인 Gary의 발언은 절대적으로 받아들여졌다. USS가 판매가격을 결정하면 다른 철강사들은 이를 따랐다. USS가 제시한 가격이 가장 경쟁력이 약한 공장을 기준으로 한 것이었기 때문에 다른 철강사들은 품질의 차이를 무시하고 이를 추종했다. 철강사들간 가격 인하경쟁을 피할 수 있었기 때문이었다.[26]

〈표 2-3〉에서 보는 바와 같이 1904년 USS의 시장점유율은 60.8%를 차지하고 있었고, 상위 4사인 Big 4는 74.2%, Big 8의 시장점유율은 83.5%로 상위 대기업들이 미국 시장을 대부분 장악하고 있었다. 그 이후 USS의 시장점유율은 지속적으로 하락세를 나타내고 있었으나 상대적으로 Bethlehem Steel 등 다른 기업들의 시장점유율이 상승하면서, 2차대전 직후인 1947년에도 Big 4의 점유율은 63.5%의 높은 수준을 유지했다. 조강생산능력을 기준으로 1908~1938년의 30여 년 기간 동안 Bethlehem Steel, Republic Steel 및 Jones & Laughlin사 등 3개 철강기업들의 비중이 11.9%에서 28.5%로 급증

---

26 日本貿易會 貿易硏究所, 「美國産業 貿易構造의 變遷과 展望」, NIRA 위탁연구 NRC-85-23, 1987.12, pp. 228

했다. 동시에 제1차 세계 대전 기간 중에 우후죽순처럼 나타났던 중소기업들은 1920년대 기간 중에 상당 부문 통폐합되었다. 1920년대 기간 중에 대기업과 중소기업 간 270여 건의 합병을 통해 약 1천 개의 중소기업이 대기업에 흡수되었다.[27]

〈표 2-3〉미국 대형 철강사들의 미국 시장점유율 변화

(%)

	US Steel	Big 4	Big 8
1904	60.8	74.2	83.5
1920	45.8	58.5	65.7
1938	33.1	62.0	79.0
1947	33.7	63.5	79.9
1961	25.7	54.6	75.5
1976	22.1	52.8	73.4

자료: Federal Trade Commission, *The United States Steel Industry and Its International Rivals*, Washington D.C., 1977, 자료를 기초로 日本貿易會 貿易研究所, 「美國産業 貿易構造의 變遷과 展望」 NIRA 위탁연구 NRC-85-23, 1987.12, pp. 229에서 재인용

2) 관리가격제도의 정착

US Steel의 시장지배력을 바탕으로 시장이 과점화되면서 판매가격에도 새로운 제도가 정착되었다. 1903년부터 시작된 "기준지인도가격제(Basing Point System)"는 어떤 특정 시점에 특정 수요가에 대해서는 모든 철강업체

---

27   大橋周治, 「現代の産業 - 鐵鋼業」 東洋經濟新報社, 1966.12, pp. 98

들이 동일한 인도가격으로 판매하는 제도였다. 각 철강업체들은 생산 장소에 따라 공장 출하가격은 차이가 나겠지만 특정 지역 수요가에 대한 공급가격은 동일하기 때문에 기업 간 가격 경쟁이 불필요했다.

구체적으로는 US Steel의 본사가 있는 Pittsburgh에서 설정된 기준 가격에 판매지점까지의 철도 운임을 더한 것을 판매 지점에서의 인도가격으로 하는 "Pittsburgh Plus 방식"이 적용되었다.[28] 따라서 철강회사들은 어느 제철소에서 출하가 되든 Pittsburgh로부터의 표준철도운임을 기준으로 추가 운임이 발생할 경우 가격에 포함시켜서 막대한 이익을 남겼다. 이 방식을 따르는 모든 철강회사들의 공급가격이 장기간 동일하다는 점에서 실질적인 카르텔(Cartel)이라고 할 수 있다.

이는 철강산업을 인위적으로 Pittsburgh에 입지시키는 결과를 초래했다. 이러한 과정을 통해 1900년대 초반 Pittsburgh에는 전국 철강 생산의 40%가 집중되고, 강재소비의 20%가 집중되는 현상이 발생했다.[29] 결과적으로 이는 미국 남부나 서부지역의 공업화를 지연시키는 결과를 초래했다.

또한 US Steel을 필두로 Bethlehem, Armco, Republic, National, Inland, Jones & Laughlin, Youngstown 등으로 구성된 과점체제가 안정화되어 크게 변하지 않았다. 이러한 미국 철강산업의 안정성은 US Steel이 자사의 시장점유율을 희생시키면서까지 철강시장에서의 가격통제를 유지하려는 정책과 1911년 이후 정지된 "Gary만찬회"를 모방하여 설립한 철강기업들의 협회인

---

28 日本興業銀行, "日美 鐵鋼産業の 將來展望 - 我が國 鐵鋼業の新たなる 展開に 向けて - ", 興銀調査 1994 No.3, 1994, pp. 19

29 大橋周治, 「現代の産業 - 鐵鋼業」 東洋經濟新報社, 1966.12, pp. 192

미국철강협회(AISI)를 통해 실현되었다.[30]

USS는 1924년에는 Pittsburgh를 유일한 기준점으로 하는 단일기준지점제에서 복수기준지점제로 전환하여 Pittsburgh외에 Chicago, Birmingham(알라바마 주), Sparrows Point(메릴랜드 주) 등 대형 제철소가 있는 지역을 새로운 기준지점으로 정했다. 그 이후 기준지점은 2차 세계대전이 발발하기 이전까지 7차례에 걸쳐 추가 지정되어 47개 지역으로 늘어났다. 이러한 기준지점의 증가에도 불구하고 수요가도착가격의 조건은 계속 유지되었다. 이처럼 1920년대 이후에도 USS 주도하에 철강가격이 관리되었는데, USS의 가격 전략은 호황기에는 철강 가격의 급등을 억제하고, 불황기에는 급락을 막아서 장기적으로 안정적인 이윤을 확보하는 것이었다.[31]

2. 대공황의 파고

가. 대공황의 철강산업 영향

1929년 가을 뉴욕 주가의 급락을 시작으로 대공황이 시작되었다. 철강업계는 공황 초기인 1930년까지는 높은 가동률을 유지하는 등 낙관적인 전망이 지배적이었다. 그러나 1931년 이후 자산가격의 붕괴가 실물경제로 확산되면서 자동차 등 수요산업 생산활동이 급격히 침체되고, 철강업계에도 심

---

30   日本貿易會 貿易硏究所, 「美國産業 貿易構造의 變遷과 展望」 NIRA 위탁연구 NRC-85-23, 1987.12, pp. 230

31   大橋周治, 「現代の産業 - 鐵鋼業」 東洋經濟新報社, 1966.12, pp. 95

각한 영향을 미쳤다.

다우존스 공업지수는 1929년 9월에서 1932년 8월까지 약 3년 동안 87.5%
가 하락하는 등 주식시장이 붕괴되었다. 이에 따라 은행들의 부실채권이 급
증하면서 1929년 659개 은행이 파산하고 1933년에는 약 4,000개의 은행이
문을 닫는 등 1933년까지 전체 은행이 75%인 9,755개의 은행이 파산했다.
1933년에는 은행이 없는 주(州)가 28개에 달할 정도였다. 은행이 망하자 수
많은 기업과 공장들이 자금을 구하지 못해 문을 닫아야 했다. 덩달아 종업원
들은 일자리를 잃게 되어 1933년 미국의 실업률은 24.9%까지 상승했다. 실
업자 수가 1929년 150만 명에서 1933년에는 1,283만 명으로 급증했다. 실
업 증가로 제품을 구매할 수 있는 수요가 감소하면서 기업들의 생산은 더욱
악화되어 1933년 미국의 실질 GNP 규모는 1929년의 71% 수준으로 하락했
다.[32] (〈그림 2-2〉 참조)

32　명목 GNP는 1929년 1,040억 달러에서 1932년에는 580억 달러로 거의 절반으로 줄었다.
　　Naver Blog, 미국의 역사: '대공황'과 '2차 세계대전'(1930~1945), 2015.1.11. 참조.

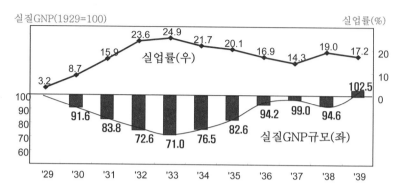

〈그림 2-2〉 대공황기의 미국 경제지표 변화 추이

실질GNP(1929=100)   실업률(%)

자료: 삼성경제연구소 자료를 이용한 포스코경영연구소, "글로벌 위기 이후 세계 철강산업 구조변화 전망", 연구
과제, 2009.3에서 재인용

자동차 판매는 1929년 445만 대에서 1932년에는 10만 대로 급락했다. 기업들의 투자는 1929년 70억 달러에서 1933년에는 20억 달러로 하락했고, 10만여 개의 기업이 문을 닫았다. 이러한 영향으로 미국의 조강생산은 1932년 1,390만 톤(MT)으로 직전 피크였던 1929년 5,734만 톤(MT)의 4분의 1 이하로 감소하면서 설비가동률은 19.5%까지 하락했다.

미국 경제가 1933년부터 회복세로 전환되면서 1937년에는 조강생산도 과거 피크였던 1929년의 약 90%인 5,138만 톤까지 회복되었다. 그러나 1937년 가을부터 경기가 다시 하락하기 시작하여 철강 수요가 급락했는데, 1939년 유럽에서 발발한 2차 세계대전으로 철강수출이 급증하면서 1940년 조강생산은 전년비 27% 급증한 6,077만 톤에 달했다. 결국 미국의 조강생산이 1929년 수준을 회복하는 데 11년이 소요되었다.[33]

---

33   포스코경영연구소, "글로벌 위기 이후 세계 철강산업 구조변화 전망", 연구과제, 2009.3 참조

나. 대공황기의 철강업계 대응 전략

1930년대 대공황이 발생하면서 철강 수요가 급격히 감소하자 USS의 관리가격을 따르지 않고 비밀리에 판매가격 인하를 단행하는 일부 중소기업도 있어서 일시적으로나마 전통적인 관리 가격이 붕괴되기도 했다. 그러나 USS를 비롯한 대형 철강사들은 자신들의 시장지배력을 바탕으로 공급 조절을 통한 판매 가격을 유지하려는 전략을 추진했다. 공황의 영향으로 철강 수요가 4분의 1 이하로 감소한 상황에서도 대형 철강사들은 판매 경쟁을 자제하고, 가동률을 낮춰 생산량을 줄이는 공급 조절을 통해 관행적인 관리가격제도를 이용하여 판매 가격을 유지한 것이다.

강재 판매 가격이 경기변동에 상관없이 장기간 동일한 가격을 유지한 전형적인 사례는 레일(Rail) 가격이다. 1922년 10월에 발표된 중궤조(重軌條, Heavy Rail) 가격은 톤 당 43달러였는데 이 가격은 대공황의 여파가 한창이던 1932년 10월까지 10년 동안 동일했다. 또한 〈그림 2-3〉에서 보는 바와 같이 "American Iron誌"가 작성한 강재종합가격에 따르면, 다른 철강제품의 가격도 레일처럼 동일하지는 않았지만 대공황을 포함한 제1, 2차 세계대전 기간에 걸쳐 미국 철강재 가격이 안정적인 추이를 보이고 있었다.[34]

34　大橋周治,「現代の産業 - 鐵鋼業」東洋經濟新報社, 1966.12, pp. 94 그림에서 추정

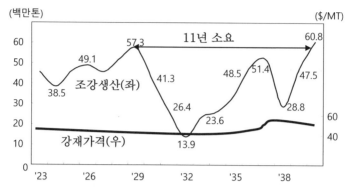

〈그림 2-3〉 대공황기의 미국 철강 생산과 강재가격 추이

자료: 大橋周治, 「現代の産業 - 鐵鋼業」 東洋經濟新報社, 1966.12, pp. 96 그림을 재편집한 포스코경영연구소, "글로벌 위기 이후 세계 철강산업 구조변화 전망", 연구과제, 2009.3에서 재인용

대공황으로 가격 하락 압력이 컸음에도 불구하고 미국 철강회사들이 가격 인하보다는 가동률 하락을 통해 판매가격을 유지하려 했던 이유는 철강 산업의 특성 때문이었다. 철강 제품은 가격 변화에 대한 수요의 탄력성이 매우 작기 때문이다. 즉 철강 수요가 구조적으로 하락하는 상황에서는 가격 인하를 하더라도 철강 수요가 증가하는 폭은 크지 않다. 따라서 가동률을 낮춰서 공급을 줄일 경우 수급 균형을 맞출 수 있어서 가격 하락을 최소화할 수 있기 때문이다.

또한 미국 정부도 1933년에 New Deal 정책의 일환으로 전국산업부흥법 (NIRA)[35]을 시행하고, 산업별로 조직을 형성하여 기업들의 합의를 통해 생

35　The National Industrial Recovery Act로 1933년 미국에서, 뉴딜 정책의 일환으로 제정된 산업 입법이다. 근로자의 단결권, 단체 교섭권, 쟁의권, 최저 임금의 보장 등 사회 노동 정책의 실시와 독점 기업의 옹호에 의한 산업의 자본가적 조직을 강조하였다. 1935년에 위헌판결에 따라 폐지되었다. (인터넷 검색 자료)

산·판매 활동을 결정하도록 허락했다. 다시 말해 위기에 처한 철강산업의 회복을 목적으로 생산, 판매 조정을 통한 가격을 정하도록 하는 Cartel을 용인한 것이다.[36] 1935년 산업부흥법이 위헌판결을 받았기 때문에 관리가격제가 위기에 처하기도 했으나, 2차 대전이 발발하면서 관리가격제는 유지되었다.

이러한 대응을 통해 USS는 가동률이 19.9%까지 하락한 상황에서도 총자본이익률은 1929년 약 9%에서 1932년에는 약 3%까지 하락했지만, 그 이상의 대폭적인 적자는 발생하지 않았다.[37]

3. 2차 대전 이후의 성장 둔화

가. 2차 대전 이후의 미국 철강산업 성장

1) 미 철강업계의 낙관적 전망

2차 세계대전의 영향으로 유럽과 일본 철강설비들이 상당히 파괴되거나 가동이 중단된 상황에서 미국 철강설비는 거의 온전한 상태로 전쟁이 종료되자, 미국의 세계 철강산업에서의 위상은 더욱 높아졌다.

제2차 대전 이후에는 전쟁 기간 중 유럽에서의 철강 설비 파괴와 한국의 6.25 전쟁을 계기로 군수용 수요가 증가하면서 미국의 조강 생산은 1946년

---

36 日本貿易會 貿易研究所, 「美國産業 貿易構造の變遷と展望」, NIRA 위탁연구 NRC-85-23, 1987.12, pp. 230

37 大橋周治, 「現代の産業 – 鐵鋼業」 東洋經濟新報社, 1966.12, pp. 94

6,660만NT에서 1955년에는 1억 1,700만NT으로 증가했다. 이러한 생산 증가로 2차 대전 이후 10년 동안 고로업체들의 설비가동률은 90%를 상회했고, 1950년 미국의 조강 생산은 세계 전체의 약 절반인 48.4%를 차지했다. 또한 기술적으로도 세계 최고 수준이었고, 세계 최고의 강력한 지배력을 보유하고 있었다.[38]

이를 배경으로 미국 철강 경영자들은 앞으로도 "미국의 세기"가 계속될 수 있는 핵심적인 징표로 판단했다. 전쟁 직후 미국 철강업계는 "철강산업이 성장할수록 미국도 번영한다(As steel goes, so goes the nation)"이라는 유행어도 만들어 내면서 앞으로도 세계 철강산업의 리더십을 계속 유지할 것으로 판단했다.

2차 대전 이후 1960년까지 기간은 세계 시장의 주도권을 유지하기 위해 미국의 정책이 세계 시장을 지배하는 소위 말하는 "미국의 세기"의 핵심 기간이었다. 경제뿐만 아니라 정치, 군사, 기술 등 모든 면에서 세계를 주도했고, 이것이 앞으로도 최소 100년은 지속될 것으로 믿었다.[39]

2) 2차 대전 이후 대규모 설비 확장

이러한 낙관적 분위기를 반영하여 2차 대전 전쟁 종료 이후 Truman 정부

---

38 日本貿易會 貿易研究所,「美國産業 貿易構造의 變遷과 展望」 NIRA 위탁연구 NRC-85-23, 1987.12, pp. 230

39 Paul A. Tiffany., "The American Steel Industry in the Postwar Era: Dominance and Decline", pp. 245~265, Changing Patterns of International Rivalry : Some Lessons from the Steel Industry, Edited by ETSUO ABE, YOSHITAKA SUZUKI, University of Tokyo Press, 1991, pp. 245~251

는 철강업계에 지속적인 설비확장을 요구했다. 지속적인 경제성장을 위해서는 설비 확장을 위한 설비투자가 필요하다고 생각한 것이다.

철강 설비능력 확장을 두고 철강업계와 정부 당국과 의견이 달랐다. 철강업계에서는 전후 미국 철강 수요에 대응한 생산이 1946년 6,660만NT에서 1950년에는 7,640만NT, 1955년에도 7,850만NT로 약 1,000만 톤 정도 증가할 것이라고 보수적으로 전망한 반면, 정부에서는 전후 완전고용 달성을 위한 가동률 전망을 통해 1억NT 이상의 생산이 필요하다고 주장했다.

이와 함께 설비 능력 확장을 하기 위해 누가 자금을 조달할 것인가의 근본적인 의문에 직면했다. 철강업계에서는 당시의 가격 수준이 유지된다는 전제하에 설비 확장을 위한 자금이 부족하다고 주장했고, Truman 정부는 철강업계의 수익성을 감안할 경우 자체적으로 자금 조달이 충분할 것이라고 주장했다. 결국 미국 정부는 전후 1950년까지는 철강업계에 대한 어떠한 자금 지원도 거절했다.

그러나 1950년 한국의 6.25 전쟁이 발발하자 미국 의회에서는 서둘러 국방관련 산업의 투자지원 법안을 가결하고, 1951년 1월에는 1,570만NT의 철강설비능력 확장을 지원하기 위한 14억 달러의 기금 조성안을 통과시켰다. 더구나 1950년 12월에는 2차 대전 이후 처음으로 대부분 제조업에서의 판매가격 인상을 용인하기도 했다.[40]

---

40 Paul A. Tiffany, "The Roots of Decline: Business-Governmant Interaction in the American Steel Industry, 1945-1960", Journal of Economic History, vol.XLIV, No.2, June 1984, pp. 409~411

<표 2-4> 미국 철강설비 및 생산 변화(1940-1960)

(천NT, %)

년도	조강생산능력	생산량	가동률
1940	81,619	66,983	82.1
1945	95,505	79,702	83.5
1950	99,983	96,836	96.9
1955	125,828	117,036	93.0
1960	142,800	99,282	69.5

자료: AISI, *Annual Statistical Report*를 이용한 Tiffany, "The Roots of Decline: Business-Government Interaction in the American Steel Industry, 1945-1960", Journal of Economic History, vol.XLIV, No.2, June 1984, pp. 410

　　이러한 과정을 통해 미국의 조강설비능력은 1940~1960년 기간 중에 약 6,700만NT이 증강되었다. 이는 1960년 당시 조강 생산 능력의 약 45%가 이 기간 중에 신증설된 것을 의미한다. 1940~1950년 기간 중에는 약 1,840만NT 이 증가했고, 1950년대에는 4,860만NT이 증가했다. 즉 미국 조강 생산 능력은 1950년대에 집중적으로 증강된 것이다.

　　1950년대 후반 이후에는 일본이 신규 설비 확장을 통해 설비 능력을 본격적으로 확장하고 있는 상황에서 미국에서는 1960년대에 미국에서의 마지막 일관제철소가 건설되기 시작했다. 1960년대 초 Bethlehem Steel은 Indiana 주에 Burns Harbor제철소의 하공정 설비를 건설하기 시작하여 1966년 열연, 후판, 냉연 및 석도강판 공장을 완공했다.[41] 1960년대 말 상공정 설비를 추가

41　　80 inch hot strip mill 1기, 160 inch sheared plate mill 1기, cold rolling mill 1기 및 tinning

할 때까지 Burns Harbor 제철소는 Slab를 외부에서 조달하여 가공 생산했다. 1970년에야 250~300만NT의 조강 생산 능력을 가진 일관제철소가 되었다. 1962~1970년까지 당시 달러 기준으로 투입된 비용은 부지 비용까지 포함할 경우 거의 10억 달러였다.

그러나 1945년 이후 미국에서 신규로 건설된 제철소는 겨우 2개밖에 없었다.[42] 일본 등 해외에서는 수많은 제철소들이 신규로 건설된 데 반해 미국에서는 효율적인 설비를 가진 제철소가 겨우 2개밖에 신규로 건설되지 않았던 것이다.

3) 철강산업 성장 둔화와 1970년대 초반 최후의 만찬

2차 대전 이후 1950년까지 고로-평로-Strip Mill을 중심으로 한 다양한 압연기로 구성된 설비 체제가 확립되었다. 1950년에 미국의 조강생산량은 전 세계의 48.4%를 차지하고 있고, 1952년 연간 생산 능력 200만 톤 이상의 일관제철소가 미국 내에 11개나 있었지만 유럽과 일본에는 하나도 없었다.[43]

또한 판재류 Strip Mill에서도 미국이 경쟁국들에 비해 비교 우위를 확보하고 있었다. 1961년에는 National Steel이 폭 80inch의 Hot Strip Mill의 조업을 개시했다. 또한 1960년대 미국이 압도적인 우위를 보유한 것이 Computer제

---

mill 1기로 구성되어 있었다. (Robert W. Crandall, The U.S. Steel Industry in Recurrent Crisis, pp. 74)

42 2개의 일관제철소는 1950년대 USS의 Fairless제철소와 1960년대 Bethlehem Steel의 Burns Harbor제철소 2개다.

43 川端 望, "戰後 미국 철강산업에 있어서의 성장의 一國的 構造" - 리스트럭처링의 諸前提에 관한 연구 (1), 證券研究年報 제10號 1995년, pp 51~80, pp. 62

어 분야였다.[44]

이러한 미국 철강업계의 1950년대의 활발한 설비확장과 국제적 위상 유지에도 불구하고 1950년대 후반 들어 미국 철강산업의 성장세는 둔화되었다. 한국의 6.25 전쟁이 종료되면서 군수용 수요가 사라지고, 경기 불황이 발생하면서 미국의 철강 소비와 생산이 큰 폭으로 둔화된 것이다. 그 결과 1950년대 기간 중 미국의 강재소비는 연평균 0.1% 증가에 그치고, 조강생산도 연평균 0.2% 증가에 그쳤다.

이에 반해 1960년대 기간 중 철강 수요는 큰 폭으로 증가했다. 미국 강재 수요는 1961~1968년 기간 동안 4,035만NT 증가했다. 그 배경으로는 베트남 전쟁 특수와 "위대한 사회 건설"을 목표로 한 정부의 확장적 경제정책이 있었다. 이를 통해 고로사들은 수요 증가분의 일정량을 수입재에 빼앗겼지만 생산을 확대할 수 있었다.[45]

1970년대 초반 들어 미국 철강산업의 호황이 찾아왔다. 미국 철강산업 역사에 있어 마지막 호황으로 역대 Peak기를 형성한 시기였다. 1971년 닉슨 (R. Nixon)대통령은 기업들의 투자에 대한 감세 조치 등을 통해 국내 경기의 부양을 추진했다. 그 결과 1971년 미국의 조강명목소비는 1억 4,100만NT에서 1973년에는 1억 6,550만NT으로 2천만NT 이상 증가했고, 조강생산도 1억 2,040만NT에서 1억 5,080만NT로 약 3천만 톤 증가했다. 이에 따라 설비가동률도 90% 이상 유지되면서 풀 가동 상태에 있었다.[46]

---

44 児玉光弘, 「アメリカ鐵鋼業の盛衰」 日鐵技術情報センター, 1994.8.1, pp. 43

45 川端 望, "戰後 미국 철강산업에 있어서의 성장의 一國的 構造" - 리스트럭처링의 諸前提에 관한 연구 (1), 證券研究年報 제10號 1995년, pp 51~80, pp. 78

46 Robert W. Crandall, *The U.S. Steel Industry in Recurrent Crisis*, The Brookings

(백만NT, %)

		조강능력	조강생산	강재수입	강재소비
1950		100.0	96.8	1.1	70.2
1960		142.8	99.3	3.3	71.0
1970		153.8	131.5	13.4	97.1
1973		156.7	150.8	15.2	122.5
연평균 증가율	'51~'60	3.6	0.2	12.0	0.1
	'61~'73	0.7	3.3	12.3	4.3
	'51~'73	2.0	1.9	12.2	2.5

자료: AISI, *Annual Statistical Report*, 각년호

1960년대 이후 미국의 철강 수요 회복에도 불구하고 1950년대의 성장 정체 영향으로 1950년대 이후 오일쇼크 이전까지의 전체적인 미국 철강산업의 성장세는 둔화되었다. 〈표 2-5〉에서 보는 바와 같이 미국의 강재소비는 1951~1973년 기간 동안 연평균 2.5% 증가했고, 조강생산은 수입재에 시장을 잠식당하면서 1.9% 증가에 그쳤다. 이는 1900년대 들어 두 자릿수 증가세를 보이던 역동적인 성장에서 철강 수요가 성숙기에 접어들었다는 것을 의미했다. 더군다나 1960년대 후반 들어 베트남 전쟁이 장기화되면서 특수가 줄어들고 특히 고속도로 건설과 학교 건설과 같은 인프라 건설이 포화점에 이르면서 미국의 철강 수요는 상승세가 급격히 둔화되었다.

Institution, Washington, D.C., 1981, pp. 35~38

나. 2차 대전 이후의 철강산업 구조 변화

1) 철강수입의 구조적 증가

1950년대 중반 철강업계 경영자들은 유럽과 일본 철강기업들이 설비 확장을 통해 단위당 생산 Cost를 줄여가는 데 대해 위기감을 느끼고 있었다. 이를 위해 노무비 부담을 줄이려고 시도했으나 노조는 강하게 반발했고, 그 결과는 1956년 장기 파업이었다.[47] 1959년 노사교섭에서도 회사 측은 노동 Cost 상승 억제를 위해 임금 동결과 함께 노동관행 존중 조항의 폐지를 주장했다. 그러나 노조 측은 이 조항의 유지를 위해 파업에 돌입했고 미국 정부도 특정 산업의 내부 문제에 정부가 개입하는 것에 대해 반대하고 있었다. 따라서 노사 교섭은 연방대법원에서 60일간의 냉각 기간을 거칠 것을 명령할 때까지 116일간이나 파업을 계속했다.

116일간의 파업 영향으로 1959년 미국 조강생산은 8,477만 톤(MT)으로 과거 Peak였던 1955년에 비해 20%나 감소했다. 그동안 미국 내 생산제품에 의존해 왔던 수요업계에서는 파업에 따른 공급 단절에 대응하여 강재 수입을 늘렸다. 이에 따라 미국의 강재 수입은 1958년 127만 톤(MT)에서 1959년에는 357만 톤으로 2.8배나 급증했다. 이를 계기로 미국 수요가들은 일본과 독일산 강재의 품질·가격·납기 등에서의 만족도가 높아지게 되었고, 미국산 강재보다는 수입산 강재에 대한 의존도가 높아지는 계기가 되었다. 이처럼 공급 단절에 대한 우려와 수입산 제품의 만족도가 높아지면서 수요가들은 노동협약 갱신 년도가 되면 파업에 따른 생산 중단을 우려하여 수입제품

---

47   Robert W. Crandall, *The U.S. Steel Industry in Recurrent Crisis - Policy Options a Competitive World -*, The Brookings Institution, Washington, D.C., 1981, pp. 40

을 미리 확보하려는 현상이 정착되었다.[48]

이렇게 형성된 철강 수입 관행은 1960년대 들어서도 계속되어 1967년에는 1,012만 톤(MT)으로 1천만 톤을 상회했다. 이처럼 미국은 1960년대 들어 철강 순수입국으로 전환되는 등 장기 파업은 예상 외의 부작용을 낳았다.

1960년대 들어 철강 소비가 증가하고 있었음에도 불구하고 수입이 급증한 것은 앞에서도 살펴본 바와 같이 Cost 부담 때문에 철강설비 건설이 정체된 것도 한 요인으로 작용했다. 1960년대 이후 일본을 비롯한 전세계적으로 설비능력 증강이 활발했음에도 불구하고 미국에서의 설비능력 증강은 거의 정체되었다. 1960년 미국의 조강 생산 능력은 1억 4,280만NT이었으나, 1970년대 초 수입이 절정에 달했던 1971년에는 1억 5,480만NT으로 1,200만NT 증가했다. 반면 아래 〈표 2-6〉에서 보는 바와 같이 강재기준 철강 소비는 1960년 7,100만NT에서 1971년에는 1억 250만NT으로 약 3,150만NT이 증가했으나, 미국 철강업계의 강재출하량은 7,110만NT에서 8,704만NT으로 1,590만NT 증가하는 데 그쳤다. 즉 설비능력 증강이 정체되면서 철강 소비 증가분을 자국 내에서 공급하지 못하고 수입제품이 잠식했다는 의미이다.

〈표 2-6〉 미국 철강수급 변화 추이(1955~1975)

(백만NT, %)

	강재소비	강재출하(A)	순수입(B)	B/A
1955	81.6	84.7	-3.1	-
1960	71.0	71.0	0.4	0.5

48   児玉光弘, 「アメリカ鐵鋼業の盛衰」 日鐵技術情報センタ-, 1994.8.1, pp. 38~39

1965	100.6	92.7	7.9	8.5
1968	107.6	91.8	15.8	17.2
1971	102.5	87.0	15.5	17.8
1975	89.0	79.9	11.6	14.5

자료: AISI 통계를 이용한 K.Warren, *Big Steel*, pp. 235에서 재인용 및 일부 수정

2) 국제 원료 시장 환경의 근본적 변화

미국 고로업계는 전통적으로 원료 부문과 운송 부문을 수직 통합하여 낮은 비용으로 원료를 조달해 왔다. 1948년 Superior호 인근 지역은 미국 전체 철광석 생산의 82%를 차지하고 있었고, 이중 9개 고로사들이 철광석 생산의 92%를 차지하고 있었다. 그러나 2차 대전으로 철광석 소비가 급증하면서 미국 내 고품위 철광석의 고갈 문제가 이슈화되기 시작하면서 고로사들은 철광석 광산 확보 경쟁을 벌였다.

그 방법 중의 하나가 캐나다와 베네수엘라 등에서의 철광석 광산 개발이었고, 다른 하나는 저품위 철광석의 품위를 높이는 것이었다. 미국 고로사들은 주로 자국 내 저품위 광석의 품위 개선을 추진했다. 이를 위해 1950년대에는 소결법, 1960년대에는 Pellet 설비 능력의 확장을 중점적으로 추진했다. 이에 따라 미국과 캐나다에서의 Pellet 설비 능력은 1961년 2,016만 톤에서 1970년에는 8,653만 톤으로 확장되었다. 이러한 설비 확장과 수직적 통합을 통해 미국 철강업계는 1960년대 중반까지는 경쟁국들에 비해 톤당 원료 조달비에서 비교 우위를 확보할 수 있었다. 이러한 원료 광산 보유는 1960년대

까지는 명백히 미국 철강업계에 유리하게 작용했다.[49]

그러나 1950년대 호주와 브라질에서 광산이 개발되기 시작하면서 국제시장에서의 연원료 조달환경은 근본적으로 변하기 시작했다. 〈그림 2-4〉에서 보는 것처럼 세계 주요 철광석 생산국들의 생산 비중 변화를 보면 세계 전체 생산량 중 호주와 브라질의 비중은 1954~1958년 평균으로는 2.1%로 미미한 수준이었으나 1970년에는 11.9%, 1976년에는 20.7%로 그 비중이 확대되었다. 이들 지역에서의 생산이 증가함에 따라 철강 원료의 가격은 구조적으로 하락하여 1958년부터 1970년까지 지속되었다.[50]

〈그림 2-4〉 세계 주요국의 철광석 생산 비중 변화 추이

(%)

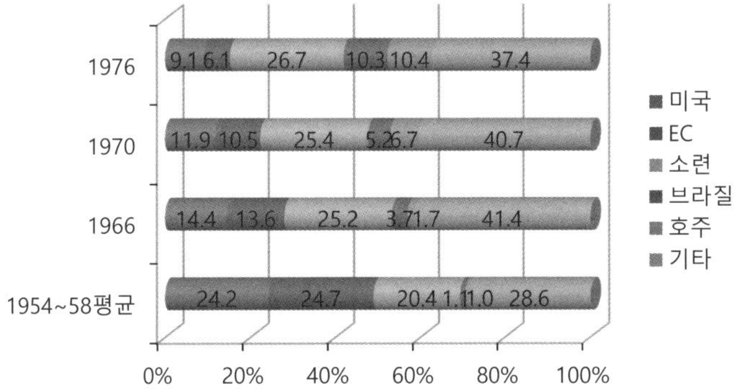

자료: 미 연방 무역위원회 자료를 이용한 Crandall, 책 pp. 22 표 재구성

---

49   川端 望, "戰後 미국 철강산업에 있어서의 성장의 一國的 構造" - 리스트럭처링의 諸前提에 관한 연구 (1), 證券研究年報 제10號, 1995, pp. 51~80, pp. 65 참조

50   Robert W. Crandall, *The U.S. Steel Industry in Recurrent Crisis*, The Brookings Institution, Washington, D.C., 1981, pp. 21

3) 미국 철강업계의 관리가격체제의 붕괴

미국 철강산업에 있어 1900년대 초부터 성립되기 시작한 강력한 과점 체제 유지와 체계적인 과점 가격은 2차 대전 이후에는 관리 가격이라는 형태로 유지되었다. 그러나 1948년 7월 US Steel은 그동안 독점 가격을 용이하게 해온 Basing Point 제도를 자발적으로 폐지하고 공장인도가격(FOB 가격)을 채택했다. 이는 1947년 4월 시멘트 산업에서의 Basing Point제에 대해 연방 대법원에서 위헌 판결을 내린 데 따른 것이다. 하지만 2차 대전 이후의 철강 판매 가격이 자유 경쟁을 통해 형성된 것은 아니고, USS의 가격 주도로 과점 체제는 계속 유지되었다.[51]

2차 대전 이후 고로업계의 철강 판매 가격 인상은 임금 및 원료를 중심으로 한 Cost 상승 특히 임금 상승을 이유로 한 것이었다. 자유무역을 추구하는 GATT체제 하에서도 1950년대까지는 유력한 경쟁자들이 등장하지 않았기 때문에 세계시장으로부터 분리되어 관리 가격이 유지될 수 있었다. 예를 들어 1953~1959년 기간 중 미국의 도매 물가는 8.5% 상승한 데 반해 철강제품 가격은 36.1%나 상승했다.[52] 철강 판매 가격이 상승하면서 2차 대전 이후 미국 철강 산업의 자본이익률은 2차 대전 이전 최대 호황기였던 1929년의 8.9%보다 높았다. 1940~1949년 기간 중 평균 9.4%에서 1953~1956년 기간 중에는 평균 11.1%에 달했다.[53]

---

51 大橋周治, 「現代の産業 – 鐵鋼業」 東洋經濟新報社, 1966.12, pp. 185~186

52 M.Gardiner, "Pricing Power and the Public Interest", N.Y. Haroer and Row, 1962 자료를 이용한 川端 望, "戰後 미국 철강산업에 있어서의 성장의 一國的 構造" – 리스트럭처링의 諸前提에 관한 연구 (1), 證券硏究年報 제10號, 1995, pp.51~80, pp. 73 에서 재인용

53 大橋周治, 「現代の産業 – 鐵鋼業」 東洋經濟新報社, 1966.12, pp. 188

그러나 1962년 Kennedy정부의 강력한 강재 가격 인상 억제 정책으로 인해 철강업계는 독자적인 가격 인상을 하지 못했다. 1957~1959년을 평균으로 한 1968년까지의 공업 제품의 도매 물가는 9.0% 상승한 반면, 강재 가격은 8.5% 상승으로 거의 동등한 수준에 머물렀다.[54] 이처럼 1960년대 강재 가격 인상이 어려워진 직접적인 원인이 정치적인 요인이었다면, 가격 수준이 약세로 전환된 배경으로는 경쟁자의 등장, 즉 수입재의 유입이 증가하면서 판매 가격이 전반적으로 하락세를 나타냈다. 예를 들어 박판류 제품의 수입 급증으로 가격 경쟁이 심화되기 시작하면서 미국의 일부 고로사들은 경쟁에서 밀리기 시작했다. 이에 따라 미국 강재 시장에서 수입 제품의 비중은 1968년에는 16.7%에 달했고, 특히 판재류는 17.1%가 되었다. 이처럼 일본과 유럽 등으로부터의 철강 수입이 증가하면서 미국 시장에서의 공급 증가를 유발하여 1960~1970년대 미국 내수 가격은 최대 30%나 하락했다.[55]

Cost경쟁력을 바탕으로 한 철강 수입 제품의 가격은 미국산 제품에 비해 훨씬 낮은 수준이었다. 예를 들어 1966년 일본의 HR Sheet의 수출 가격은 NT당 79.5달러로 1957년의 165.6달러에 비해 절반 이하로 하락했다. 이에 반해 미국의 내수 판매 가격은 소폭이나마 상승하면서 일본 수출 가격과의 격차가 확대되었다. 그 결과 1960년대 평균으로 일본의 HR Sheet의 수출 가

---

54   미 노동부 자료를 기초로 川端 望, "戰後 미국 철강산업에 있어서의 성장의 一國的 構造" - 리스트럭처링의 諸前提에 관한 연구 (1), 證券研究年報 제10號, 1995, pp.51~80, pp. 73에서 재인용

55   Paul A. Tiffany., "The American Steel Industry in the Postwar Era: Dominance and Decline, pp 245~265, Changing Patterns of International Rivalry : Some Lessons from the Steel Industry, Edited by ETSUO ABE, YOSHITAKA SUZUKI, University of Tokyo Press, 1991, pp. 256

격은 NT당 86.5달러인 데 반해 미국 내수 가격은 120.7달러로, 일본 수출 가격이 약 28%나 낮은 수준이었다.[56]

이처럼 수입 제품의 양적 증가와 함께 수입 제품들이 Cost 경쟁력을 바탕으로 저가로 유입되면서 미국 고로사들은 임금 상승을 명분으로 판매 가격을 인상하기 어려워진 것이다. 즉 미국 고로사들의 관리가격제도는 1960년대 들어 저가의 수입 제품에 밀리면서 사실상 붕괴된 것이다.

4. 쇠퇴기에 접어 든 미국 철강산업

가. 오일쇼크 이후 철강 소비의 구조적 감소

1) 두 차례 오일쇼크의 발생 및 영향

1970년대 발생한 두 차례 오일쇼크는 수요 산업의 생산 활동에 심각한 타격을 입혔다. 철강에 있어 가장 중요한 수요 산업 중의 하나인 자동차 생산량은 1차 오일쇼크 발생 년도인 1973년 1,268만 대에서 1975년에는 899만 대로 29% 감소했다. 1976년부터 회복되기 시작하여 1978년에는 1,290만 대로 Peak를 기록하기도 했다. 그러나 오일 가격 상승에 따른 자동차 연비(燃費)를 규제하는 CAFÉ(Corporate Average Fuel Economy)제도가 시행되고, 동시에 환경 규제가 강화되면서 자동차 산업의 생산 활동은 정체기에 진입했다. 특히 2차 오일쇼크에 대응하여 미국 FRB가 기준 금리를 두 자리수로 인상하면서 1981년부터 경기가 급격히 침체되었다. 이에 따라 자동차 생산

---

56   Robert W. Crandall, *The U.S. Steel Industry in Recurrent Crisis*, pp. 159 및 pp. 169 표 참조

대수는 1982년에는 699만 대로 감소하여 당시 피크였던 1978년 대비 46%나 감소했다.[57]

이러한 수요 산업의 생산 활동 침체로 조강 기준 철강 소비는 1982년 9,290만NT으로 과거 Peak기였던 1973년에 비해서는 44%나 감소했다. 특히 철강 수요 감소에 따라 조강생산량은 1982년 7,458만NT으로 Peak였던 1973년 1억 5,080만NT에 비해 50.5%나 감소하여 절반 이하로 급락했다. 이러한 생산 감소로 조강 설비가동률도 1973년 96.2%의 풀 가동 상황에서 1982년에는 48.4%로 하락했다.

미국 강재 명목소비 규모를 연대별로 살펴보면, 〈표 2-7〉에서 보는 바와 같이 1970년대에는 1차 오일쇼크에도 불구하고 연평균 1억 767만NT으로 1960년대에 비해 20.4% 증가했다. 그러나 1980년대에는 9,439만NT로 1970년대에 비해 12.3% 감소했다. 이에 반해 강재출하량은 1980년대 평균 7,642만NT로 1970년대에 비해 19%나 하락했다. 이처럼 강재소비에 비해 강재출하가 1980년대에 더 큰 폭으로 하락한 것은 내수 침체에도 불구하고 철강재 수입이 큰 폭으로 증가하면서 미국 철강사들의 생산증가분을 잠식했기 때문이다.

〈표 2-7〉 미국의 연대별 평균 강재소비 및 출하 변화

(백만NT, %)

	강재소비	강재출하	철강수입
1961~1970	89.44	77.23	9.71

---

57   児玉光弘, 「アメリカ鐵鋼業の盛衰」 日鐵技術情報センター, 1994.8.1, pp. 65

1971~1980	107.67	94.23	16.68
1981~1990	94.39	76.42	20.05
1991~2000	119.57	96.77	28.24

자료: AISI, *Annual Statistical Report*, 각년호를 활용하여 계산

2) 1982년 이후 5년 연속 대규모 적자

미국 철강업계는 1차 오일쇼크 기간 중에는 수익성이 둔화되기는 했지만 업계 전체로 적자를 기록하지는 않았다. 철강업계 전체의 매출액 순이익률은 오일 쇼크 발생 이듬해인 1974년 6.6%에서 오일쇼크 영향이 본격화된 1975년에는 4.8%로 둔화되고, 1977년에는 0.06%로 수익률이 하락하기도 했으나 흑자기조는 유지되었다.

그러나 2차 오일쇼크에 따른 경기 침체 기인 1982년에는 철강 수요가 급락하면서 다각화 부문을 제외한 철강 사업 부문의 적자액은 37억 달러에 달하는 등 매출액 순이익률은 마이너스 12.0%로 추락했다. 이러한 경영 부진은 여기에서 끝나지 않고 업계의 적자는 1986년까지 5년간이나 지속되었다.

〈표 2-8〉에서 보는 바와 같이 1982년에서 1986년까지 미국 철강업계의 순이익은 누계 132억 달러의 적자를 기록했다. 특히 1986년에는 최대 철강사인 USS가 임금교섭 방식을 둘러싸고 노조가 184일간의 총파업을 실시하면서 철강업계 전체로 41억 5천만 달러의 적자가 발생했고, 매출액 순이익률도 마이너스 16.7%를 기록하기도 했다.

〈표 2-8〉 1980년대 초반 미국 철강산업 수익성 변화 추이

($백만, %)

	세전 이익	세후 순이익	1주당 (세후)순이익률(%)	
	$백만	$백만	철강	전체제조업
1978	3,740	2,122	8.8	14.5
1979	3,314	2,186	8.7	15.8
1980	3,325	2,405	8.9	15.2
1981	5,725	3,507	11.3	13.3
1982	△4,949	△3,705	△16.0	0.1
1983	△4,544	△3,746	△18.7	10.2
1984	117	△379	△2.7	12.2
1985	△811	△1,250	△10.2	10.0
1986	-	△4,150	-	-

자료: Congressional Budget Office, "How Federal Policies Affect the Steel Industry", 1987.2. 자료를 이용한 일본무역회, "미국산업 무역구조의 변천과 전망", pp. 219에서 일부 보완

3) LTV 등 일부 고로사들의 파산보호신청

철강업계의 적자가 계속된 1985년 고로사 중의 하나인 Wheeling Pittsburgh가 Chapter 11에 기초한 파산 보호를 신청했다. 1986년 7월에는 업계 3위인 LTV도 고로사 중에서 두 번째로 파산 보호 신청을 했다. LTV의 부도는 부도 발생으로 파산 보호를 신청하는 것이 이상하지 않은 미국 기업들에게도 충격을 주었던 대형 사건으로 철강산업의 부진을 대변하는 것이었다. LTV는 1982년 이후 1985년까지 약 16억 달러의 적자를 기록하고 있었다. 파산보호신청 당시 LTV는 기업규모, 부채규모 등에서 미국 사상 최대 규모의

도산으로 매출액 8억 달러, 채무액 46억 달러, 자산은 59억 달러였다.[58]

다만 Chapter 11 신청은 기업의 재건을 위한 하나의 법적 수단으로써 신청이 받아들여지면, 해당 기업은 채무 지불이 유예되는 등 법적 보호를 받으면서 조업을 계속할 수 있다. 특히 임금의 인하, 퇴직자들에 대한 기업연금 중 미지급분에 대한 연방연금보험공사(PBGC)로의 이관 등을 통해 Cost 절감효과를 가져올 수 있다.

예를 들어 Wheeling Pittsburgh는 파산 보호 신청을 통해 기업 연금을 포함하여 노무비의 16%를 삭감 받았다. 또한 LTV는 파산법의 보호에 따라 1986년 1월 약 24억 달러의 연금 채무를 연방연금보험공사로 이관했다. 이 때문에 어떤 분석 자료에 따르면 Chapter 11 신청으로 LTV는 다른 대형 고로사에 비해 톤당 60달러의 Cost 절감 효과를 가진 것으로 분석되기도 했다. 그러나 이러한 파산법 적용은 또 다른 사회적 문제를 야기했다. 대형 기업들의 파산 보호 신청으로 퇴직자들에 대한 연금 지급을 보증한 연금보험공사가 재정 파탄이 발생하기도 했다.[59]

나. 미국 철강업계의 대응

1) 주기적인 대규모 무역제소 추진

전통적으로 미국은 자유주의 사상에 기반을 두고 있어서 정부가 특정 산업에 개입하는 것을 자제해 왔고, 특히 공화당 정부는 시장 개입을 최소화하

---

58 日本貿易會 貿易研究所,「美國産業 貿易構造의 變遷과 展望」 NIRA 위탁연구 NRC-85-23, 1987.12, pp. 251 참조

59 児玉光弘,「アメリカ鐵鋼業の盛衰」 日鐵技術情報センター, 1994.8.1, pp. 96

는 정책을 취해 왔다. 더구나 2차 대전 이후 냉전 상황 속에서 서방 우방국들의 경제 회생을 지원하기 위해 우방국들이 생산한 제품의 안정적인 판매 시장을 제공해 왔다. 이를 위해 미국은 GATT체제를 자유 진영에 확산시켜 왔으며, 선도적으로 수입관세를 인하하면서 일본이나 독일 등으로부터의 수입을 지원해 왔다.

이러한 기본 정책을 바탕으로 미국의 철강재 수입에 대한 규제는 초기에는 소극적이었다. 그러나 철강재 수입이 지속적으로 증가하고 미국 철강업계의 경영 실적이 악화되면서 의회 등으로부터의 압력이 증가하자, 수입재에 대한 규제는 점점 직접적이고 강력한 형태로 강화되었다.

그러나 철강재 수입에 직접적인 피해를 입은 미국 철강업계는 1960년대부터 공격적인 무역제소를 추진했다. 1960년대 들어 철강재 수입이 계속 증가하자 철강업계는 수출국들이 저임금을 바탕으로 한 덤핑 수출 때문이라고 주장하면서 수입 규제의 필요성을 적극 주장했다. 1970년대 후반에는 미 달러화가 약세를 나타내고 있는 상황에서도 수입이 증가했다. 이에 대응하여 USS 등 철강업계는 수출국들이 제조원가 이하로 덤핑 수출하고 있다고 주장하면서 일본 및 유럽 철강사들을 대상으로 덤핑 제소를 단행했다.

1980년대 이후 미국 철강업계는 적자가 발생하는 등 경영이 어려워지면서 수입 제품에 대한 공세를 더욱 강화했다. 1982년에는 철강 경기가 침체된 상황에서 수입이 증가하자, 수출국들이 저가 수출을 계속할 수 있는 것은 수출국 정부의 보조금 때문이라는 새로운 주장을 펼쳤다. 이를 통해 EC 등 11개 국산 수입 제품에 대해 AD제소와 함께 상계관세 부과를 요구하는 제소를 단행했다. 또한 1984년부터 실시된 VRA 실시로 미국의 철강재 수입이 감소했음에도 불구하고 미국 철강업계는 VRA기간이 종료되는 시점에 맞춰서 1992년에 판재류 수입 제품을 대상으로 대규모 무역제소를 단행했다.

그러나 1980년대까지 미국 정부는 철강업계나 의회의 강경한 조치와는 달리 소극적이고 가능한 자유무역 정책의 기조를 유지하는 형태로 수입 규제 정책을 취해 왔다. 1960년대 수입이 급증한 초기에는 수출국들의 자율 규제 형태로 시작하여 1970년대에는 수출국들의 수출 하한선을 지정하는 TP-M(Trigger Price Mechanism)이라는 형식과 2차 자율규제 형태로 수입을 제한했다. 이는 자유무역의 원칙을 준수하되, 수출국들이 자율적으로 수출 물량과 가격을 준수하도록 유도하는 느슨한 형태의 수입 규제였다.

그러나 1990년대 이후에는 반덤핑 제소 및 상계 관세 등을 통해 수입 제품에 대해 정부가 직접적이고 보다 강력한 형태로 규제를 하기 시작했다. 예를 들어 1992년 대규모 제소에서 국가마다 해당되는 제품의 종류가 조금씩 다르기는 했지만 판재류의 대부분이 제소 대상이 되었다.[60] 1990년대 후반 이후에는 이러한 관세 부과와 함께 통상법 201조에 근거한 긴급수입제한조치(Safeguards) 및 최근에는 무역확장법까지 동원하여 수입 물량을 제한하는 등 보다 적극적으로 규제를 실시해 왔다. (〈표 2-9〉 참조)

---

60 포스코경영연구소 경제본부, 「한미 철강 통상마찰 - 역사와 향후과제」, 1995.12, pp. 59~60
    참조

	'69~'71	'72~'74	'78~'82	'85~'89
규제내용	1차 VRA	2차 VRA	TPM	3차 VRA
	'90~'92	'92~'93	'98~'01	'18~
규제내용	4차 VRA	AD 및 CVD	긴급수입제한	무역확장법

자료: 곽강수 "미국 철강산업의 경영위기 발생원인 분석", Working Paper, 2002의 일부내용 수정

2) 대규모 구조조정 추진

① 상공정 중심의 대대적인 설비 삭감

1차 오일쇼크 영향으로 철강 수요가 감소하면서 경영 실적이 악화되자 1970년대 후반 들어 미국 철강업계는 대규모 구조조정을 추진하기 시작했다. 1977년 US Steel은 구형 노후 설비를 중심으로 설비 폐쇄를 결정하고 특히 1979년에는 일관제철소를 포함한 11개 공장의 폐쇄와 함께 1만 3천 명의 해고를 결정했다. Bethlehem Steel도 1979년 제강 능력 300만NT 설비 폐쇄를 결정하고 사무직을 포함한 2,500명의 해고를 발표했다. 다만 당시 폐쇄를 결정한 대부분 설비는 2차 대전 이전에 건설된 노후 설비와 M&A를 통해 취득한 소형 공장과, 시장 및 운송 조건 등의 변화에 따라 존재 가치를 상실한 설비들이었다.[61]

그러나 미국 철강업계가 국제경쟁력 약화에 대응하여 위기감을 갖고 본격적인 구조조정을 실시한 것은 1980년대 들어서다. 즉 1982년부터 철강 소비가 구조적으로 하락하고 수입 철강재에 의해 시장이 잠식되면서 미 철강

---

61   児玉光弘, 「アメリカ鐵鋼業の盛衰」 日鐵技術情報センタ-, 1994.8.1, pp. 61

업계는 구조적인 공급 과잉에 직면하였다. 이에 따라 철강업체 대부분이 적자로 전락하면서 설비능력 축소를 포함한 대규모 구조조정을 추진했다.

설비 삭감의 방법으로는 소형 고로 및 평로 등 노후화된 상공정 설비를 중심으로 폐쇄했고, 하공정에서는 봉형강류 설비 등 비채산사업 분야에서 철수하는 방식이었다.[62] 이처럼 상공정을 중심으로 설비 폐쇄와 합리화가 추진된 결과 하공정과의 밸런스가 붕괴되면서 상공정 부족 현상을 초래하기도 했다.

먼저 고로에 대해 살펴보면, 〈표 2-10〉에서 나타나듯이 총 고로 기수는 1970년의 223기에서 1995년에는 44기로 대폭 줄어들었고, 선철 생산량도 70년에 비해 39%나 감소했다. 그러나 그동안 비효율적인 고로 기수가 대폭 감소하고, 또한 소형 고로 중심으로 설비 삭감이 진행되어 가동 고로당 생산량은 1970년에 비해 2배 이상 증가했다.

〈표 2-10〉 구조조정기 미국 고로기수 변화 추이

(기, 천MT, %)

	'70	'78	'86	'95	'70=100
총고로기수	223	179	83	44	19.7
가동고로기수	167	117	48	40	24.0
선철생산량	83,295	79,541	39,873	50,890	61.1
가동고로당 생산량	498.8	679.8	830.7	1,272.3	255.1

자료: 일본철강연맹, 「철강통계요람」각 년도 및 IERI, "Analysis of U.S. Blast Furnaces and Coke Ovens", 1995. 12을 이용한 곽강수, "미국 철강산업의 경영위기 발생원인 분석", Working Paper, 2002에서 재인용

---

62 日本興業銀行, "日美 鐵鋼産業の 將來展望" - 我が國 鐵鋼業の 新たなる 展開に 向けて -, 興銀調査 1994 No.3, 1994, pp. 36

제강의 경우에는 1950~60년대 평로 중심의 설비 증강에 힘입어 생산 능력은 1977년 1억 5,800만NT으로 정점을 기록한 이후 1983년까지 1억 5,060만NT 수준을 유지했다. 그러나 1984년 이후 생산성이 낮은 평로를 중심으로 대폭적인 설비 삭감을 추진하여 1988년에는 1억 1,200만NT으로 1983년에 비해 25.6% 감소했다. 특히 고로 6사의 설비 폐기는 2,910만 톤으로 전체 삭감량의 75%를 차지했다.[63]

이를 통해 미국의 조강 생산 능력은 1994년에는 1억 800만NT으로 1977년에 비해 약 5천만NT이 축소되었다. 특히 US Steel을 포함한 대형 고로 6사의 조강 생산 능력은 1983년 9,010만NT에서 1992년에는 5,360만NT으로 3,650만NT이나 감축했다. (〈표 2-11〉 참조) 이 과정에서 1991년 US Steel의 Fairless 제철소의 선강 부문이 폐지되면서 미국에서 평로는 사라졌다. 이는 일본에서 평로가 완전 폐쇄된 지 20년이 지난 시점이었다.

〈표 2-11〉 미국의 조강 생산능력 및 제법별 생산 비중 변화 추이

(백만NT, %)

		1975	1980	1985	1990	1994
조강생산능력		157.4	153.7	133.6	116.7	108.2
제법별 생산비중	전로	61.6	61.2	59.4	59.6	60.7
	평로	19.0	11.6	7.4	3.6	-
	전기로	19.4	24.5	33.2	36.8	39.3

자료: AISI, *Annual Statistical Report*, 각년호

---

63 임종원, 「철강산업의 경쟁과 협력」 서울대학교 경영연구소, 1991.2, pp. 118~119

그러나 이처럼 평로 등 구식 노후 설비들을 중심으로 합리화를 추진했음에도 불구하고 미국 고로사들의 철강 설비가 일본 등 경쟁국들에 비해 효율적이라고 하기는 어려웠다. 예를 들어 1993년 6월 현재 일본에는 2,000m³ 이상의 고로가 33기가 있었으나 미국에는 7기에 불과했다.

② 대규모 인원합리화 및 노사관계 변화

1980년대 들어 본격적인 설비 삭감이 추진되면서 인원 합리화도 자연스럽게 추진되었다. AISI 통계 자료에 따르면, 미국 철강산업 종업원 수는 1965년 58.4만 명을 피크로 1980년 39.9만 명으로 줄어들었다가 1985년에는 20.8만 명으로 줄었다. 1980~1985년 기간 중 19.1만 명이 준 것이다.[64] 이후에도 인원합리화가 계속 추진되어 1992년에는 14.6만 명으로 1970년대 후반의 3분의 1 이하로 감소했다. (〈표 2-12〉 참조) 특히 주목되는 것은 White Collar, 즉 사무직 노동자들의 감소였다. 사무직 노동자들이 1970년대 초까지 증가세를 나타내다가 1980년대 들어 급속히 축소되었다. 예를 들어 US Steel에서는 1980년 9,600명이었던 White Collar 종업원 수가 7년 후인 1987년에는 2,900명으로 감소했다. Bethlehem Steel에서도 1982년부터 2년 동안 관리직을 포함한 사무직 노동자 5,000명을 해고했다.[65]

---

64   日本貿易會 貿易研究所, 「美國産業 貿易構造의 變遷과 展望」, NIRA 위탁연구 NRC-85-23, 1987.12, pp. 241에서 재인용

65   児玉光弘, 「アメリカ鐵鋼業の盛衰」 日鐵技術情報センタ-, 1994.8.1, pp. 79~80

<표 2-12> 미국의 조강생산능력 및 종업원 수 변동 추이

(백만NT, 천 명, %)

	1980	1985	1990	1995	1980년 대비
조강생산능력	153.7	133.6	116.7	112.4	- 26.9
철강종업원수	398.8	208.2	164.0	122.6	- 69.3

자료원: AISI, *Annual Statistical Report*, 각년호

철강 종업원들의 퇴직자 수가 증가하면서 미국 철강기업들에게는 또 다른 부작용이 발생했다. 퇴직자들의 연금 및 의료보험 등을 기업들이 부담하면서 이를 위한 적립금 및 Cost가 증가한 것이다. 소위 말하는 Legacy Cost로 미국 고로사들의 원가 경쟁력 약화 및 수익성 악화 요인으로 작용했다.

대규모 인원합리화와 함께 1978~1982년의 5년 동안 연평균 12.8% 증가했던 임금 상승도 종료되었다. 철강산업의 위기 상황 하에서 노동자 측에서도 임금 상승과 판매 가격의 동반 상승이 기업의 생존 자체를 위기로 몰고 있다는 것을 인지했기 때문이다.

1983년 철강업계는 철강노조(USW)측과 COLA제도의 1년간 중지 및 휴가 기간 단축 등을 포함한 새로운 노사 협약에 합의했다. 그 결과 AISI 보고서에 따르면, 철강업계의 시간당 노무비는 1983년 6.6%, 1984년에는 4.1% 하락하는 등 1987년에는 거의 1982년 수준으로 하락했다. 특히 철강산업에서의 COLA제도의 정지는 자동차 산업과 식품 산업에서도 합의를 이끌어 내는 계기가 되었다. 심각한 경기 부진 하에서 미국의 노동조합도 고용의 안정을 최우선적으로 인식하고 있었던 것이다.

그러나 1980년대 대규모 구조조정으로 철강 종업원 수가 감축되고, 노조

의 양보로 COLA제도가 종료되고 1987년 임금 수준이 거의 1982년 수준으로 하락했음에도 불구하고 미국 철강산업의 Cost에서 차지하는 노무비 비중은 여전히 높았다. 1992년 AISI 회원사들의 철강 부문 총Cost에서의 노무비 비중은 27.4%였다. 특히 Bethlehem Steel은 1992년에 총 영업 비용 중 40%가 노무비였다.

이는 미국 철강업계의 인원 삭감에도 불구하고 퇴직자들에 대한 기업 연금 및 의료 서비스 보장 비용이 컸기 때문이다. 이러한 Legacy Cost는 인원 감축에도 불구하고 거꾸로 증가했기 때문에 인건비에서 차지하는 비중은 가속도적으로 증가하게 된 것이다. 예를 들면, 1992년 Bethlehem Steel의 경우를 보면 과거 퇴직자에 대한 비용이 인건비 전체의 14%에 이르기도 했다.[66]

3) 고로업계의 고부가치화 전략 전환

미니밀의 시장 잠식에 대응하여 고로업계는 1980년대 후반 이후 수익성이 악화된 비채산 사업 부문에서의 철수와 함께 미니밀과의 차별화를 위한 박판 부문으로의 고부가치화를 추진했다.

특히 1980년대 후반부터는 일본 고로사들과 합작을 통해 자동차 강판 생산 설비를 신설하고 박판 중에서도 보다 고급 제품에 집중했다. 이는 최대 수요 산업인 자동차 업계가 소비자들에 대한 자동차 보증 기간을 연장해 주고 1987년에는 자동차 외판에 녹이 스는 것을 막기 위해 전기아연도금강판을 채용하기로 결정하면서부터 더욱 가속화되었다. 또한 자동차 업계가 기

---

66 児玉光弘, 「アメリカ鐵鋼業の盛衰」 日鐵技術情報センタ-, 1994.8.1, pp. 81

존의 Buy American 정책[67]을 포기하고 그들이 원하는 자재 조달을 위해서는 수입 제품도 채용한다고 선언한 바 있기 때문에 자동차 강판 고급화에 주력한 것이다.[68]

이와 더불어 철강업계는 1990년대 들어 철강 수요 증가로 경영 실적이 호전되면서 설비 확장을 활발히 추진했다. 여기서 특징적인 것은 상공정에서는 고로사들의 생산 능력 증강은 전혀 없는 반면, 모두 Mini Mill들에 의한 능력 증강이며 냉연 및 아연도 강판 등 고부가 가치 제품으로 갈수록 고로사들의 설비 능력 증강이 커진다는 점이다. 예를 들어 1991~2000년 기간 동안 미국의 강재 수요가 약 4천만NT 증가했음에도 불구하고, 고로사들은 Cost 부담이나 환경 문제 등으로 고로 신설과 같은 선철 생산 설비는 전혀 증강시키지 않았다. 또한 동 기간 중 제강 설비능력도 1,500만NT 이상 증가했으나, 대부분이 전기로사에 의한 능력 증강이었다.

이에 반해 고로사들은 미니밀과의 차별화를 위해 판재류 하공정 분야에 집중적으로 설비 투자를 실시하여 냉연 및 도금강판과 같은 고부가가치강 분야의 설비 능력이 크게 증강되었다. (〈표 2-13〉 참조)

---

67 미국 내 자동차 생산에는 미국산 소재와 부품을 우선적으로 사용한다는 전략이다.

68 日本興業銀行, "日美 鐵鋼産業の 將來展望 - 我が國 鐵鋼業の 新たなる 展開に 向けて-", 興銀調査 1994 No.3, pp. 39

<표 2-13> 미국 철강업계의 판재류 설비확장 현황

(천NT)

	'95	'96	'97	'98	'99	'00	누계
박판류	750	2,030	4,175	3,320	1,125	900	12,300
후판	-	-	450	450	150	750	3,800
합계	750	2,030	4,625	3,770	1,275	1,650	16,100

자료: Salomon Smith Barney, *Global Steel Industry Monthly Review and Outlook*, 2000.5.23을 이용한
곽강수, "미국 철강산업의 경영위기 발생원인 분석", Working Paper, 2002에서 재인용

그러나 미국 고로사들의 집중적인 박판류 설비에 대한 투자를 통한 설비
능력 증강은 결국 공급 과잉을 유발하여 고로업계의 경영 실적을 악화시키
는 요인으로 작용했다. 즉 2000년대 초반 경기침체 영향으로 자동차 산업의
생산이 감소하면서 공급 과잉이 심화된 것이다. 즉 1995년 이후 아연도금강
판 설비 능력을 500만NT 이상 증강하면서 2000년 현재 미국의 도금강판 설
비 능력은 2,730만NT에 달했으나, 미국 철강 기업들의 출하량은 2,050만NT
에 불과하여 700만NT 정도의 설비 능력 과잉이 발생했다. 이러한 공급 능력
과잉으로 냉연 제품과의 가격 차이가 1997년 NT당 150달러에서 2000년대
들어서는 거의 같은 수준으로 폭락했다. 더군다나 2001~2002년 기간 중에는
전 세계적인 생산 경쟁으로 인해 가격이 폭락하면서 고로사들의 수익성은
더욱 악화되었다. 또한 고로사들의 상하 공정간 수급 불균형으로 상공정 설
비능력이 부족해지면서 결국 Slab 등 반제품을 수입에 의존함으로써 결국 고
로사들의 Cost 부담으로 작용했다.[69]

---

69 곽강수, "미국 철강산업의 경영위기 발생원인 분석", Working Paper, 2002 참조

4) 미국 고로사들의 경영다각화 추진

미국 철강기업들은 성장 초기부터 광산, 수송, 철강 구조물 등 철강관련 부문을 중심으로 관련 사업을 보유한 복합 기업이었다. 그러나 1950년대 후반 들어 Republic Steel이 티탄 사업에, Armco사가 석유기기 사업에 진출하는 등 비관련 다각화가 시작되었다. Armco사는 그 후에도 주택 사업에 진출하고 1968년에는 다각화 사업 추진을 선언했으며 항공우주·금융·서비스·신소재 등 관련 기업을 인수하기 시작했다. US Steel도 1962년에 티탄 사업에 진출했고, 화학·플라스틱·주택 등 철강 이외의 사업에 진출하기 시작했다. 1960년대 말에는 사업 범위를 "소재와 서비스의 다각화 사업"이라고 선언하기도 했다.[70]

더구나 1970년대 초 오일쇼크를 계기로 철강 경기의 침체를 경험한 이후에는 탈철강업을 위한 석유화학·우주항공·부동산·금융 등 비철강 부문으로의 수평적 다각화를 본격적으로 추진했다. 철강 수요 감소로 수익성이 구조적으로 악화되고 경기변동성이 심화되자 철강산업을 사양 산업으로 인식하면서 상대적으로 높은 수익성이 예상되는 다양한 업종에 진출하여 철강산업에서의 경기 변동에 따른 위험을 분산하려고 시도한 것이다.

그러나 1980년대 들어 철강 경기가 침체되고 적자 발생이 늘어나자 다각화를 바라보는 철강 대기업들의 시각은 다양해졌다. 철강사업을 줄이고 다각화 사업을 확대하려는 기업이 있는 반면, 다각화 사업을 줄이고 철강업에 복귀하려는 기업들도 있었다.

다각화 사업을 확대하려는 기업의 대표적인 예가 US Steel의 에너지 사업

---

70   児玉光弘,「アメリカ鐵鋼業の盛衰」日鐵技術情報センタ-, 1994.8.1, pp. 47

진출이었다. US Steel은 1982년 석유업계 17위 기업인 Marathon Oil을 64억 달러에 인수했고, 1986년에는 Texas Oil & Gas사를 인수하면서 에너지 중심으로 사업 구조를 재편했다. 예를 들어 1992년 철강 부문이 전체 매출에서 차지하는 비중은 27.8%에 불과했다. 이 영향으로 US Steel은 업종 분류에서도 석유업으로 분류되기도 했다. 또한 동사는 1986년에는 회사명에 Steel을 빼고, USX라는 이름으로 변경했다. National Steel도 1981년에 다각화 추진을 선언하고 금융 사업에 진출하는 한편, 주력 제철소 중의 하나인 Weirton 제철소를 폐쇄하기로 결정했다. 이 제철소는 1982년에 ESOP[71]이라는 제도에 기초하여 종업원들이 인수하였다.

　　Armco Steel도 일찍부터 다각화 사업을 중시하는 정책을 추진해 왔다. 1978년에는 회사명에서 Steel을 제외하여 다각화 추진 의사를 분명히 하고, 1979년에는 항공 우주 관련 기업을 인수했다. 그러나 1984년부터는 전략 방향을 바꾸어 1985년에는 수익을 내고 있던 항공우주 부문도 매각하고 1989년에는 본업인 보통강 부문을 일본 기업과 합작을 통해 분리하여 AK Steel로 분사했다.[72]

---

71 Employee Stock Ownership Plan의 약자로 종업원들의 주식 취득을 통한 경제민주화를 실현한다는 명분으로 1973년에 도입된 종업원지주제도. Weirton제철소는 7,000명의 종업원들이 3억 8,610만 달러에 인수하여 Weirton Steel로 독립했다.

72 분리된 보통강 부문의 기업이 Armco와 가와사키(川鐵)의 이니셜을 딴 AK Steel이다.

〈표 2-14〉 미국 철강업계의 시기별 다각화 전략

	경영여건	다각화 전략
오일쇼크 이전	· 안정적 철강 수요 증가	· 수직적 다각화 활발 　- 해외자원개발 　- 철구 · 엔지니어링 등
1970년대	· 오일쇼크에 따른 철강 수요 침체 · 환경규제강화, 높은 세제(稅制) 등이 철강산업 신장 저해	· 수평적 다각화 본격 추진 　- 석유화학, 부동산, 금융, 우주항공, 신소재 등
1980년대 전반	· 2차 오일쇼크 영향 등에 따른 경기침체 지속으로 철강 수요 감소, 대폭적인 적자 기록	· 다각화 부분 조정 　- 비채산부문 매각 　- 일부 고수익 사업도 매각(재무개선) 예) Armco사의 우주항공부문 매각
1980년대 후반 이후	· 3저 현상에 따른 경기 회복으로 경영호전	· 다각화 부문 축소 정예화 및 철강업 회귀 　- USX: 사업부문을 철강과 에너지로 집약 　- Bethlehem·Armco: 철강업 주력 　- LTV: 파산법 탈피위한 항공부문 매각 　- National: 일본 NKK와 합작으로 재기

자료: 임종원(1991)에서 일부 수정

　이에 반해 Bethlehem Steel은 오일쇼크에도 불구하고 철강사업에 전념하기로 결정하고 1970년대 후반에는 1960년대 이후 인수하기 시작했던 철강 관련 다각화 사업을 정리하기 시작했다. 또한 핵심 사업 중의 하나였던 철구조 사업과 조선 및 석탄 사업도 매각했다.[73]

　1980년대 중반 들어 철강 부문의 적자가 누적되고 다각화 사업 경영도 동반 부실화되자, 철강 대기업들은 철강 부문의 재무 구조 개선을 위해 채산성

73　児玉光弘,「アメリカ鐵鋼業の盛衰」日鐵技術情報センタ-, 1994.8.1, pp .48

이 나쁜 사업뿐만 아니라 일부 고수익 사업 부문까지 매각하여 다각화 부문을 축소 조정하기 시작했다. 더구나 80년대 후반 세계적인 경기 회복으로 철강업의 적자 탈출 등 경영 여건이 회복되면서 Bethlehem Steel과 Armco사가 철강 전업을 선언하고 철강전문회사로 복귀하는 등 철강업계는 다각화 부문을 소수 정예화시키고 철강 부문을 강화하는 전략으로 수정했다.[74] 즉 철강 본업에 회귀하는 전략을 취한 것이다.

이처럼 미국 철강기업들의 경영다각화 추진은 결국에는 철강업 자체의 성장과 국제경쟁력 유지에 마이너스 효과를 가져다 준 결과를 초래했다. 또한 일본 등 경쟁 철강국들이 혁신적인 철강 기술을 과감히 도입하여 근대화에 전력을 기울인 반면, 미국 철강업계는 다각화 사업에 중점을 두고 철강부문을 소홀히 함으로써, 철강산업의 국제경쟁력 약화의 단초를 제공했다 할 것이다.

5) 해외 철강사들과의 합작투자

미국 철강산업이 국제경쟁력을 유지하기 위해서는 산소전로(BOF), 연속주조, 컴퓨터제어 등에 대한 투자뿐만 아니라 제선, 제강, 압연 등 설비 전반에 대한 합리화 투자가 필요했다. 또한 생산 품종의 다양화, 고부가가치화에 대응하기 위해서는 고장력강판, 제진강판, 연속소둔설비 등에 대한 투자도 필요했다.

그러나 수익성이 악화되고 재무 체질이 약화된 미국 철강기업들이 이에

---

74 이에 따라 고로 6사의 철강 부문 매출액이 전체 매출액에서 차지하는 비중은 1985년의 59%를 최저점으로 1989년에는 70.0%로 증가하였다.(임종원, 상게서, pp. 75 참조)

필요한 막대한 투자 자금을 자체적으로 조달하는 것은 쉽지 않았다. 한편 해외로부터의 수입에 대응한 보호주의가 점차 강화되는 상황에서 일본을 중심으로 한 외국 기업들은 미국 시장에 직접 진출할 필요성이 높아졌다. 이처럼 양자 간의 이해관계가 일치하면서 1980년대 중반부터 합작 및 기술 제휴가 활발히 추진되었다.

1980년대 들어 미국 철강업계 입장에서는 미국에 진출한 일본 자동차업계가 필요한 강재를 미국 철강업계로부터 조달할 수 있다면 일본에서 철강 제품이나 자동차를 수입하는 것보다는 유리할 수 있었다. 그러나 미국 철강업계 생산 제품의 가장 큰 문제는 품질이었다. 미국산 강재는 완성차 업계 및 부품업계로부터 용접성, 가공성 등에서 일본이나 유럽으로부터 수입되는 제품보다 성능이 부족하여 1982년 당시 반품되는 비율이 8%에 달하기도 했다. 이 때문에 자동차업계에서는 철강업계에 대해 불량률을 3% 이하로 낮추지 않으면 거래하지 않겠다고 통보한 상황이었다.

이러한 상황에 대응하여 미국 고로사들은 일본 고로사들과 자본 및 기술 제휴를 적극 추진하기 시작했다. 1984년 US Steel에 의한 National Steel의 M&A 시도가 사법당국으로부터 승인을 거부당하자, National Steel은 일본 NKK와 제휴를 추진하여 50%의 자본참여를 끌어들였다. NKK의 지분은 나중에 70%까지 확대되었다. 1989년에는 US Steel이 봉형강류를 주로 생산하던 Lorain제철소를 분리하여 고베(神戶)제강과 합작기업으로 전환시켰고, Armco사는 보통강 부문을 가와사키제철과 합작사업으로 전환했다.

자본 관계를 포함한 제휴에 있어 특징적인 것은 표면처리강판과 관련한 합작이었다는 점이다. 이는 미국에 진출한 일본계 자동차사들에게 일본에서 생산된 것과 같은 철강 소재를 공급할 수 있는 기반을 구축하려는 일본 철강업계와의 이해관계가 맞아 떨어졌기 때문이었다. 1984년에 최초로 Wheeling Pittsburgh사가 일신(日新)제강과 합작으로 아연도금강판 생산 회사를 설립했고, 일신제강이 Wheeling Pittsburgh사에 10% 지분투자를 하였다. LTV는 스미또모금속과 합작으로 전기아연도금강판회사, Inland Steel은 신일철과 2개의 합작 사업을, US Steel은 고베제강과 아연도금강판회사를 설립했다.[75]

〈표 2-15〉 미국과 일본의 철강 합작사업 내용

합작회사	합작 파트너		년도	사업 개요
I/N Tec	Inland	新日鐵	1987	냉연강판 제조
I/N Kote	Inland	新日鐵	1989	아연도금강판 제조
National Steel	National	NKK	1984	National에 자본참가
AK Steel	Armco	川崎製鐵	1989	Armco의 보통강 분리
L-S Electro Galvanizing	LTV	住友金屬	1985	아연도금강판 제조
L-S II Electro Galvanizing	LTV	住友金屬	1989	아연도금강판 제조
USS/Kobe Steel	USS	神戶製鋼	1989	USS의 제철소 분리
Wheel Nissin	Wheeling Pittsburgh	日新製鋼	1984	아연도금강판 제조
Pro/TEC Coating	USS	神戶製鋼	1990	아연도금강판 제조
Nucor-Yamato	Nucor	大和工業	1987	형강 제조

---

75   児玉光弘,「アメリカ鐵鋼業の盛衰」日鐵技術情報センタ-, 1994.8.1. pp. 89~91

California Steel	CVRD(브)	川崎製鐵	1984	Kaiser제철소 분리
Florida Steel	Florida Steel	共英製鋼	1992	기존 미니밀 인수

자료: 児玉光弘, 「미국 철강산업의 성쇠」 pp. 90

5. 미 고로업계의 끝없는 추락

가. 고로업계의 가격 주도권 상실

앞에서 살펴본 바와 같이 미국 철강산업은 1970~80년대 경쟁력이 약화된 제조업 중에서도 특히 극심한 축소를 경험했고 1980~90년대에 극적인 구조조정을 경험한 산업이다. 1980년에 43개이던 고로-일관제철소는 1988년에는 24개로 감소했다. 1981~1990년에 걸쳐 조강생산능력은 3,760만 톤, 약 24.4% 삭감되고, 종업원 수는 22만 6,950명, 약 58.1%나 감축되었다.[76]

또한 주기적인 무역제소, 다각화 사업 전개 및 합작 사업 추진 등을 통해 경쟁력 회복을 모색했음에도 불구하고 미국 고로사들은 2000년대 들어 또다시 대규모 구조조정을 겪으면서 사실상 와해되는 상황에 놓이게 되었다.

이러한 징조는 1980년대부터 미국 고로사들의 가격 주도권이 상실되면서부터 극명하게 나타나기 시작했다. 1980년대에는 강재가격에서도 복잡한 변동이 발생하고 있었다. 고로사들이 발표하는 List Price에서는 1984년까지

---

[76] 川端 望, "戰後 미국 철강산업에 있어서의 성장의 一國的 構造" - 리스트럭처링의 諸前提에 관한 연구 (1), 證券硏究年報 제10號, 1995, pp. 51~80, pp. 51 참조

상승세를 나타냈으나, List Price와 대체로 같은 방향으로 움직이는 실제 판매 가격은 1983년 이후 하락하기 시작했다. 1986년 이후에는 일시적인 등락은 있어도 추세적으로는 상승세를 나타내던 List Price 자체도 하락하기 시작했다. 수요 감소와 수입 제품 유입 및 미니밀과의 경쟁으로 인해 대형 고로사들이 수급에 상관없이 가격을 결정하던 시대는 종료되고 있었던 것이다.[77]

1980년대 후반 들어서는 일부 미니밀들은 기존 사업 분야의 한계를 뛰어넘는 새로운 분야로 진출하여 미국 철강업계의 구조를 근본적으로 변화시켰다. 고로사들이 투자비 부담 및 철강 기술 등을 통해 자신들의 고유 영역으로 여겼던 대형 형강, 무계목강관뿐만 아니라 열연 판재류 시장까지 진출한 것이다. 특히 Nucor사는 1989년 박슬라브 연주 방식에 의한 판재류 생산(TSFR, Thin Slab Flat Rolling)분야까지 진출했다. 이를 통해 판재류 시장에서 미니밀들이 가격 결정의 주도권을 장악하게 되고, 고로사들이 판매 가격인상을 어렵게 하는 요인으로 작용한 것이다.

예를 들면 1992년 고로사들이 일제히 가격 인상을 발표했을 때, Nucor사는 거꾸로 가격을 인하했다. 이 때문에 고로사들이 인상을 시도한 가격은 시장에서 받아들여지지 않고 고로사들도 가격을 인하한 바 있다. 미니밀과 수입 강재에 의해 US Steel이 창립된 이후 고로사들에 의한 가격 지배력을 상실한 좋은 예라고 할 수 있다.[78]

이러한 비교 우위를 통해 미니밀 최대기업인 Nucor사의 연간 조강 생산량은 1993년에 500만 톤을 초과하여, 미국 내 4위의 조강 생산 기업이 되었

---

77   児玉光弘, 「アメリカ鐵鋼業の盛衰」 日鐵技術情報センタ-, 1994.8.1, pp. 71

78   児玉光弘, 「アメリカ鐵鋼業の盛衰」 日鐵技術情報センタ-, 1994.8.1, pp. 96

다. 수익성 측면에서도 미니밀들은 고로사들에 비해 우위를 점했다. 철강업계 전체로 대폭적인 적자를 기록하고, 특히 고로 5사의 합계 순이익이 20억 달러의 적자를 기록했던 1991년에도 미니밀들은 양호한 실적을 유지하고 있었다.

이처럼 수입 제품의 유입 증가와 미국 내 미니밀 제품의 공급 증가로 경쟁이 심화되면서 그동안 고로사들이 가지고 있었던 가격 주도권은 붕괴된 것이다.

나. 2000년대 초반 대규모 구조조정

1990년대 들어서는 경제 호황을 배경으로 일시 회복되는 것처럼 보였던 미국 철강산업은 1997년 아시아 외환위기를 계기로 수입이 급증하면서 심각한 공급 과잉에 직면했다. 더군다나 2001년 닷컴 버블의 붕괴 영향으로 미국의 실물 경제가 침체되면서 출하량이 급격히 감소하고 수익성이 악화되었다. 미국 철강회사들은 2000~2003년 기간 중 110억 달러의 대규모 손실을 기록하면서 1997년 후반부터 2004년 초까지 총 44개 기업이 Bankruptcy 됐다. 44개 기업의 조강 생산 능력은 5,710만NT, 종업원 수는 85,497명이었다.[79] 2003년 기준 미국 전체 조강 능력의 약 47%가 부도 처리된 것이다.

〈표 2-16〉에서와 같이 대형 고로사 중에서는 미국 내 3위 업체인 LTV 사가 2000년 12월에 파산 보호 신청을 했고, 2001년 10월에는 고로 2위 업체인 Bethlehem Steel이 파산 보호 신청을 했다. 이러한 과정을 통해 당시 미국 내 13개 고로사 중 A-Mittal에 인수된 Inland Steel을 제외한 10개 고로사가 파산

---

79   USWA, "Steel Industry Update", 2004. 3.10 일자 참조

보호 신청을 통해 부도 처리되었다. 부도 처리된 고로사들 중 National Steel
이 USS에 인수되었고, Bethlehem Steel과 LTV 등은 A-Mittal에 매각되고, 일
부는 설비 폐쇄되기도 했다. 이를 통해 현재 생존해 미국 기업은 US Steel과
AK Steel 2개 사뿐이다.

〈표 2-16〉 주요 고로사 파산보호법 신청 현황

(백만NT, 명)

	일시	설비능력	종업원수	비고
Bethlehem Steel	'01.10.15	11.3	13,000	미국 2위 고로사
LTV Steel	'00.12.29	7.6	18,000	'86년 신청 경험
National Steel	'02.3.4	7.0	9,283	NKK 자회사
Wheeling Pittsburgh	'00.11.16	2.2	4,800	'85년 신청 경험
Geneva Steel	'99.2.1	2.6	2,600	보호법에서 탈피
Acme Steel	'98.9.29	1.2	1,700	청산 진행

자료: USWA, "Steel Companies Filing for Bankruptcy 1997-2002", Press Release. 2002.3을 이용한 곽강수,
"미국 철강산업의 경영위기 발생원인 분석", Working Paper, 2002.3에서 재인용

다. 고로업계의 미국 내 위상 추락

앞에서 살펴본 바와 같이 1901년 US Steel이 합병을 통해 설립될 당시 미
국 내 조강 생산의 66%를 차지하는 등 하나의 기업이 미국 내 생산의 절반
이상을 차지할 정도로 미국에서의 고로사 비중은 절대적이었다. 2차 대전
이후 1961년에도 USS를 포함한 고로 8사의 시장점유율은 75.5%를 차지하면
서 자신들이 시장 판매 가격을 결정하는 과점 가격을 형성하고 있었다. 그러

나 오일쇼크를 계기로 고로사들을 중심으로 대규모 구조조정을 단행하면서 고로사들의 시장점유율은 하락했다.

이에 반해 미니밀들은 미국 내 풍부한 Scrap과 낮은 전기료 등을 배경으로 하는 Cost 경쟁력을 무기로 고로사들의 영역을 잠식해 갔다. 더군다나 미니밀의 열연 판재류 시장 진출 등을 계기로 고로사들의 고유 영역이던 판재류 시장에서도 고로사들의 점유율이 하락하면서 고로사들의 위상은 지속적으로 추락해 왔다.

〈표 2-17〉 제법별 미국 조강생산 변화 추이

(백만NT)

		1990	2000	2005	2010	2015
전체 조강생산		98.91	111.90	104.60	88.74	86.91
제법별 생산	전로	58.95	59.31	47.07	34.35	32.40
	평로	3.56	0	0	0	0
	전기로	36.40	52.59	57.53	54.39	54.51

자료: AISI, WSD 통계 데이터 이용

〈표 2-17〉에서 보는 바와 같이 미국 내 제법별 조강생산을 살펴보면, 고로사들이 보유한 전로와 평로 설비를 통한 조강생산량은 1990년대 이후 지속적으로 하락했다. 특히 2000년대 초반 버블경제 상황에서도 고로사들의 조강생산은 추세적으로 하락세를 나타냈다. 미국의 전로를 통한 조강생산량은 1995년에는 6,254만NT를 기록하기도 했으나 2000년대 들어 고로사들이 대규모 구조조정을 추진하면서 2009년에는 2,500만NT까지 하락하기도 했

다. 이를 1970년대까지 확장할 경우 조강생산 Peak기인 1973년에 고로사들이 보유한 전로와 평로를 통한 조강생산량은 1억 1,300만NT를 기록했으나 2015년에는 3,240만NT로 1973년대비 74%, 약 9천만NT이나 줄어들었다.[80]

아래 〈그림 2-5〉에서 보는 것처럼 1990년대 이후 미국의 조강생산은 9천만NT~1억 1천만NT 수준을 나타내고 있는 가운데 고로사들의 생산 비중은 추세적으로 하락세를 나타냈다. 동 기간 중 고로사들이 보유하고 있는 전로강의 생산 비중은 1992년 62.0%에서 2002년에는 49.6%로 하락했고, 2015년에는 37.3%까지 추락했다.

〈그림 2-5〉 1990년대 이후 미국 조강생산 및 고로업계 비중 변화

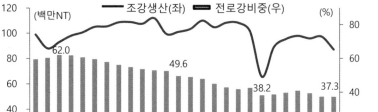

자료: AISI, *Annual Statistical Report*, 각년호

---

80 당시에는 고로사들이 일부 전기로 설비도 보유하고 있었으나 이를 구분하는 것은 불가능하므로 전로와 평로설비를 고로사들이 보유한 것으로 추정했다.

미국 철강산업의 쇠퇴 원인

1. 미 고로업계의 Cost경쟁력 상실

가. 임금 인상에 대한 경영자들의 인식

철강산업에 있어 일관제철소를 운영하는 데 상당수의 인원이 필요하므로 노무비는 제조원가에서 차지하는 비중이 크다. 또한 노무비는 고정비적 성격을 가지고 있어서 가동률과 상관없이 지급되어야 하므로, 노무비가 낮게 유지되어야 국제경쟁력을 확보할 수 있다. 따라서 노동 Cost는 철강산업의 국제경쟁력을 결정하는 데 중요한 변수가 된다.

그러나 미국 철강업계 경영자들은 1920년대부터 임금인상에 관대해졌다. 철강경기가 장기간 호황을 지속하자 경영자들은 높은 임금 수준은 기업의 사회적 위상 제고에 기여하고, 노동자들의 이직률을 줄여 사회적으로도 유익하다고 생각했다. 임금 상승이 강재 판매가격에 전가되는 한 회사로써는 크게 부담이 되는 것은 아니기 때문이었다. 이는 USS를 중심으로 과점 체제가 형성되어 있었으므로 임금 인상에 따른 노동 Cost 부담을 판매 가격 인상을 통해 전가할 수 있었기 때문이었다.

그러다가 1950년대 들어서는 정부의 임금 인상 억제 정책에 대응하여 "정부가 철강 제품 판매 가격 인상을 용인하지 않으면 임금 인상도 하지 않겠다"고 정부에 강경한 자세를 취하기도 했다. 이를 통해 판매 가격 인상과 연계하여 임금이 상승하면서 1955년 철강산업의 임금 수준은 제조업 평균의 1.3배 수준에 달했다.[81]

1960년대 초반에는 경기 침체와 Kennedy 정부의 임금 및 판매 가격 억제 정책에 따라 임금상승률이 둔화되었다. 그러나 1960년대 후반 물가상승률이 높아지면서 노조 측에서는 다시 공세를 강화하여 제조업 평균 대비 격차가 확대되었다.

나. 오일쇼크 이후 임금 급상승

미국 철강산업에서의 임금이 큰 폭으로 상승한 것은 1974년부터 도입된 ENA(실험적 노사협상) 때문이었다. 1970년대 초반 철강산업에서의 가동률이 90%를 상회하는 등 호황을 보이자 철강 경영자들은 이러한 호황이 노동자들의 파업없이 장기간 유지되기를 기대했다. 이러한 기대감으로 1974년에 예정되어 있던 노사 간 협상을 예정보다 18개월이나 앞서 1973년에 시작하면서 노조 측에 대폭적인 양보를 한 것이다.[82]

81　児玉光弘, 「アメリカ鐵鋼業の盛衰」日鐵技術情報センタ-, 1994.8.1, pp. 37 참조

82　Robert W. Crandall, *The U.S. Steel Industry in Recurrent Crisis*, The Brookings Institution, Washington, D.C., 1981, pp. 38

이는 노동자들이 파업권을 포기하는 대신에 ① 연간 최저 3% 임금인상 보장 ② COLA법 적용 ③ 협상 체결 시 1인당 150달러의 보너스를 지급하기로 결정하는 것이다.[83] COLA(생계비조정제도, Cost of Living Adjustment) 제도는 소비자 물가가 0.3%p 상승할 때마다 시간당 1센트의 임금 상승을 인정하는 것이었다. COLA제도는 생산성과는 상관없이 소비자 물가 상승률에 비례하여 인상되기 때문에 상한이 없었다.

그 결과 1973년 이후 철강산업의 생산성은 증가하지 않는 상황에서 물가가 상승하면서 임금 상승만 초래하는 결과를 가져왔다. 〈그림 2-6〉에서 보는 바와 같이 철강 노조원들의 시간당 임금은 1972년 5.16달러에서 1982년에는 14.00달러로 2.7배나 상승했다.[84] 이를 통해 1982년 철강 노동자들의 시간당 임금은 제조업 평균인 8.50달러보다 65% 높은 수준을 나타냈다. 여기에 휴일 근무수당, 건강보험료, 연금 등을 포함할 경우 그 격차는 97% 높은 수준이었다.[85]

---

83 日本貿易會 貿易研究所,「美國産業 貿易構造の變遷と展望」, NIRA 위탁연구 NRC-85-23, 1987.12, pp. 242 참조

84 이러한 ENA 협정은 1982년 대규모 경기침체가 발생하면서 열린 노사협상에서 1983년 임금을 9% 인하하기로 합의하면서 종료되었다. Ronald G. Garay, "U.S. Steel and Gary, West Virginia: Corporate Paternalism in Appalachia", 2011, pp. 90(Google 검색자료)

85 日本貿易會 貿易研究所,「美國産業 貿易構造の變遷と展望」, NIRA 위탁연구 NRC-85-23, 1987.12, pp. 241~242 참조

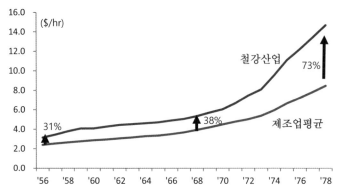

〈그림 2-6〉 미국 내 철강 및 제조업의 시간당 총 급여 변화 추이

자료: 미국 노동부 및 AISI 자료를 이용한 Crandal 책 pp. 36 표를 그래프화

다. 1960년대 철강 원료 비교 우위 상실

미국 철강산업이 일본과 근본적으로 다른 요인 중의 하나는 원료 자급도
였다. 일본은 철강 원료의 대부분을 수입에 의존하고 있는 반면, 미국은 원
료탄을 자급하고 있는 외에 철광석도 대부분을 오대호 인근에서 조달하고
있고, 인근 캐나다 등으로부터 수입하는 상황이었다.

미국에서는 2차 대전 이후 철광석 업체들이 고품위 철광석의 고갈 우려를
이유로 1950년대 말까지 철광석 판매 가격을 대폭 인상했다. 이러한 철광석
부족에 대한 우려는 미국 내 저품위광 사용을 위한 Pellet 기술 개발과 캐나
다, 베네수엘라, 호주, 브라질 등에서의 광산개발을 촉진시켰다. 예를 들어
1950년대 들어 호주에서 양질의 철광석 광산과 원료탄 광산이, 브라질에서
는 양질의 철광석 광산이 개발되면서 국제 철강원료 가격의 하락세는 1958
년부터 시작하여 1970년까지 지속되었다. 이러한 원료가격 하락으로 가장

큰 수혜를 본 나라는 1950년대 후반부터 철강 설비 확장이 본격화된 일본이었다.

1960년대 기간 중 세계 주요 철광석 생산지에서 일본으로의 평균 운송거리는 4,900마일에서 6,240마일로 늘어났음에도 불구하고 운송비는 1960년 NT당 평균 5.90달러에서 1970년에는 3.65달러로 38%나 하락했다.[86] 이는 일본이 제철소를 임해지역에 건설하고 대형 선박을 통한 운송이 가능해지면서 톤당 운송비를 절감할 수 있었기 때문이다. 반면 미국에서의 철광석 가격은 오히려 소폭이나마 상승세를 이어 갔다. 이처럼 국제 철광석 가격이 하락하면서 미국 철강산업의 장점인 철광석 매장량과 저렴한 철광석 조달이라는 비교 우위는 1960년대 후반 들어 사라졌다.[87]

라. 고로업계의 Cost경쟁력 상실

Crandall의 분석에 의하면 1950년대 후반까지 미국 철강업계는 높은 노무비에도 불구하고 자국 내에서의 연원료 조달을 통해 연원료비와 노무비의 합계 Cost가 일본 철강업계에 비해 비교 우위를 나타냈으나 1958년을 기점으로 역전되었다. 〈그림 2-7〉에서 보는 바와 같이 1958년 미국 철강업계의 연원료비와 노무비 합계 Cost는 NT당 110.84달러인 반면 일본은 89.49달러로 일본에 비해 약 24%나 높은 수준을 나타냈다.[88] 이처럼 이미 1960년 이전에 미국

---

86   Kenneth Warren, *Big Steel - The First Century of the United States Steel Corporation 1901-2001*, 2001, pp. 233 참조

87   Robert W. Crandall, *The U.S. Steel Industry in Recurrent Crisis*, The Brookings Institution, Washington, D.C., 1981, pp. 20

88   Kenneth Warren, *Big Steel-The First Century of the United States Steel Corporation 1901*

은 일본 철강산업에 비해 Cost 경쟁력을 상실한 상태였다고 할 수 있다.

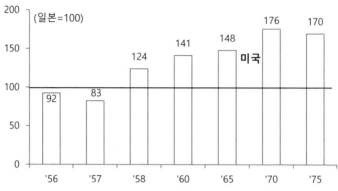

〈그림 2-7〉 미국과 일본의 강재 NT당 연원료비 및 노무비 합계 Cost 비교

주: 연원료비에는 철광석, 원료탄, Scrap, Oil, 천연가스 및 전기요금 포함
자료: Crandall 책(1981) pp. 48 표에서 재구성

　　더군다나 1960년대 들어 철강 원료가격의 하락은 일본과 같은 신흥 국가
들에게 있어 단위당 생산 Cost를 대폭 줄일 수 있었다. 연원료비의 하락을 배
경으로 1957~1967년 기간 중 일본 철강업계의 강재 생산 NT당 Cost는 25달
러 하락했다.[89] 1967년 미국에서의 평균 철강재 판매 가격이 NT당 140달러
정도였다는 점을 감안할 경우 그 하락 효과는 매우 큰 것이었다. 특히 미국
철강업계의 1970년대 COLA제도에 기초한 임금 상승으로 노무비와 연원료
비를 합한 단위당 Cost는 미국이 일본에 비해 70% 이상 높은 수준으로 확대

　　- 2001, 2001, pp. 231

89　Robert W. Crandall, *The U.S. Steel Industry in Recurrent Crisis*, The Brookings
　　Institution, Washington, D.C., 1981, pp. 23

되어 일본과의 Cost경쟁력 격차가 확대되었다.

참고로 1966년 일본의 철강 해외시장조사위원회가 분석한 자료에 따르면, 미국 고로 8개 사와 일본 고로 6개 사의 강재 생산을 위한 평균 주원료비와 노무비를 합한 톤(MT)당 Cost를 비교해 보면 미국은 이미 1950년대 초반부터 Cost경쟁력을 잃고 있음을 알 수 있다.

〈표 2-18〉 미일 고로사들의 강재 톤당 원료 및 노무 Cost 비교

($/MT, %)

	미국(8개 사 평균)			일본(6개 사 평균)			A/B 일본=100
	주원료비	노무비	합계(A)	주원료비	노무비	합계(B)	
1951	42.3	54.7	97.0	68.2	19.9	88.1	110.1
1955	40.5	61.9	102.4	53.5	22.3	75.8	135.1
1960	40.5	86.7	127.2	49.4	23.3	72.7	175.0
1964	36.0	83.1	119.1	44.4	19.8	64.2	185.5

주: 주원료는 철광석, 코크스, Scrap의 합계
자료: 철강해외시장조사위원회, 「Cost구조분석 부표(附表)」 1966.2월 자료를 이용한 大橋周治, 「現代の産業 – 鐵鋼業」 東洋經濟新報社, 1966.12, pp. 244에서 일부 수정

〈표 2-18〉에서 보는 바와 같이 Scrap을 포함한 주원료비와 노무비를 합한 미국 8개 고로사들의 강재 평균 Cost는 1951년 톤당 97.0달러에서 1964년에는 119.1달러로 22.8% 상승했다. 반면 동기간 중 일본 고로 6사의 평균 Cost는 원료가격의 하락과 강재생산량이 급속히 증가하면서 88.1달러에서 64.2달러로 오히려 하락했다. 결국 미국 고로사들은 일본 고로업계에 비해 강재 톤당 생산 Cost가 1951년에도 10.1% 높은 수준이었고, 1964년에는 85.5%나

높은 수준이었다.[90]

2. 미국 철강업계의 내수시장 방어 실패

어느 특정 국가에서 철강재 수입의 증가는 다른 요인이 일정하다면 그 수입량만큼 자국 내 철강업계의 출하량을 감소시키고, 설비가동률을 하락시킨다. 또한 자국 내 공급 증가를 통해 시장 가격을 하락시키는 요인으로 작용한다. 가격 하락과 출하 감소 등을 통해 철강기업들의 매출과 수익성을 악화시키고 미래 성장을 위한 투자비의 조달을 어렵게 한다. 특히 자국 내 철강 수요가 감소하는 상황에서 수입이 증가할 경우 이중의 출하 감소와 가격 하락 요인으로 작용하여 기업들에게 치명적인 결과를 초래할 수 있다. 더군다나 주문 생산을 기반으로 하는 고로사들에게 수입재의 시장 잠식은, 자국 시장에서의 고객 기반의 상실을 의미한다.

앞에서 살펴본 바와 같이 1960년대 이후 미국의 수입은 본격적으로 증가하게 된다. 물론 미국 정부의 우방국 지원을 위한 전략적 선택도 있었지만, 1960년대 들어 미국에서의 철강 내수는 증가하고 있었다. 그럼에도 불구하고 이를 미국 철강업계가 공급하지 못하고 내수 시장의 상당 부문을 수입재에 잠식당했다는 점에서 미국 철강업계의 경쟁력이 그만큼 약화되었다는 것을 의미한다. 이러한 수입의 지속적인 증가는 미국 철강업계의 출하 감소와 가동률 하락 및 수익성 하락으로 이어졌고, 결국 미국 철강산업의 쇠퇴를 촉

90　大橋周治, 「現代の産業 - 鐵鋼業」 東洋經濟新報社, 1966.12, pp. 242

진시키는 요인으로 작용했다.

미국 철강업계는 2차 대전 이후에도 철강 수급과는 별도로 안정적인 가격을 유지할 수 있었다. 미국이 세계 시장과는 분리되어 있었고, 대형 철강사들을 중심으로 관리가격 체제가 존재했기 때문이다. 그러나 이러한 상황은 미국 철강산업이 국제경쟁에 노출되기 시작하면서 붕괴되어 갔다. 즉 거대한 미국 내수 시장이라는 온실 속에서 과점가격을 형성하면서 성장해 온 미국 철강산업이 1960년대 들어 저임금과 규모의 경제를 바탕으로 가격 경쟁력을 갖춘 수입 철강재와 경쟁을 시작하면서 붕괴되어 갔다고 할 수 있다.[91]

〈표 2-19〉에서 보는 바와 같이 1960년부터 철강 경기가 호황을 보인 1968년까지 미국의 철강재 수입 증가에 따른 영향을 살펴보면 다음과 같다. 동기간 중 미국의 강재소비는 3,660만NT 증가했는데, 강재수입이 약 1,460만NT 증가했다. 따라서 미국 철강업계의 출하는 2,070만NT 정도밖에 차지하지 못하고 나머지는 수입재가 차지한 것이다.

또한 오일쇼크 직전 가장 호황이었던 1973년과 1980년대 경기 침체기에 수입재 비중이 26.4%로 가장 높았던 1984년을 비교할 경우 미국 철강업계의 피해는 보다 명확해 보인다. 즉 1973년 대비 1984년 미국 강재소비가 2,360만NT 감소한 상황에서 철강재 수입은 오히려 약 1,100만NT 증가하면서 미국 기업들의 강재 출하량은 3,770만NT이나 감소한 것이다.

---

91 川端 望, "戰後 미국 철강산업에 있어서의 성장의 一國的 構造" - 리스트럭처링의 諸前提에 관한 연구 (1), 證券研究年報 제10號, 1995, pp 51~80, pp. 53

<표 2-19> 미국 수입증가에 따른 수급구조 변화

(백만NT, %, $/NT)

	1960	'68	'60~'68 증가량	'73	'84	'73~'84 증가량
강재수입	3.4	18.0	14.6	15.2	26.2	11.0
강재소비	71.0	107.6	36.6	122.5	98.9	△23.6
강재출하	71.1	91.9	20.7	111.4	73.7	△37.7
강재수출	3.5	2.2	△1.3	4.1	1.0	△3.1
조강능력	148.6	155.0	6.9	155.0	135.3	△19.7
조강생산	99.3	131.5	32.2	150.8	92.5	△58.3
가동률	66.8	84.8	18.0 P	96.2	68.4	△28.9p

자료: AISI 통계 및 미국무역위원회 자료를 이용한 Crandal 책 pp. 159에서 일부 수정

특히 1980년대 초 미국 철강시황 악화로 출하량이 줄어들고 있는 상황에서 수입 증가는 미국 기업들의 설비가동률을 크게 악화시키는 요인으로 작용했다. 미국의 조강설비 가동률은 1973년 96% 이상의 풀 가동상황에서 1980년대 초반 경기가 대폭 침체되었던 1982~1985년 기간 중에는 평균 59.4%로 급락했다.

두 차례 오일쇼크 과정에서 철강 소비가 큰 폭으로 감소한 것도 문제였지만, 내수가 침체된 상황에서도 해외로부터 강재 수입이 증가하는 등 수입재 방어에 실패한 것이 가동률을 급락시킨 결정적인 요인으로 작용했다. 그 결과 출하량과 가동률이 하락하면서 미국 철강업계는 대규모 적자를 기록하게 됐고, 국제경쟁력을 회복하는 데 결정적인 타격을 받게 된 것이다. 미국 철강업계는 1982~1986년 기간 중에 누계 116억 달러의 적자를 기록했다. 이처

럼 미국 철강업계가 내수시장 방어에 실패하면서 미국 철강업계 특히 고로사들의 쇠퇴가 본격화되었다고 하겠다.

3. 오일쇼크 이후 철강 수요의 구조적 변화

어느 산업이나 마찬가지이지만 특정 산업에서 생산되는 제품에 대한 수요는 그 산업 자체의 성장을 결정하는 가장 중요한 변수이다. 중간 소재 산업의 특성 상 철강업계가 스스로 수요를 창출하기는 어렵다. 예를 들어 자동차나 핸드폰 산업에서는 소비자가 원하는 혁신적인 제품을 만들 경우 그 자체가 수요를 창출할 수 있다. 그러나 철강산업은 혁신적인 철강 제품을 만들더라도 제품 자체가 최종 수요는 될 수 없고, 그 제품을 소재로 사용하여 제품을 만들어야 최종 수요가 결정된다. 따라서 철강산업은 자동차나 건설 등 수요 산업의 생산 활동이나 소비 구조의 변화에 따라 철강 수요량이 결정된다. 더군다나 철강산업은 대규모 장치 산업이다. 따라서 일단 철강 수요가 감소하여 가동률이 하락할 경우 고정비 부담이 크기 때문에 수익성이 악화되기 쉬운 특징을 가지고 있다.

앞 장에서 살펴본 바와 같이 1970년대 두 차례 오일쇼크를 계기로 미국의 철강 수요는 구조적으로 하락세를 나타냈다. 특히 2차 오일쇼크 이후인 1980년대 초반부터 중반까지 철강 내수는 장기간 침체되었다. 1982년 조강 명목 소비는 1973년에 비해 44%나 하락했으며, 1980년대 전체 평균으로도 30% 이상 하락했다.

이처럼 미국의 철강 소비가 구조적으로 감소한 원인은 먼저 1970년대 두 차례 오일쇼크로 인한 경기침체로 수요산업의 생산활동이 급속히 위축되었기 때문이다. 예를 들어 〈표 2-20〉에서 보는 바와 같이 미국의 자동차 생산은 1973년 1,270만 대에서 1978년에는 1,290만 대를 Peak를 기록했다가, 1982년에는 699만 대로 1973년 대비 약 45%, 1978년 Peak 대비해서는 약 46% 감소했다.

〈표 2-20〉 미국 자동차 생산 및 자동차용 강재출하 변화 추이

	단위	'73	'82	'90
자동차 생산	백만 대	12.7	7.0	9.8
자동차향 강재출하량	백만NT	23.2	9.3	11.1
자동차 1대당 출하량	NT	1.83	1.33	1.13

자료: W. Hogan, *Capital Investment in Steel*, 1992 자료를 이용한 곽강수, "세계 철강 산업의 주도권 변화와 시사점", POSRI 경영연구 제1권 제2호, 2001.8, pp. 39에서 재인용

그러나 1990년 자동차 생산은 980만 대로 1973년에 비해 22.8% 감소한 반면, 자동차 산업에 대한 강재 출하량은 52.2%나 감소했다. 이처럼 자동차 생산량에 비해 철강 소비량이 훨씬 큰 폭으로 하락한 것은 오일쇼크 이후 미국 자동차 산업에서의 철강 소비구조 즉 자동차 생산을 위한 원단위가 근본적으로 변화되었음을 암시한다. 이는 석유 가격의 급격한 상승으로 자동차에 대한 소비 패턴이 그동안의 중후장대형(重厚長大型)에서 경량화, 소형화되는 등 미국 경제의 소비 구조가 에너지나 자원 소비를 축소하는 방향으로 변했기 때문이다. 이처럼 수요 산업 생산 활동의 침체와 함께 오일 가격 급등을 계기로 자동차, 가전 등 수요 산업에서의 철강 소비 구조가 근본적으로 변한 것도 철강 수요의 구조적 하락을 초래한 원인이라고 할 수 있다.

자동차 산업의 경우 1차 오일쇼크 이후 에너지 절감 및 환경 규제 등의 영향으로 자동차 경량화가 촉진되었다. 예를 들어 1975년 연비 규제를 위한 CAFE(Corporate Average Fuel Economy)법의 시행으로 자동차 경량화를 위해 철강 소재 대신 가벼운 플라스틱이나 알루미늄으로의 대체가 촉진되면서 철강 소비 원단위가 감소했다. 또한 자동차 경량화를 위한 고장력강 등의 개발 등으로 자동차 1대당 강재 출하량은 오일쇼크 이후 지속적인 하락세를 나타냈다.

〈표 2-21〉에서 보는 바와 같이 1980~1992년 기간 중 자동차 1대를 생산하는 데 투입되는 고장력강판은 79.4Kg에서 112.0Kg으로 41% 증가한 반면 보통강강판은 1980년 787.8Kg에서 1992년에는 625.3Kg으로 20% 이상 감소했다. 이를 통해 동기간 중 전체 철강재 투입 원단위는 1980년 1,124Kg에서 1992년에는 970Kg으로 약 13.6% 감소했다.

〈표 2-21〉 미국 자동차 강재소비 원단위 변화 추이

(Kg/대)

	1980	'85	'90	'91	'92
보통강강판	787.8	617.9	565.3	608.2	625.3
고장력강판	79.4	98.6	105.7	109.1	112.0
Stainless	12.5	13.2	14.3	16.8	18.8
기타 강재	24.5	24.7	24.0	18.8	19.0
銑 鐵	219.5	212.7	180.5	195.5	194.8
(철강재 계)	(1,123.7)	(967.1)	(889.8)	(948.4)	(969.9)
총 중량	1,525.2	1,445.6	1,313.4	1,387.3	1,422.0

자료: Ward's Automotive Yearbook 1992를 이용한 日本興業銀行, "日美 鐵鋼産業の 將來展望 - 我が國 鐵鋼業の 新たなる 展開に 向けて -", 興銀調査 1994 No.3, pp. 13에서 재인용

4. 미니밀의 시장 잠식

가. 1980년대 봉형강류 시장 장악

수입재의 시장잠식과 철강 소비 감소와 함께 미국 고로업계의 쇠퇴를 촉진한 것은 미니밀의 성장이었다. 1940년대 초반까지만 해도 선재나 봉강을 주로 생산하는 전기로를 통한 조강 생산은 미국 전체 생산의 5% 정도에 불과했다. 그러나 1960년대 들어서는 새로운 패턴의 기업들이 등장했다. 당시까지는 특수강 등에 사용되던 신기술인 연주설비 등을 보통강 생산에 응용하여 저급 제품을 생산하는 소위 말하는 미니밀의 등장이었다.[92]

미니밀들은 일관제철소를 가진 고로사들에 비해 단순한 설비, 자유로운 입지 및 풍부한 Scrap공급 등을 통한 낮은 생산 Cost를 바탕으로 급속히 시장 점유율을 확장해 갔다. 미국에서의 미니밀의 조강생산 비중은 1970년 15%에서 1986년에는 약 37%로 증가했다. 고로사들이 구조조정을 통해 설비 능력을 삭감하고 있는 와중에 미니밀들은 설비 확장과 생산 제품의 다양화를 통해 시장점유율을 확대해 온 것이다.

이러한 과정을 통해 미니밀들은 1980년대 들어서는 고로사들이 생산하던 봉형강류 시장을 거의 장악했다. 예를 들어 1986년 기준으로 선재 시장의 약 90%, 봉강의 90%, 소형 형강의 94%를 차지하고 있었다. 이를 기반으로 1980년대 후반 들어 일부 미니밀들은 기존 사업 분야의 한계를 뛰어넘는 새로운 분야로 진출하여 미국 철강 업계의 구조를 근본적으로 변화시켰다. 그동안 고로사들의 영역이었던 대형 형강, 무계목강관이나 심지어 판재류 시장까지

92　児玉光弘,「アメリカ鐵鋼業の盛衰」日鐵技術情報センタ-, 1994.8.1, pp. 52

영역을 확대한 것이다.

먼저, 그동안 미국 내 약 600만NT의 수요가 있었으나, 설비투자비가 대규모로 소요되어 고로사들의 고유 영역이었던 대형 형강 분야에 진출했다. 예를 들어 Nucor사는 일본의 야마토(大和)공업과 합작 기업을 설립하여 대형 형강시장에 진출하여 1993년부터 본격적으로 생산하기 시작했다. 미니밀에 의해 수세에 몰린 대형 고로사들은 부득이 봉형강류 시장에서 철수할 수밖에 없었다. 1994년 1월 Bethlehem Steel은 대형 H 형강 시장에서 철수한다는 방침을 결정했다[93]. 또한 North Star 등이 무계목강관(Seamless Pipe)를 생산하면서 그동안 고로사들의 전유물이었던 고급강 시장까지 잠식하면서 고로사들의 사업 기반에 심각한 영향을 미쳤다.[94]

나. 1990년대 판재류 시장 잠식

1980년대 말에는 Nucor사가 Crawfordsville공장에 세계 최초로 전기로를 통해 열연코일을 생산하는 설비를 가동하면서 고로사들의 고유 생산 영역이었던 판재류 시장에까지 진출하기 시작했다.[95] 판재류 설비는 과거의 기술로는 대규모 투자가 필요했기 때문에 대형 고로사들만 생산하고 있던 분야였다. 물론 전기로 방식으로는 자동차강판 등 고급 제품의 판재류 생산은 어려움에도 불구하고 고로사들의 영역이었던 판재류 생산에 전기로 미니밀이 진

---

93 児玉光弘, 상게서, pp. 97

94 日本興業銀行, "日美 鐵鋼産業の 將來展望 - 我が國 鐵鋼業の 新たなる 展開に 向けて -", 興銀調査 1994 No.3, 1994, pp. 9

95 당시 연주설비를 통해 두께 50mm의 박슬라브(TSFR, Thin Slab Flat Rolling)를 생산하여 최소 두께 2.5mm까지의 열연코일을 생산했다.

입했다는 것만으로도 새로운 경쟁요인으로 작용했다.[96]

　Cost 경쟁력을 바탕으로 공장 주변 지역의 건설용 시장을 중심으로 미니밀들이 시장점유율을 확장해가면서 미니밀들이 보유한 전기로 설비 능력은 지속적으로 증가했다. 이에 반해 철강 수입 증가와 함께 미니밀들의 고로사 영역 침투가 확대되면서 1990년대 이후 미국 고로사들이 보유한 전로 설비 능력은 급속히 감소하기 시작했다. 이를 통해 2002년을 계기로 미니밀들의 전기로 생산 능력이 고로사들의 전로를 추월하여, 2014년 현재 전기로 설비 능력은 85백만NT로 전로능력 53백만NT보다 1.6배 이상 높은 수준을 나타나고 있다. (〈표 2-22〉 참조)

〈표 2-22〉 1990년대 이후 제법별 미국 조강생산능력 변화

(백만NT)

	1990	1995	2000	2010	2014
전로(BOF)	71	75	72	61	53
전기로(EAF)	46	52	71	83	85

자료: WSD, *Steel Strategist #41*, 2015.11, pp. 247

　특히 미국 내 풍부한 Scrap과 저렴한 전기료 등을 통해 Cost 경쟁력 확보한 미니밀들이 판재류 생산을 위해 도입한 Slab 생산능력은 1990년대 이후 급속히 증가했다. Nucor사의 설비 능력 확장뿐만 아니라 Steel Dynamics 등 다른 미니밀들의 시장 진출이 증가하면서 미니밀들의 Slab 생산능력은 1990

96　児玉光弘, 「アメリカ鐵鋼業の盛衰」 日鐵技術情報センタ-, 1994.8.1, pp. 97

년 200만NT에서 2014년에는 3,010만NT로 늘어나 2014년 현재 고로사들이 보유한 전체 전로 능력의 56% 수준에 접근해 있다. (〈표 2-23〉 참조)

〈표 2-23〉 1990년대 이후 미니밀의 판재류 조강생산능력 변화

(백만NT)

	1990	1995	2000	2010	2014
TSFR 능력	2.0	5.5	18.6	26.6	30.1

자료: WSD, *Steel Strategist #41*, 2015.11, PP. 247

미니밀들의 시장 잠식에 대응하여 고로사들은 1980년대에는 Cost 경쟁력 열위로 수익성이 없는 봉형강류 시장에서 철수하고 1990년 전후해서는 대형 형강과 같은 분야에서도 철수했다. 그리고 1990년대에는 미니밀의 판재류시장 잠식에 대응하여 부가가치가 높은 냉연이나 도금강판 분야에 투자를 집중했다.

그러나 1998년 이후 아시아 외환 위기와 러시아의 모라토리움 등을 계기로 판재류 수입이 대폭 증가하면서, 고부가가치 분야에 투자를 늘린 미국 고로사들은 결정적인 타격을 받았다.

5. 노후설비 과다 보유 및 혁신설비 도입 지연

가. 노후설비 및 비생산적 설비의 과다 보유

1950년대 후반 이후 미국 철강산업의 국제경쟁력 약화, 즉 미국 철강산업

의 문제점 중의 또 다른 하나가 철강기술이라는 데 의문의 여지가 없다. 미국 제철소들은 대부분 2차 대전 이전에 건설되었고 내륙 지역에 위치해 있다. 또한 제철소 Layout 자체가 비효율적인 제철소들이 많아서 2차 대전 이후 지속적으로 합리화를 해 왔지만 최신 설비에 비해서는 효율성이 떨어질 수밖에 없었다.

그러나 결정적으로 미국 철강산업에 불리하게 작용한 것은 이미 1950년대에 설비 확장이 거의 마무리되었기 때문에 새로운 기술을 적용할 기회가 상대적으로 적었다는 점이다. 전세계적으로 2차 대전 이후 개발된 기술 개발의 성과가 본격적으로 나타난 것은 1960년대였다. 일본이나 유럽 철강업계는 1960년대 본격적인 설비 확장 과정에서 개발된 기술을 흡수하여 적용할 수 있었다. 따라서 미국 철강업체들은 1960년대 들어서는 일본이나 유럽 철강사들에 비해 비교 우위가 점점 약화될 수밖에 없었다.

이러한 미국 철강산업의 구식 설비는 1980년대 이후에도 생산성 저하나 경쟁력을 약화시키는 요인으로 작용했다. 예를 들어 〈표 2-24〉에서 보는 것처럼 1983년 미국과 일본 고로의 생산성을 비교해 보면, 미국은 총 107개 고로 중 100개 고로가 2,000㎥ 이하로 대부분 소형 고로였고 3,000㎥ 이상인 고로는 2개에 불과했다. 반면 일본은 총 65개 고로 중 2,000㎥ 이하는 26개이고, 3,000㎥ 이상인 대형 고로도 22개나 되었다. 따라서 미국 고로사들의 평균 내용적은 1,350㎥로 일본의 2,597㎥에 비해 52% 수준에 불과했다. 그 결과 고로당 평균 생산능력은 미국이 고로 1기당 77만 톤으로 일본의 210만 톤 대비 37% 수준에 불과할 정도로 미국 고로업계의 생산성은 낮았다.

<표 2-24> 미국과 일본의 고로생산성 비교('83년 기준)

	총기수	내용적			내용적 평균(m³)	기당 평균 능력 (만 톤)
		2000m³ 이하	~3000	3000 이상		
미국	107	100	5	2	1,350	77
일본	65	26	17	22	2,597	210

자료: 戸田弘元, 「現代世界鐵鋼業論」 1984을 이용한 곽강수, "세계 철강 산업의 주도권 변화와 시사점", POSRI 경영연구 제1권 제2호, 2001.8, pp. 40에서 재인용

또한 1980년대 들어 소형 노후설비를 중심으로 대규모 설비 구조조정을 실시했음에도 불구하고 미국 고로업계의 상공정 설비는 일본에 비해 효율성이 낮았다. 예를 들어 1995년 기준으로 단위제철소 중 연산 500만 톤 이상의 고로 능력을 가진 제철소가 일본의 8개인 데 비해 미국은 1개에 불과하는 등 제철소 단위당 고로 생산능력이 낮아 생산성 향상의 장애요인으로 작용했다. (<표 2-25> 참조)

<표 2-25> 미국과 일본의 제철소 단위의 고로생산능력 비교

(기, 만MT)

	제철소 수	300 이하	300~400	400~500	500 이상
미국	21	15	3	2	1
일본	15	4	2	1	8

주: 제철소 수는 고로 가동 기준임
자료: 미국(IERI, 1995. 12), 일본(세계철강요람, 1996) 이용한 곽강수, "미국 철강산업의 경영위기 발생원인 분석", Working Paper(2002) 원고에서 재인용

이처럼 미국의 철강설비들이 노후화되고 생산성이 낮은 설비들이 많이

남아 있었음에도 불구하고 미국 철강업계는 생산성을 높일 수 있는 혁신 설비의 도입을 주저했다. 특히 1960년대 미국 철강업계의 연평균 설비투자액은 16.5억 달러로 설비 확장이 한창이던 일본의 평균 9억 달러에 비해 1.8배나 높은 수준을 유지하고서도 LD 전로나 연주설비 등 혁신설비의 도입이 지연되었다.

나. LD전로의 도입 지연

1856년 베세머(Bessemer)에 의해 전로가 개발된 이후 약 100년만인 1952년에 산소전로(LD전로)가 개발되었고, 각국에서는 LD전로를 빠르게 도입해 나갔다. 전로에 산소를 주입하여 강(Steel) 중에 탄소 함유량 및 불순물을 줄임으로써 자동차강판 등 고품질의 판재류 생산과 대량생산에 유리했기 때문이었다.

일본에서는 1957년 야와타(八幡)제철소에서 50톤 전로가 완공되는 등 적극적으로 LD전로를 채용했다. 이를 통해 1964년부터는 LD 전로의 비중이 44.2%로 평로의 비중 34.8%를 상회하고 있었다. 이에 반해 미국에서는 1954년 미국의 소형 철강사인 McLouth Steel에서 처음 채용되었지만 대형 철강사에서는 1964년에야 US Steel에서 가동되기 시작하는 등 1965년에도 17.4%에 머물렀다.[97] (〈표 2-26〉 참조)

미국은 1960년대 중반 이후에 산소전로의 도입을 적극 추진하였으나 일본에 비해 이미 생산성이나 Cost측면에서 불리한 상황이었다. 즉 평로에 비해 2분의 1에 불과한 설비 건설비와 20배 이상의 제강능률을 가진 LD전로의

---

97   児玉光弘, 「アメリカ鐵鋼業の盛衰」, 日鐵技術情報センタ-, 1994.8.1, pp. 41

도입이 지연되면서 미국 철강산업이 생산성을 증대시키고, 신기술을 조기에 확보하는 데 실패했다고 하겠다.

〈표 2-26〉 미국과 일본의 LD전로 생산 비중 변화

(%)

	1955	1960	1965	1970	1975
미국	0.3	3.4	17.4	48.1	61.6
일본	4.3	11.9	55.0	79.1	82.5

자료: 일본철강연맹, 「철강통계요람」 각년호

P. A. Tiffany는 그의 논문에서 당시 미국 철강업계가 LD 전로를 도입하지 않았던 것은 합리적인 판단이었다고 주장했다.[98] 그는 "1950년대에 해외 철강 밀들이 당시로서는 혁신적인 산소전로(BOF) 설비를 채택하기 시작했지만, 미국 철강 기업들은 설비 확장 시 대부분 평로를 채택했다. 일부 전문가들은 이러한 결정이 1960년대 이후 미국 철강산업의 경쟁력 약화의 원인이라고 비난하고 있다. 그들은 미국 대형 고로사들이 국내 시장에서의 독점적 지위를 이용하여 기술 혁신을 등한시했다고 주장한다. 그러나 미국 고로사들로서는 정상적인 상황이었다. 왜냐하면 대규모 공장에서 테스트해 본 적이 없어서 리스크 부담이 컸고, 산소전로(BOF) 가동에 필요한 대량의 산소를 조달할 만한 상황도 아니었다. 또한 산소전로는 대량의 오염물질을 대

---

98   Paul A. Tiffany, "The Roots of Decline: Business-Government Interaction in the American Steel Industry, 1945-1960", Journal of Economic History, vol.XLIV, No.2(June 1984), pp. 418

기 중에 배출하고 있었다. 당시 미국에서는 평로의 생산성을 높이기 위한 연구가 상당 수준 진행되고 있었다는 점도 혁신적인 산소전로 설비의 도입을 지연시킨 요인 중의 하나였다"고 주장하고 있다.

이러한 주장은 얼핏 타당해 보이지만, 다음과 같은 요인들을 보면 미국 철강업계의 판단 실수라고 할 수 있다. 첫째, 일본에서 본격적으로 LD 전로 도입을 통해 생산성이 높아지고 국제경쟁력이 향상되고 있던 10여 년 동안이나 도입을 하지 않고 있었다. 1960년대 후반 철강제품의 수입 증가로 내수시장이 잠식되고 있는 상황에서야 미국 철강산업의 경쟁력 향상을 위해서는 산소전로의 도입이 불가피하다고 판단하고 본격적으로 도입하기 시작했다는 것이다. 둘째, 미국 철강산업의 설비투자 규모가 1960년대까지도 일본 대비 1.8배나 높은 수준이었음에도 불구하고 혁신 설비 도입을 등한시했다. 더군다나 당시 미국은 설비 확장이 거의 완료된 상태였으므로 설비투자는 대부분 설비 합리화를 위한 투자가 대부분이었는데 설비의 생산성과 Cost경쟁력을 좌우할 LD전로의 도입에는 소극적이었다는 점이다. 따라서 미국 철강업계가 1950~1960년대 초반 LD 전로를 도입하지 않는 게 합리적이었다는 주장은 모순이라고 볼 수 있다.

다. 연주설비 도입 지연

철강산업에서 연주 기술이 최초로 상용화된 것은 1950년대 철강 설비업체인 Mannesmann에 의해서였다. 미국에서는 1962년에서야 중소 전기로 업체에서 연산 10만 톤 능력의 연주기가 최초로 도입되는 등 주로 전기로 업체들을 중심으로 확산되었다. 반면 대형 고로사들은 연주 기술이 대량 생산에는 적합하지 않다고 판단하여 도입을 주저했다. 예를 들어 Bethlehem Steel

은 1960년대에 Republic 등 3개 사와 공동으로 Slab 연주의 Pilot Plant를 건설하여 시험 조업에 성공한 바 있다. 그러나 대량 생산에 의문을 가지면서 도입하지 않았다. 또한 National Steel도 1968년 당시 세계 최대인 104인치 연주기를 도입했지만 확산은 지연되었다. 미 의회 기술평가국(OTA) 조사에 따르면 1978년 중소형 미니밀 업체들의 연주기 보급률은 51.5%인 반면 일관제철소의 연주비율은 11.0%, 특히 일관제철소가 보유한 전기로를 제외할 경우 9.3%에 불과했다.[99]

또한 1980년대 들어서도 미국에서의 연주 설비 도입은 경쟁국들에 비해 완만하게 진행되었다. 1984년 미국의 연주 설비 채용 비율은 39.6%인 데 반해 일본은 89.1%에 달하는 등 미국은 연주기 도입에 있어서도 경쟁국들에 비해 훨씬 낮은 수준이었다. 미국의 연주 비율은 당시 경쟁국이던 일본이나 유럽 국가들뿐만 아니라 브라질이나 한국에 비해서도 낮은 수준이었다. (〈표 2-27〉 참조)

〈표 2-27〉 미국과 주요국의 연주비율 비율 변화 비교

(%)

	미국	EC	일본	브라질	한국
1969	2.9	3.3	4.0	0.1	n.a
1973	6.8	9.4	20.7	3.2	n.a
1977	11.8	25.4	40.8	17.4	32.0
1981	20.3	45.1	70.7	36.6	44.3

99　児玉光弘, 「アメリカ鐵鋼業の盛衰」 日鐵技術情報センタ-, 1994.8.1, pp. 44~45

| 1984 | 39.6 | 65.4 | 89.1 | 41.3 | 60.6 |

자료: IISI자료를 이용하여 日本貿易會 貿易硏究所, 「美國産業 貿易構造의 變遷과 展望」 NIRA 위탁연구 NRC-85-23, 1987.12, pp. 244에서 재인용

6. 기술 개발 소홀에 따른 품질경쟁력 열위

가. 철강제품 품질에 대한 수요산업의 태도

현대 철강산업은 다품종 소량 생산이나 고급 제품에 대한 차별화가 기업의 경쟁력을 좌우하는 핵심 요소가 되었지만, 1950년대까지만 해도 미국에서는 규격화된 제품을 대량으로 생산하는 구조였다.[100]

또한 기본적으로 미국의 철강 수요가들은 품질 수준에 관대했다. 예를 들어 자동차 Big 3의 경우 철강 제품의 품질은 규격이나 재질(grade) 등이 대상이었고, 일본 자동차 업체들처럼 납기나 기술 서비스까지 요구하는 것은 아니었다. 미국 철강산업에서는 제철소 내에 제품의 품질 수준을 점검하는 공정이 별도로 없고, 고객들이 사용하기 직전에 점검하는 것이 관행으로 되어 있었다. 이는 철강 업체들은 제품을 출하하기 이전에 품질 점검을 하는 것보다는 고객의 Claim에 대응하는 것이 Cost 측면에서 유리하다는 발상을 가지고 있었기 때문이었다. 이처럼 제품 품질에 관대했던 관행 때문에 결국 고로업계에서 생산된 제품은 저가의 전기로 제품이나 품질 수준이 상대적으로 좋은 수입 제품에 밀리면서 고로업계의 시장점유율 하락을 촉진시킨 배경으

---

100 川端 望, "戰後 미국 철강산업에 있어서의 성장의 一國的 構造" - 리스트럭처링의 諸前提에 관한 연구 (1), 證券硏究年報 제10號, 1995, pp. 51~80, pp. 52

로 작용했다.[101]

나. 미 철강업계는 초기부터 연구개발에 소극적

1960년대까지 미국 철강업계는 판재류 Strip Mill 분야에서는 경쟁국들에 비해 비교 우위를 확보하고 있었다. Strip Mill 은 1926년 미국의 Armco사의 Burtler 제철소에 40인치 반연속 Hot Strip Mill 이 건설된 것을 효시로, 2차 대전까지 동사의 Middle Town 제철소, USS의 Gary 제철소 등 미국 주요 제철소에서 채용되었다. 대부분은 반연속식이었으나 압연부문에서는 미국이 기술 개발을 선도적으로 개척하고 있었다.[102]

1959년 이후 철강재 수입이 급격히 증가하자 경영자들은 해외 밀들에 대한 비교 우위를 확보하기 위해서는 제철소 설비 개선을 위한 대규모 투자가 필요하다고 판단했다. 미국 철강산업의 임금 수준이 너무 높아 해외 경쟁업체들 수준으로 낮출 수는 없었기 때문이다. 그 유일한 대안에 대해 Bethlehem Steel의 재무담당 임원은 "기술적으로 혁신하는 방법밖에 없다"고 밝힌 바 있다.

이처럼 미국 철강업계 경영자들이 기술 혁신의 중요성을 알고 있었음에도 불구하고 미국 철강업계의 기술 개발 투자에는 소극적이었다. 미국 철강업계는 R&D 투자의 효율성이 떨어진다는 이유로 1960년대에도 매출액에 대한 R&D투자비중을 0.5% 전후로 낮게 유지했다.

---

101 日本興業銀行, "日美 鐵鋼産業の 將來展望 - 我が國 鐵鋼業の 新たなる 展開に 向けて -", 興銀調査 1994 No.3, pp. 48~49

102 児玉光弘, 「アメリカ鐵鋼業の盛衰」日鐵技術情報センタ-, 1994.8.1, pp. 43

다. 오일쇼크 이후 R&D 투자 및 연구기능 합리화

미국 철강업계는 원래 R&D 활용은 기초연구보다는 제품 개발에 치중하고 설비 기술에서는 엔지니어링 회사에 의존하는 경향이 강했다. 또한 경영 실적이 악화되면 가장 먼저 설비투자를 축소하고 연구 기능을 축소시켰다. 장기간에 걸쳐 연구 결과가 나타나는 기술 연구보다는 당장의 수익성 회복이 우선이었기 때문이다. 1970년대 이후 경영 실적이 악화되면서 철강업계는 연구 개발 부문에도 합리화를 추진했다. 연구 개발 투자의 효율성이 떨어진다는 이유로 투자비 및 그 규모도 대폭 축소하여 극히 한정된 제품 응용 분야에 제한했다.

예를 들어 US Steel은 1950년대 중반에 Pittsburgh에 "Monroeville 기술 센터(Monroeville Research and Technology Center)"를 설립하여 기초 연구 및 제품 개발 연구를 수행하면서, 1979년 절정기에는 1,800명의 인력을 보유하기도 했다. 그러나 오일쇼크 이후 외부 지식을 최대한 활용한다는 명목 하에 1986년에는 Monroeville 기술 센터를 매각했다. 이를 통해 R&D조직의 전체 인원은 약 160명, 이 중 연구원은 100명으로 축소되었고, 2009년 현재 20명의 연구 인력으로 축소되었다.[103]

Bethlehem Steel도 1961년에 철강 기술 연구 및 특허 업무를 담당하기 위해 "Homer연구소"를 설립했다. 1960년대에는 최대 약 1,000명의 과학자 및 엔지니어들과 8개의 연구 시설(연구동)을 가지고 있었다. 그러나 오일쇼크 이후 이를 대폭 축소하여 1987년 12월에는 연구소 8개 동 중 5개를 인근 대

---

103 인터넷 Pittsburgh Business Times, 2015. 7. 8. 및 児玉光弘, 「アメリカ鐵鋼業の盛衰」 日鐵 技術情報センタ -, 1994.8.1, pp. 84 참조

학에 1,875만 달러에 매각하기도 했다.[104] 또한 LTV는 연구소 자체를 아예 폐지했다.

이처럼 미국 고로업계의 연구 개발 투자는 지속적으로 축소되어 1990년대 들어서는 R&D 투자 비중은 USS가 0.2%에 불과하는 등 0.2~0.5% 수준에 머물러 있었다. 이에 반해 일본의 신일철은 1990년대 초반 3%대를 유지했고, 아래〈그림 2-8〉에서 보는 것처럼 1999년에도 2%대를 나타냈다.

<그림 2-8> 주요 기업의 R&D 투자 비교('99년 기준)

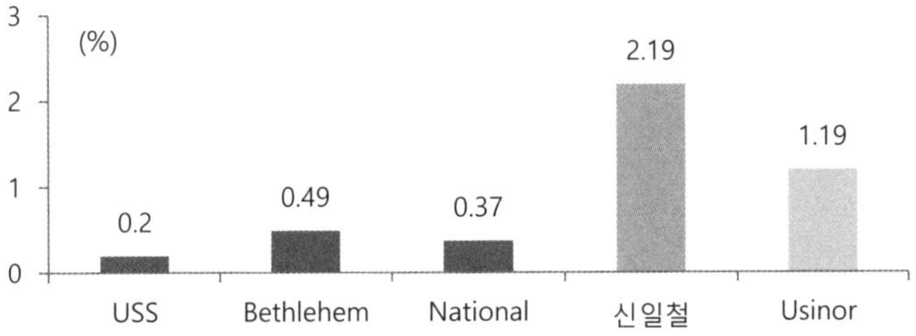

자료: 각 회사 Annual Report를 이용한 곽강수, "미국 철강산업의 위기 발생원인 분석", Working Paper(2002)에서 재인용

미국의 대학 및 연구기관들의 응용연구체제가 발달해 있다는 점을 고려하더라도, 미국 철강산업의 기술 수준이 국제 비교 우위를 확보하지도 못하고 있는 상황에서 철강업계가 경영실적 악화를 이유로 R&D부문을 성급하게

---

104 1964년까지 Bethlehem Steel의 사장 및 이사회 의장으로 재임했던 A. Homer의 이름을 딴 Homer Research Laboratory를 설립했다. 그러나 2차 오일쇼크 이후인 1986년 연구동 중 5개를 Lehigh 대학에 매각했고, 2000년대 들어 연구소 전체가 Lehigh대학의 Campus로 흡수되었다. (Lehigh University Homepage 및 児玉光弘, 「アメリカ鐵鋼業の盛衰」 日鐵技術情報センター, 1994.8.1, pp. 84 참조)

축소하는 등 철강 기술개발에 소홀했던 점은 결국 미국 철강산업의 미래 경쟁력을 약화시키는 요인으로 작용했다고 볼 수 있다.

7. 미국 철강 경영자들의 전략적 판단의 실수

어느 기업이나 최고경영자의 전략적 판단의 결과는 기업의 수익성이나 미래 경쟁력에 중대한 영향을 미칠 수밖에 없다. 물론 경영자들이 관리하기 불가능한 시스템적 리스크도 있지만, 위기 상황에서 어떤 전략을 추진했느냐에 따라 기업의 성패가 좌우되기도 한다. 따라서 경영자들이 취한 전략적 판단의 누적된 결과가 그 기업의 현재 상황을 말해 준다고 할 수 있다. 이런 의미에서 현재 미국 고로업계의 쇠퇴는 과거 경영자들의 전략적 판단의 누적된 결과라고 할 수 있을 것이다.

미국 철강업계 경영자들이 결과적으로 잘못 판단한 사례 중의 첫 번째가 철강산업의 Cost 경쟁력을 약화시킨 과도한 임금 인상을 용인한 것이었다. US Steel의 주도하에 관리가격제도가 정착되면서 철강업계 경영자들은 노동자들의 임금 인상에 관대해졌다. 지속적이고 과도한 임금인상이 기업 경영에 가져올 부작용에 대해서는 간과한 것이다. 단기적 경영성과를 중시하는 미국식 경영의 특성상 장래 상황을 고려할 여유가 없었기 때문이었다.

2차 대전 이후에도 철강업계는 노조의 파업을 피하기 위해서라도 임금 인상 요구를 대체로 수용해 왔다. 철강업계 경영자들은 임금이 상승하더라도 생산성 향상과 판매 가격 인상을 통해 적정 이윤이 확보된다면 재투자에 장애가 되지 않을 것으로 판단했다. 또한 철강 수요가 계속 증가한다면 노사

관계를 예측 가능하게 하여 수익성을 안정적으로 달성할 수 있을 것으로 판단하면서 노조의 임금 인상 요구를 받아들였다.

이처럼 2차 대전 이후 철강 경영자들이 임금 인상을 용인한 것은 철강 수요가 지속 증가하고, 생산성 향상과 판매 가격의 관리가 계속될 것이라는 것을 전제로 한 것이었다. 그러나 철강 수요는 계속 증가할 수가 없었고, 과도하고 누적적인 임금인상은 결국 미국 철강산업의 Cost 경쟁력을 약화시키고 퇴직자에 대한 Legacy Cost 부담을 가중시켰다.[105]

둘째, 보통 철강산업의 호황기에 나타나는 현상으로 고로업계 경영자들이 미국 철강 수요 전망에 대해 지나치게 낙관적으로 전망했다는 점이다. 심지어 1970년대 오일쇼크로 철강 수요가 구조적으로 하락하는 상황에서도 이를 일시적인 현상으로 여기고 낙관적으로 전망하기도 했다.

1970년대 초반 호황이 유지되자 철강업계에서는 철강 설비의 대규모 증설이 필요하다는 주장이 제기되었다. 예를 들어 1970년 초 Inland Steel의 CEO였던 P. Block은 향후 10년 이내에 미국 조강 생산이 1억 8,000만NT에 이를 것이라고 예측했다. 철강업계 및 경제 전문가들의 이러한 낙관적인 주장은 몇 년간 더 지속되었다. 오일쇼크 발생 이듬해인 1974년 IISI 총회에서는 미국 철강업계의 의견을 받아들여 북미 지역에서 2,850만 톤(MT)의 설비가 확장될 것으로 예상했다. 또한 당시 W. Hogan 박사는 미국에서 2,500만NT의 능력 증강이 필요하다고 예상했고, D. Barnett는 1,500만NT 증강이 필요하다고 주장했다. 그러나 오일 쇼크를 계기로 합리화가 추진되면서 미

---

105 川端 望, "戰後 미국 철강산업에 있어서의 성장의 —國的 構造" - 리스트럭처링의 諸前提에 관한 연구 (1), 證券硏究年報 제10號, 1995, pp. 68~69

국의 조강 설비 능력은 1977년 1억 5,800만NT을 피크로 1990년에는 약 1억 1,670만NT 수준으로 4천만NT 이상 축소되었다.[106]

셋째, 이러한 낙관적인 전망이 팽배해 있던 1970년대 초반의 경기 호황기에 고로사들은 노조의 파업 없이 안정적인 성장을 추구하기 위해 노조 측에 대폭적으로 유리한 노사 협정을 체결했다. 그것도 당초 1974년에 예정되어 있던 노사 교섭의 시기를 18개월이나 앞당겨 교섭을 시작하면서 1974년부터 적용될 실험적 교섭 협정(ENA)을 체결한 것이다. 그러나 1973년 말에 오일 쇼크 발생으로 물가가 급등하면서 결국 임금만 상승하는 결과를 초래했다. COLA제도에 의해 임금 상승이 계속되면서 1982년 철강산업의 임금 수준은 미국 제조업 평균의 1.65배에 해당하는 수준으로 높아졌고, 이는 결정적으로 철강산업의 Cost 경쟁력을 약화시켰다.

넷째, 기술 개발 노력을 게을리하여 결국 Cost 경쟁력이나 품질 경쟁력의 비교 우위를 상실한 점이다. 앞에서도 살펴보았듯이 1950년대에 미국 철강 업계의 설비 능력이 가장 큰 폭으로 확장되었는데 불행히도 당시 혁신설비인 LD전로 대신에 구식 설비인 평로를 적용했다. 미국에서 1950년대에 약 5천만NT 정도의 제강 설비 능력의 증강이 있었는데 이중에 단 한 번도 산소전로를 도입하려는 시도를 하지 않았다는 점에서 당시 미국 경영자들이 판단 실수를 했거나 1800년대 후반과 같은 기업가정신이 부족했기 때문이라고 할 수 있을 것이다.

또한 1960년대 초반 들어서는 Bethlehem Steel이 고로 3사와 공동으로

---

106 Kenneth Warren, *Big Steel-The First Century of the United States Steel Corporation 1901 - 2001*, 2001, pp. 282 참조

Slab 연주를 위한 Pilot Plant를 건설하여 실험에 성공했음에도 불구하고 대량 생산에는 적합하지 않다고 판단하고 연주 설비의 채용을 포기했다. 그러나 당시 일본 철강업계에서는 적극적으로 연주 설비를 도입하고 있었고, 1968년에 National Steel에서는 대형 연주기를 가동했다는 점에서 볼 때, Bethlehem Steel 등이 연주 설비 도입을 포기한 것은 명백한 판단실수라고 할 것이다.

미국 철강업계 경영자들이 기술 혁신을 게을리한 책임을 면하기는 어렵다. 이러한 결과가 미국 고로업계가 압연 부문 등에서의 원천 기술을 가지고 있었고 기술 수출국이었음에도 불구하고 1980년대 이후에는 일본 등으로부터 기술을 수입하거나 합작을 추진할 수밖에 없었던 것이다. 이러한 점에서 미국 철강 경영자들이 철강산업의 기술 개발에 있어 중대한 판단 실수를 한 것이다.

다섯째, 1960년대 중반 이후 철강 부문에서의 수익성이 둔화되고, 오일쇼크로 철강 부문의 수익성이 악화되자, 미국 고로업계 경영자들은 철강사업을 사양 산업으로 인식하고 다각화를 과도하게 추진하여 결국 철강 부문의 경쟁력을 약화시켰다는 점이다.

미국 고로사들은 1960년대 중반 이후 철강산업 이외의 분야에 대한 진출을 추진해 왔고, 1970년대 오일쇼크 이후에는 적극적으로 다각화를 추진했다. 그러나 결과적으로 철강 부문이나 다각화 부문 모두가 모 기업의 성장이나 경쟁력에 부정적인 결과를 초래함으로써 수익성을 더욱 악화시킨 것은 미국 철강 회사들로써는 불행한 일이라고 할 수 있다. 당시 해외 경쟁 기업들은 본격적으로 철강 기술 개발의 성과를 향유하면서 설비 근대화에 집중한 데 반해 미국 고로사들은 철강산업을 사양 산업으로 인식하고 다각화에 중점을 둠으로써 철강 본업의 핵심 역량을 분산시키고 국제경쟁력 하락을 초래했다고 할 것이다. 1980년대 중반 이후 철강과 다각화 사업 모두 경영이 어려워지면서 USS를 제외한 대부분의 고로사들이 다각화 사업을 축소 조정하고 철강 본업으로의 회귀 전략을 추진했다는 점이 이를 방증한다고 할 것이다.

8. 철강업계 경영자들과 정부 및 노조와의 갈등

미국 철강산업의 경쟁력이 약화된 또 다른 원인은 정부와의 갈등으로 정부의 지원과 보호를 받지 못했다는 점이다. 뿐만 아니라 노조와의 갈등으로 인해 임금이 큰 폭으로 상승하고 조업 중단이 잦아졌기 때문이었다.

1950년대 Truman 행정부로부터 시작된 임금 및 판매 가격 정책을 두고 철강업계가 정부의 정책에 반한다는 이유 때문에 정부로부터 보호를 받지 못했다. 1962년에는 철강업계의 가격 인상 문제를 놓고 Kennedy대통령과 US Steel간에 대립이 발생했다. 결과적으로 Kennedy 정부의 물가 안정을 위한 압력으로 US Steel과 Inland사는 1962년도의 List 가격 인상을 취소했다. 당시 Kennedy대통령은 정부 각 기관에 강재 가격을 인상하는 기업의 강재 구매를 중단하라는 지시를 하고, 연방수사국(FBI)를 동원하여 반독점법 위반 조사를 착수하는 등 강력한 수단을 동원하여 강재 가격 인상을 억제했다. 결과적으로 미국 철강업계는 역사상 최초로 정부의 압력에 굴복했고,

1959~1964년 기간 중에 미국 내 철강재 가격은 거의 인상되지 못했다.[107] 또한 1960년대 후반 이후 베트남 전쟁에 따른 철강 수요 증가로 철강재 가격은 다시 상승하기 시작했으나, 1968년 Johnson 대통령은 다시 한번 철강업계에 가격인상 자제를 요청하면서 List가격 인상을 철회했다.[108]

이러한 미국 정부의 "행정지도 가격"을 둘러싼 갈등으로 철강업계는 1960 년대에 철강제품 수입이 급격히 증가하고 있었음에도 불구하고 수입억제를 위한 보호정책을 취해 달라는 요구를 할 수가 없었다. 1968년에 이르러서야 미국 상무부는 유럽 및 일본과 수출자율규제협정(VRA)를 위한 협상을 시작했다.

또한 강력한 反트러스트법 적용이 철강산업의 통합을 방해하는 등 고로업계의 구조 개선을 어렵게 한 측면도 있었다. 예를 들어 1984년 US Steel과 National Steel의 합병 계획이 업계 1위 기업의 시장점유율을 높인다는 이유로 백지화됨에 따라 대형화를 통해 규모의 경제를 높이려는 고로업계의 노력은 무산되었다.

그러나 미국 철강산업에서 가장 대립적인 구도는 철강업계 경영자들과 철강노조 간의 대립이었다. 미국 철강산업의 쇠퇴 원인을 설명하는 데 있어 노동 문제를 빼고 이야기할 수는 없다. 노사 간의 갈등, 과격한 노조에 의한 과다한 임금상승과 의료보험료 등 부대 비용의 상승 등이 미국 고로업계가 일본 등 다른 경쟁사들에 비해 노동 Cost 경쟁력을 약화시키는 데 원인을 제

---

107 大橋周治, 「現代の産業 - 鐵鋼業」 東洋經濟新報社, 1966.12, pp 196 참조

108 Robert W. Crandall, *The U.S. Steel Industry in Recurrent Crisis*, The Brookings Institution, Washington, D.C., 1981, pp. 40

공했다는 것은 부정할 수 없는 사실이기 때문이다.

철강산업 초창기부터 철강업계 경영자와 노조 간의 관계는 우호적이지 못했다. 철강업계에서는 노조를 합법적인 협상 대상자로 받아들인 적이 거의 없었고, 노조는 노동자들을 위해 더 많은 임금과 혜택을 받아 내는 것을 목표로 삼았다.

1930년대 이후 친노조정책을 추진해 온 민주당은 2차 대전 직후 더 높은 임금 인상을 요구해 온 노조와 노동 Cost를 절감하려는 철강 경영자 간 대립이 발생할 경우 주로 노동자 편에 섰다. 2차 대전 이후 1960년까지 노조는 여러 차례 파업을 했다. 1946년, 1949년, 1952년, 1955년, 1956년 파업과 함께 미국 철강 역사상 가장 긴 총파업으로 기록된 1959년 총 파업까지 갈등 이슈가 생길 때마다 파업으로 대응했다. 노사 갈등의 결과 노동 Cost는 상승했고, 상대적으로 재무성과는 낮아졌다. 결국 철강업계 경영진과 정부 및 노조와의 갈등은 미국 철강산업의 글로벌 경쟁력을 약화시키는 데 결정적인 역할을 한 것이다.[109]

---

109 Paul A. Tiffany., "The American Steel Industry in the Postwar Era: Dominance and Decline, pp. 245~265, Changing Patterns of International Rivalry : Some Lessons from the Steel Industry, Edited by ETSUO ABE, YOSHITAKA SUZUKI, University of Tokyo Press, 1991, pp. 255

제3장

미국의 자존심,
US Steel의 흥망성쇠

1. USS 합병의 시대적 배경

가. Carnegie Steel의 탄생

US Steel을 논할 때 가장 먼저 카네기(A. Carnegie)가 떠오른다. 그러나 실제로 US Steel은 금융자본가인 모건(J. P. Morgan)이 소유하던 Federal Steel이 카네기가 소유한 Carnegie Steel을 인수하여 설립한 회사다. 그러나 Federal Steel보다는 Carnegie Steel이 더 큰 회사였고, 또 초기 미국 철강산업을 선도해 온 기업가가 카네기였으므로 USS의 모체는 Carnegie Steel이라고 할 수 있다.

철도 회사에 근무하던 카네기는 미국 철도망이 확장됨에 따라 그에 필요한 레일(Rail)을 만드는 철강사업의 잠재력이 클 것으로 판단하고 1873년에 스스로 제철소를 세우기 시작했다. 철도사업의 원리를 철강사업에도 적용하여 당시로서는 가장 효율적인 제철소인 에드거 톰슨 스틸(Edgar Thomson

Steel)을 건설했다. 1883년에는 홈스테드(Homestead) 제철소를 매입하는 등 사업을 확장했다. 카네기는 Pittsburgh를 중심으로 통합을 통해 확장해 가면서 1889년에는 Chicago 지역에서 일관제철소 형태를 가진 3개 사를 통합하여 일리노이 스틸(Illinois Steel)을 설립했다.

1893년에는 경제 불황으로 32개 철강기업이 부도가 났으나 카네기가 운영하는 철강기업들은 높은 수익성을 유지했다. 카네기는 이를 바탕으로 Illinois Steel을 중심으로 기존 공장들을 통합하여 Carnegie Steel을 설립했다. 이른바 '카네기 제국'이 탄생한 것이다. 에드거 톰슨 공장이 철강을 생산한 이후 1900년까지 카네기가 이끄는 사업체들은 단 한 번도 적자를 기록하지 않았다.[110]

또한 1883년에는 코크스 생산 회사인 'Erick Coke' 공장을 인수했고 1892년에는 철광석 광산회사인 'Oliver Iron Mining'사를 인수했다. 또한 1896년에는 카네기와 록펠러(Rockefeller)의 2대 자본이 제휴하여 1890년에 발견된 대규모 철광석 광산인 메사비(Mesaba) 광산의 운영권을 확보했다. 이를 통해 Carnegie Steel은 원료에서 제선~제강~압연의 전 공정을 포함한 수직적 통합을 갖춘 세계 최대의 철강회사가 되었다. 1892년 Carnegie Steel의 조강 생산량은 88만 톤으로 미국 전체의 18%를 차지했고, 1897년에는 169만 톤으로 미국 전체의 23.5%를 지배했다.[111]

---

110 Naver Blog, "세계 철강산업을 움직인 10대 철인" 참조

111 大橋周治, 「現代の産業 – 鐵鋼業」 東洋經濟新報社, 1966.12, pp. 66~67

나. 중소기업 간 과당경쟁 및 합병 움직임

미국에서는 1800년대 후반 산업화 초기의 시장 확장 과정에서 중소기업들 간의 과당경쟁이 만연해 있었고, 철강 업계에도 중소형 기업들이 난립하여 극심한 경쟁이 벌어지고 있었다. 공격적인 가격 인하를 통해 경쟁 기업을 시장에서 퇴출시키려는 기업들이 많았고, 시장 가격도 심히 불안정한 상황이었다. 예를 들어 철강 제품 가격은 1870년대 초에 1톤당 100달러에서 1890년대 말에는 12달러까지 하락하기도 했다.

기업 간 과당경쟁을 줄이려는 노력의 하나가 주식 보유 등 자본 관계를 통한 기업집중(企業集中) 즉 트러스트(Trust)였다. 그 배경에는 산업 자본에 금융 자본이 결합되면서 자본을 통한 시장지배였다. 이러한 트러스트 결성은 1880년대 후반 급속히 강화되어 1888~1890년 사이에 형성된 트러스트가 194건이나 되었다. 이중 철강 업계에서도 17건의 트러스트가 발생했다. 철강 산업에서 트러스트가 처음 발생한 것은 1889년 Carnegie의 주도하에 3개 사의 합병에 의한 Illinois Steel의 성립이었다. 이처럼 미국 철강업계는 1880년대 후반 이후 기업 간 합병이 활발해지면서 1890년대 초에는 상위 7개 사가 미국 전체 생산의 약 절반을 차지할 정도로 집중이 진행되었다.[112] 한편 1898년에는 J.P. Morgan이 소유하고 있던 철강회사를 중심으로 3개 사가 통합되어 Federal Steel이 설립되었다.

다. 세상에서 가장 비싼 골프 접대 - Carnegie Steel 매각 합의

카네기는 1900년까지도 철도 레일뿐만 아니라 파이프와 와이어를 생산

---

112 児玉光弘,「アメリカ鐵鋼業の盛衰」日鐵技術情報センター, 1994.8.1, pp. 8~9 참조

하는 회사를 설립해 시장에서의 지배력을 강화해 나갈 생각이었다. 한편 최대 경쟁업체인 Federal Steel을 소유하고 있던 모건은 카네기가 파이프와 와이어까지 손을 댈 경우 철도와 같은 과당경쟁이 벌어질 수 있다고 우려했다. 그는 카네기가 철강업계를 과당 경쟁의 소용돌이 속으로 몰아넣으려 한다고 비난하면서 동시에 자기가 장악하고 있던 Federal Steel과 National Tube의 경영진에게 살인적인 경쟁에 대비하도록 지시했다.

금융자본가였던 모건은 철도사업을 운영하는 과정에서 기업 간 과당 경쟁의 폐해와 비효율성을 체험했고, 과당경쟁을 없앨 수 있는 방법으로 대형 인수합병이 불가피하다고 생각했다. 철강산업에서의 과당경쟁을 막기 위해서는 거대한 철강 트러스트(Trust)가 필요하다고 생각한 것이다.

통합 직전인 1900년 Carnegie Steel과 Federal Steel은 각각 미국 전체 조강생산의 18%와 15%를 생산하고 있었다. (〈표 2-28〉 참조)

〈표 2-28〉 통합 직전 양 철강사의 조강능력

(천MT)

철강사	Carnegie Steel			Federal Steel			
제철소	Edgar Thomson	Home-stead	Duquesne	South Chicago	Joliet	Union	Lorain
조강능력	1,000	1,900	1,000	1,075	600	(325)	550

주: Federal Steel의 Union제철소는 idle 상태였음
자료: AISA, Works Directory를 이용한 Warren, *Big Steel*, pp. 14에서 재인용

모건은 카네기 스틸을 인수하기로 결심하고, 카네기의 심복인 찰스 슈와브(C. Schwab)를 먼저 설득하기 시작했다. 그리고 합병이 성사되기 직전인

1900년 12월 맨해튼에서 열린 만찬에서 슈와브는 철광석 채굴에서 완제품 생산까지 전 철강공정을 하나의 지배회사 아래 편입하는 거대 철강 트러스트에 대한 아이디어를 제시했다. 그는 윤곽을 제시했을 뿐만 아니라 카네기와 모건이 지배하는 철강회사가 거대 트러스트의 핵이 될 수 있다고까지 했다.

그리고 모건과 슈와브는 카네기를 골프에 초대하고 치밀한 각본을 준비하여 카네기가 승리하게 했다. 그동안 Carnegie Steel의 매각에 완강히 거부하던 카네기가 자신의 회사를 매각하기로 합의하면서 미국에서 초대형 철강회사 US Steel이 탄생한 것이다. 모건은 이처럼 카네기 철강의 2인자인 슈와브를 통해 카네기를 설득하여 Carnegie Steel 매각에 합의한 것이다.[113] 모건의 Federal Steel과 카네기의 Carnegie Steel과의 M&A 협상은 1901년 2월 26일 카네기가 회사 매각에 공식서명하고 4월 1일에 United States Steel Corporation으로 출범했다.

2. 초 거대기업 US Steel의 위상

가. US Steel의 탄생

1898~1900년 호황기에 미국 산업 전반에 걸쳐 합병 붐이 발생한 가운데 철강산업에서도 1901년에 9개 사 간 대통합을 통해 United States Steel사가 설립되었다. 금융자본가인 모건이 산업자본가인 카네기의 철강회사를 4억 8

---

113 포스코경영연구소, "세계 철강산업의 흥망성쇠", 연구과제, 2009.10 자료 참조

천만 달러에 인수한 것인데, 이는 현대적 의미의 PEF(바이아웃)[114] 투자의 최초 사례로 기록되고 있다. 또한 최초로 금융자본에 의한 산업자본의 M&A이기도 했다.

이 주도적인 2개 회사 외에도 통합에 참여한 회사는 American Steel & Wire Co., National Tube Company, American Tin Plate Co., American Steel Hoop Co., and American Sheet Steel Co. 등이 있었다.

US Steel 은 발족 당시 자본금 11억 달러로 고로 78기, 제선 능력 740만 톤, 149개 제강공장에서의 제강능력 940만 톤으로 미국 내 조강생산의 66%를 차지하는 거대 기업이었다. (〈표 2-29〉 참조) 또한 철광석은 미국 내 44%인 1,600만 톤, 코크스 생산도 41%를 차지하고 있었다. 통합 후에는 5대호 운항권을 인수하여 5대호 수송을 독점하게 되었다.

〈표 2-29〉 발족 당시 US Steel의 미국 내 생산 비중

(%)

	선철	조강	레일	형강	후판	박판	무계목강관
비중	43.2	65.7	59.8	62.2	64.6	79.8	82.8

자료: 児玉光弘, 「アメリカ鐵鋼業の盛衰」 pp. 13

---

114 사모투자펀드(Private Equity Fund)로 특정기업의 주식을 대량 인수해 경영에 참여하는 방식의 펀드이다. PEF는 전형적으로 경영권을 확보한 뒤, 대상 기업의 정상화나 경쟁력 강화를 통해 기업 가치를 높이는 '바이아웃(Buy Out)'의 투자 전략을 취한다. 미국, 유럽 등 선진국에서 1890년대 이후 성장하기 시작했다. (Daum 백과)

나. 성장기 USS의 위상

US Steel은 설립 당시 상공정뿐만 아니라 압연강재의 62~83%를 차지하는 등 철강시장에서 압도적인 지배력을 갖게 되었다. 또한 설립 초기부터 오대호 인근의 철광석과 원료탄 광산을 통한 원료 독점력까지 구축했다. 그 결과 제1차 세계대전 직전 USS는 철광석 생산의 약 절반을 차지하면서 소요 철광석을 완전 자급했다. 뿐만 아니라 다른 철강회사들은 철광석 공급의 일부를 USS에 의존할 수밖에 없는 구조가 형성되었다. 합병을 통한 압도적인 시장 및 원료 독점을 통해 제품 판매 가격을 정책적으로 관리할 수 있는 힘을 확보한 것이다.[115]

US Steel의 압도적인 시장지배력을 바탕으로 철강업계에서는 곧바로 판매 가격 유지협정을 체결했다. 그 효과는 곧바로 나타나면서 1901년의 경기 불황에도 불구하고 판매가격은 큰 폭으로 상승했다. 예를 들어 봉강은 1901년 10월 long ton[116]당 24.4달러에서 1902년 5월에는 31.6달러로 6개월만에 30%나 급등했다. 또한 1903년에 US Steel의 사장이 된 E. Gary는 철강업계 경영자의 90% 이상을 초청하여 만찬을 개최했다. US Steel은 그 자리에서 판매 가격 수준을 제시하고, 타 기업들이 추종하도록 하는 관습을 만들어서 가격 협상을 대신했다. 이러한 Gary 만찬은 기업 간 시장파괴적인 과당경쟁을 피하고자 하는 목적으로 1911년까지 계속되었다.[117]

1920년대 초 경제학자였던 John R. Commons는 특정기업의 시장점유율이

---

115   大橋周治, 「現代の産業 - 鐵鋼業」 東洋經濟新報社, 1966.12, pp. 70

116   long ton은 미터법상 1,016kg이다.

117   児玉光弘, 「アメリカ鐵鋼業の盛衰」 日鐵技術情報センタ-, 1994.8.1, pp. 13~14

40~60%에 달할 경우 경쟁기업들이 그 기업의 가격 정책을 추종하게 만들기 충분하다고 주장했다. 통합 초기 US Steel은 미국 철강 전체 생산 능력의 50% 이상을 차지하고 있어 자연스럽게 가격의 선도자 역할이 가능해졌고, 과거 과당 경쟁 상태에 비해 훨씬 가격의 안정성이 높아졌다. 또한 가격안정을 통해 수익성을 높이고자 하는 기업들의 욕구도 Gary Rule이 유지될 수 있었던 중요한 요인이기도 했다. 경쟁기업들도 USS의 가격정책을 추종하는 것이 수익성 확보와 지속적인 성장기반을 구축하는 데 더 유리했기 때문이다.[118]

특히 USS는 시장점유율을 바탕으로 Pittsburgh Plus 라는 기준지인도가격 제도(Basing Point System)를 만들어서 다른 철강회사들이 USS가 결정한 판매가격을 따르도록 했다. 이는 형식상으로는 가격 협정이 아니기 때문에 반독점법(Anti-trust)의 적용을 면했지만 사실상 Cartel을 형성한 것이었다. 이러한 가격제도는 USS의 주력 생산공장 소재지인 Pittsburgh를 유일한 기준지점으로 해서 그 기준 가격에 수요산업이 있는 지역까지의 운임을 더하여 도착 가격으로 정했다.

또한 USS는 反조합주의를 선언하고 노동자들의 노조 활동을 철저히 압박했다. 이를 통해 미국에서의 노조 활동은 크게 후퇴했다. 1908년에 USS를 중심으로 업체들 간의 협력을 목적으로 미국철강협회(AISI, American Iron & Steel Institute)가 결성되었지만, 당초의 의도는 노동자들과의 대결에 있어 공동 보조를 취하기 위한 것이 주된 목적이었다.[119]

118　Kenneth Warren, *Big Steel-The First Century of the United States Steel Corporation 1901-2001*, 2001, pp. 33 참조

119　児玉光弘, 「アメリカ鐵鋼業の盛衰」 日鐵技術情報センタ-, 1994.8.1, pp. 14

다. 독점금지법에 의한 해체 위기

1911년 미국 법무부는 US Steel의 시장지배력이 셔먼법(Sherman Anti-trust Act)[120] 제2조의 "시장 독점화"에 해당한다고 해체를 명령했다. 이에 대응하여 US Steel은 1901년 통합은 생산효율화를 위해 필요한 조치였다고 주장하면서 소송을 제기했다. 1915년 지방재판소에서 회사 측이 승소했고, 1920년 연방 대법원에서도 위법성이 없다고 확정 판결했다. 7명의 재판관 중 4대 3으로 결정된 것으로, 그 근거는 US Steel이 경쟁기업의 발전을 방해할 정도로 시장을 지배하고 있지는 않다는 것이었다. US Steel의 판매 가격 조작 의도에는 "위법 가능성"이 인정되지만, 높은 시장지배력 자체가 위법성이 있는 것은 아니며, 그에 따른 부당한 경쟁기업 배제행위가 있지는 않다고 판단한 것이다.

확실히 US Steel은 그 가격 지배력을 바탕으로 경쟁 철강사들을 배제하려고 한 것은 아니었다. 이는 US Steel이 반독점법을 의식하고 있었기 때문에 당시 Gary회장은 의도적으로라도 경쟁 철강사를 육성하려고 했던 것으로 보인다. 가격 유지의 수단이었던 Gary Day는 사법당국의 조사 가능성에 대비하여 제소 9개월 전에 중지되었다. 그러나 US Steel의 판매가격을 다른 철강사들이 따르는 관습이 지속되면서 US Steel의 가격지배력은 유지되었다.[121]

---

120 1890년 제정된 미국 최초의 Trust 금지법으로 부당한 거래 제한과 독점으로부터 상거래를 보호하기 위해 제정된 법률로, 제2조는 기업 단독의 독점행위 및 독점하려는 결탁을 금지한다.(인터넷 Daum 백과사전)

121 児玉光弘,「アメリカ鐵鋼業の盛衰」日鐵技術情報センタ-, 1994.8.1, pp. 17

라. 미국 철강산업의 성장 주도

US Steel은 원료 및 철강 시장에서의 독점적 지위를 이용한 가격관리로 1차 세계대전 이전까지 자본이익률 기준으로 연평균 6%의 이익률을 기록했고 생산량은 2배로 증가했다. 이 사이 USS는 약 8천만 달러를 투자하여 선철 109만 톤, 조강 167만 톤, 강재 119만 톤 생산능력을 가진 세계 최대의 일관제철소인 Gary제철소를 1912년에 완공했다. 여기에 투입된 투자자금은 대부분 자기자본을 활용했다.[122]

앞 장에서 살펴본 바와 같이 1930년대 대공황기에 USS는 다른 기업들과 공동으로 가격 급락에 따른 수익성 악화를 막기 위해 생산량을 줄여서 철강 수급을 맞추려는 수급조절정책을 주도했다. 이를 통해 대공황에 따른 철강 수요가 직전 고점인 1929년에 비해 4분의 1 이하로 감소한 상황에서도 미국 내 철강재 판매 가격은 거의 동일하게 유지할 수 있었다. 철강업계가 공동으로 공급 조절을 통해 가격 인하 경쟁을 피하고 판매 가격을 유지한 것이다. 이를 통해 USS는 총자본 이익률이 1932년에 약 마이너스 3%까지 떨어지기는 했으나 그 이상의 적자는 막을 수 있었다.

제2차 대전이 발발하여 전쟁 수요가 증가하면서 미국 정부의 철강업체들에 대한 설비 확장 요구로 1940~1945년 기간 중 미국에서는 고로 1,570만 NT, 제강 능력은 1,530만NT이 증가했다.

이러한 설비 능력 증강 과정에서 US Steel은 총 4억 5,700만 달러를 투자하고 정부지원자금 4억 7,100만 달러 등을 포함하여 약 9억 달러를 투자했다. 이를 통한 설비 확장으로 종업원 수도 1939년에는 22만 4천 명에서 1943

---

122 大橋周治, 「現代の産業 - 鐵鋼業」 東洋經濟新報社, 1966.12, pp. 73

년에는 최대 34만 명으로 늘어났다.[123]

마. 2차 대전 이후까지 주도권 유지

USS는 이러한 시장지배력을 바탕으로 2차 대전 이후에도 미국 내 시장 주도권을 유지할 수 있었다. USS의 시장점유율은 하락하고 있었지만 상위 8개 사의 1965년 조강 생산 점유율은 74%를 차지하고 있는 등 상위 철강사들 간 긴밀한 상호의존적인 관계 형성을 통해 독과점 가격을 유지할 수 있었다. USS의 시장점유율 하락과 경쟁 기업들의 점유율 확대, 1920년대에 단일기준지점제에서 복수기준지점제로의 이행, 특히 1930년대 기준 지점을 확대하는 과정에서 주요 기업들은 각각의 제철소를 중심으로 고유의 시장 영역이 확보되었다. 이를 통해 기업들이 가격 경쟁을 통해 다른 기업의 고유 시장 영역을 침투하기보다는 묵시적 합의를 통한 높은 수준의 가격을 유지하려는 관습이 형성된 것이다.

USS의 시장점유율이 줄어 든 반면에 그 지위를 강화하는 요인들도 있었다. 첫째, 제2차 세계대전 중에 전쟁 수요 충당을 위해 정부 자금 12억 6천만 달러를 투입하여 건설된 철강 설비를 저가에 낙찰받은 것이다. 정부 자금으로 건설된 4개 제철소 중 USS는 2억 2천만 달러를 투입하여 건설된 Geneva 제철소를 4,700만 달러에 인수했고, 1억 2,400만 달러를 투자하여 건설된 Homestead 공장도 인수했다. Geneva Steel을 인수하면서 USS는 미국 서부시장에서의 강재 생산 비중을 17.3%에서 39%로 높이고, 서부시장에서의 조

---

123 Kenneth Warren, *Big Steel-The First Century of the United States Steel Corporation 1901 - 2001*, 2001, pp. 195 참조

강 능력의 비중도 51%를 차지하게 되었다. 둘째, 오대호 Superior호 인근 철광석 광산을 독점적으로 유지한 가운데, 베네수엘라에 있는 광산을 확보하여 양질의 철광석 광산을 보유하게 되었다. 셋째, 2차 대전 기간 중에 강재 가공 분야의 중소기업을 지배하면서 수직적 통합화가 활발히 이루어졌다. USS는 1939년 이후 Can 제조회사 3개 사, 유정용 강관회사 등을 흡수 통합했다.

3. 쇠퇴기에 접어 든 거대기업 USS

가. 시장점유율 하락

US Steel의 고가격 정책과 미국 내 철강 수요의 증가에 따라 Bethlehem Steel을 비롯한 경쟁 철강사들이 급속히 성장했다. 예를 들어 1901~1911년 기간 중 미국 전체의 조강 생산은 1.8배 증가한 가운데, USS는 Gary제철소의 완공 등으로 460만 톤 증가했지만, 다른 철강사들의 생산량이 660만 톤 증가했다. 이처럼 다른 철강사들의 성장이 본격화되면서 USS의 시장점유율은 1923년에는 45%로 낮아진 반면, Bethlehem Steel이 15%, Youngstown은 6%를 차지했다.[124]

또한 미국 전체 조강 능력에서 차지하는 USS의 비중은 1908년 50.9%를 Peak로 제2차 세계대전 직전인 1938년에는 35.5%로 하락했다. 자동차 등 내구소비재용 강재 수요 증가에 따라 철강 수요 구조가 1900년대 초까지의 레

---

124 児玉光弘, 「アメリカ鐵鋼業の盛衰」 日鐵技術情報センタ-, 1994.8.1, pp. 18

일, 형강, 후판 등 중량(重量) 강재에서 박판류 등 경량 강재로 전환되면서 USS의 미국 내 비중이 낮아지는 요인으로 작용했다. 즉 레일이나 형강 등 중량 강재를 생산하는 구식 설비를 가진 USS는 수요의 변화에 신속히 대응하지 못했고, 원료 산지 인근에 제철소를 보유하고 있어서 자동차 등 수요 산업 인근 지역에 위치한 철강사들에 비해 불리했기 때문이다.[125]

1950년 한국 전쟁으로 전쟁 수요 충족을 위한 설비 확장이 시작될 당시 USS는 미국 내 제강 능력의 31.7%를 차지했다. 그러나 USS의 설비 능력은 정체된 반면 다른 고로사들이나 전기로 업체들의 설비 능력이 확장되면서 USS의 미국 내 제강 생산의 비중은 점차 하락하여 1960년에는 20%대로 줄고, 1980년에는 10%대로 하락했다.[126]

이처럼 미국 내 시장점유율이 하락하고 특히 두 차례 오일쇼크 이후 철강 수요가 구조적으로 하락하면서 USS도 대규모 설비폐쇄 등 구조조정을 추진했다. 이러한 구조조정을 통해 USS는 과거 최대 14개였던 제철소를 Gary, Fairfield, Mon Valley 등 3개 제철소에 집약하고, 1978년 59기이던 고로는 8개로 축소했다. 또한 구조조정 추진과정에서 철강 부문의 종업원 수는 1953년 34만 명에서 2000년대 초반에는 2만 명 수준으로 축소되었다.

나. 에너지 사업 진출과 Spin off

다른 미국 고로사들과 비슷하게 US Steel도 2차 대전 이후의 경영 환경 변화에 따라 다각화 사업을 추진해 왔다. 제2차 세계대전 이후 철강 사업의 양

---

125 大橋周治, 「現代の産業 – 鐵鋼業」 東洋經濟新報社, 1966.12, pp. 98

126 児玉光弘, 상게서, pp. 18

적·질적 확대에 주력함과 동시에 철강 부가가치가 높은 철강 가공, 엔지니어링, 시멘트 사업 등에 투자했으며, 1952년 Oil Well Division을 설립하여 자원 개발에도 진출했다. 1960년대에는 엔지니어링, 화학, 플라스틱 및 부동산 분야로도 다각화했다.

〈표 2-30〉 경영 여건 변화에 따른 US Steel의 다각화 전략

	경영 여건 및 전략	다각화 분야
~'60년대	- 1960년대 철강가격 동결 등으로 수익성 둔화 - 공공적 경영에서 영리적 경영으로 전환 → 수직적 다각화 추진	- 철강재 소비산업 강화 · 철강가공, 주택사업 등 - 원료, 화학사업 진출 · 원료개발, 석탄화학 등
'70년대	- 오일쇼크, Cost 증가로 수익성 악화 → 고수익 분야로의 적극 진출 등 수평적 다각화	- 금융·서비스 부문 진출 · 금융보험, 부동산 주택 등 - 석유화학사업 확충(석탄에서 석유화학으로 전환) · 화학비료 등 종합화학
'80년대	- 철강경기 불황 장기화 - 철강 통폐합 등 경영합리화 추진 → 석유·가스·철강 등 3대 주력 분야로 사업 재편	- 석유개발사업 본격 진출 · Marathon Oil, Texas Oil 인수 - 주력부문외 사업에서 철수 · 화학, 시멘트, 금융 부문 철수
'90년대	- 철강 수요 재상승으로 경영 호전 → 에너지 및 철강분야에 집중	- 에너지 사업 부문 주력 · Dehli그룹 매각

자료: 곽강수, "미·일 철강기업들의 경영다각화 사례", POSRI Steel Focus, 2001.4.20

2차 오일쇼크 영향이 본격화된 1980년대 이후에는 경기 변동에 민감한 철강 부문을 보완하고 안정적 수익 기반을 구축하기 위해 1982년 Marathon Oil을 인수하여 석유개발 사업에 본격 진출하고 시멘트, 화학 사업에서 철수

하는 등 나머지 부문은 점진적으로 정리해 갔다.

USS의 다각화 추진에 있어 특징은 먼저, 철강 사업보다 규모가 큰 분야로 진출하여 그룹의 주력 사업으로 육성한 것이었다. 1982년 64억 달러를 투자하여 Marathon Oil을 인수함으로써 철강 사업의 매출액 비중이 30% 수준으로 축소되기도 했다. 1986년에는 Texas Oil & Gas의 석유·가스 부문을 인수하여 에너지 사업 기반을 구축함으로써 국제유가 상승 시 수익 확대를 통해 철강 부문 합리화 추진의 기반을 마련했다. 즉 1980년대 고유가 시기에는 에너지 부문의 수익성을 바탕으로 철강 부문에서의 적자를 보완하고 철강 부문의 합리화를 지원했다. 그리고 1990년대 초반 철강 경기 부진과 저유가 시절에는 에너지 부문의 경영실적도 악화되었으나 1990년대 후반 들어 철강 부문과 에너지 부문 모두 실적이 호전되기도 했다.

〈그림 2-9〉 USS의 철강 및 경영다각화 부문의 세전이익 비교

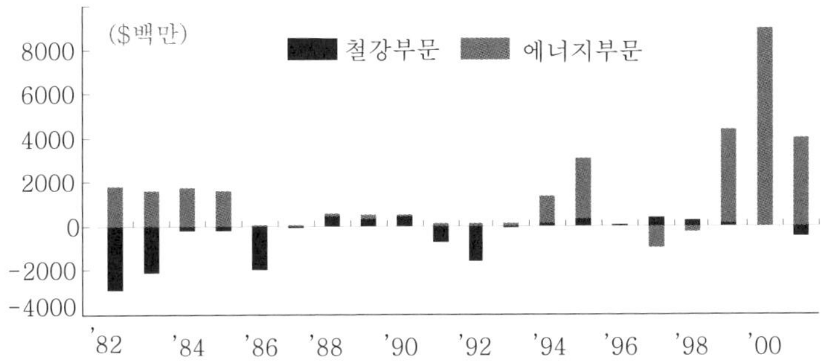

자료: USS의 Annual Report를 이용한 곽강수, "미·일 철강기업들의 경영다각화 사례", POSRI Steel Focus, 2001.4.20에서 재인용

한편 철강사업 부문은 설비합리화에 따른 설비능력 축소와 철강재 가격

하락으로 매출액이 둔화된 반면, 1999년 이후 원유가격 상승에 따른 다각화 부문의 매출액 증가로 철강 부문의 매출액 비중은 15%대로 하락하기도 했다. (〈표 2-31〉 참조)

〈표 2-31〉 USS의 철강 및 경영다각화 부문의 매출액 비교

($억, %)

	'80	'82	'90	'00
그룹 매출액	124.9	189.1	206.9	399.0
철강 매출액	90.0	58.8	50.5	61.3
철강비중	72.0	31.1	24.4	15.4

자료: WSD(2000.2), Annual Report(2001)를 이용한 곽강수, "미·일 철강기업들의 경영다각화 사례", POSRI Steel Focus, 2001.4.20에서 재인용

둘째, US Steel은 1960년대 이후 수익성이 좋은 신규 사업으로 신속히 진입하기도 하고 수익성이 좋지 않은 사업에서는 과감히 축소 또는 매각했다. 이는 일본과는 달리 미국에서는 M&A를 통한 신규 분야 진출이 보다 보편화되어 있기 때문이었다. 단기 수익성 추구가 USS 다각화의 큰 특징이었다. [127]

셋째, 다각화 추진의 목적은 철강 사업의 근대화와 위험 분산이었다. 2차 오일쇼크 영향으로 철강 부문의 수익성이 크게 악화될 때 에너지 사업에 진출하여 이곳에서의 수익성을 바탕으로 철강 부문의 합리화를 추진했다. 또한 2002년에는 에너지와 철강 부문의 Spin off를 실시하면서 철강 부문의 부채 9억 달러를 에너지 부문에서 인수함으로써 2000년대 초반 미국 철강업계

---

127 임종원, 「철강산업의 경쟁과 협력」, 서울대학교출판부, 1991.2.20, pp. 76

의 대규모 구조조정에서 생존할 수 있었다. 2003년에는 National Steel이 파산 보호 신청을 한 이후 회사의 자산을 인수하기도 했다.

2000년 4월 USX사는 이사회를 통해 철강과 에너지 사업의 분리를 결정했으며, 이를 통해 2002년 1월 1일부로 US Steel과 Marathon Oil로 각각 분리됐다.

4. 세계 20위권 밖의 잊혀 가는 공룡

가. USS의 초라한 현실

2000년대 들어 2004~2008년 기간의 버블경제 시기를 제외하고 2016년까지 US Steel은 대폭적인 적자를 기록했다. 2000~2003년 기간 중 2002년을 제외하고 누계 6억 5,200만 달러의 순손실을 기록했고, 2008년 금융위기 이후인 2009~2016년 기간 중 8년동안 2014년을 제외하고 7년간 적자가 발생하여 적자 누계액은 57억 8,700만 달러를 기록했다. USS는 2000~2016년의 17년 기간 중 10년 동안 적자가 발생한 셈이다. (〈그림 2-10〉 참조)

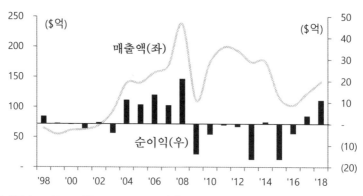

〈그림 2-10〉 2000년대 US Steel의 경영실적 변화

자료: USS, *Annual Report* 및 SEC, *10-K Report* 각년호

이처럼 2000년대 들어 대규모 적자가 발생한 것은 1990년대 후반의 아시아 외환 위기를 계기로 대규모 수입재의 유입과 2001년의 닷컴 버블 붕괴로 인한 경기 침체가 겹치면서 미국 철강업계 특히 고로업계가 심각한 타격을 받았기 때문이다. 2000년대 초반 미국 내 13개 고로사 중에 생존해 있는 고로사는 US Steel과 AK Steel 2개 사뿐이고 나머지 고로사들은 파산보호신청(Chapter 11)을 하거나 다른 기업에 매각되었다. 또한 미국 기업의 이름으로 생존해 있는 2개 고로사도 장기간에 걸쳐 적자가 발생하는 등 미국 고로사들의 위상은 초라하게 위축되었다.

US Steel은 2000년대 초반 구조조정기 이후 2008년까지의 경기 호황기에는 미국 내 출하량 증가와 특히 쉐일가스 개발 붐이 일면서 강관류 수요 증가로 수익성이 개선되기도 했다. 예를 들어 2000~2008년 기간 동안에 강관류 출하량은 70.5% 증가한 가운데 강관류 판매단가는 약 318%나 급등했다.

그러나 2008년에 발생한 금융위기 영향으로 2009년 강재출하량은 전년비 44% 감소했으며, 특히 강관류는 66.3%나 급락하는 등 내수 침체 등으로 2016년까지 장기간에 걸쳐 USS의 경영실적은 악화되었다. (〈표 2-32〉 참조)

〈표 2-32〉 USS의 미국 내 강재 출하 및 판매단가 변화 추이

(천NT, $, %)

		2000(A)	2008(B)	A=100	2009	전년비	2015
강재 출하	전체	10,756	18,797	174.8	10,518	△44.0	11,188
	판재류	9,611	16,845	175.3	9,861	△41.5	10,595
	강관류	1,145	1,952	170.5	657	△66.3	593
출하 톤당 가격	판재류	427	780	182.7	651	△16.5	695
	강관류	642	2,041	317.9	1,755	△14.0	1,464

주: 유럽의 USSE를 제외한 북미지역 기준
자료: SEC, *10-K Report* 각년호

나. 무너져 내린 미국의 자존심

US Steel은 2000년대 초반의 철강업계의 구조조정 과정에서 살아남은 이후, 부도처리된 Nation Steel을 2004년에 인수했고, 2007년에도 부도처리된 캐나다의 Stelco사를 인수하는 등 명가 재건을 위해 노력하기도 했다. 이를 통해 〈표 2-33〉에서 보는 것처럼 USS의 미국 내 조강 생산 능력은 2000년 1,280만NT에서 2008년에는 2,430만NT로 거의 두 배 증가했다.

그러나 2008년 금융 위기 영향으로 미국의 철강 수요가 감소하면서 USS의 조강 생산은 전년비 38.9% 하락했으며, 가동률도 48.2%로 급락했다. 그이후 2016년까지 2014년을 제외하고 적자를 계속하면서 재무 구조가 악화되어 2016년 캐나다 소재의 Stelco사를 미국 기업에 매각하기도 했다. 금융

위기 영향으로 통합의 효과를 발휘하지 못하고 오히려 경영에 부담으로 작용한 것이다.

〈표 2-33〉 USS의 2000년대 미국 내 생산활동 변화 추이

(천NT, %)

	2000	2005	2008	2009	전년비	2015
조강능력	12,800	19,400	24,300	24,300	-	17,000
조강생산	11,362	15,343	19,190	11,724	△38.9	11,337
가동률	88.8	79.1	79.0	48.2	△30.8%p	66.7

주: 유럽의 USSE를 제외한 북미지역 기준
자료: 미국 SEC, *10-K Report* 각년호

또한 USS의 2015년 미국 내 조강생산량은 1,134만NT으로 미니밀인 Nucor사의 1,929만NT에 비해 59% 수준에 불과했고, Nucor사가 2015년도 중 약 5억 달러의 흑자를 기록하는 상황에서, USS는 16억 달러 이상의 적자를 기록했다.[128] 이러한 침체 영향으로 USS는 2015년에 Fairfield제철소의 고로와 제강 설비를 폐쇄하고 Gary제철소 및 Granite City 제철소의 코크스 공장을 폐쇄하는 등 구조조정을 단행했다. 이와 함께 종업원 수는 2014년 2만 2,400명에서 2016년에는 1만 5천 명 수준으로 감축하기도 했다.[129] 이러한 미국 내 생산활동 부진으로 2015~2018년 기간에도 USS의 미국 내 조강 설비의 가동률은 60%대를 유지하는 등 초라한 실적을 지속하고 있다.

---

128 Nucor사의 경영실적은 *Annual Report 2015* 참조
129 2018년말 현재 종업원 수는 16,258명이다.(10-K Report)

세계 철강산업의 주도권 변화

다. 세계 20위권 밖의 노쇠화된 공룡

통합 당시 미국 내 조강생산의 66%를 차지했고, 1960년대 말까지 세계 최대 철강회사로서 미국 및 세계 철강산업의 리더 역할을 해오던 US Steel 이 2015년에는 세계 조강생산 순위 23위의 초라한 실적을 나타냈다.[130](〈표 2-34〉 참조) USS가 세계 철강산업에서 주도권 경쟁을 벌이고 있다고 말하기 도 어려운 상황으로 잊혀지고 있는 것이다.

2000년에도 USS의 조강생산량은 1,070만 톤(MT)로 세계 14위를 기록하 여 10위권 밖으로 밀려났다. 또한 2000년대 초반의 대규모 적자 발생에도 불 구하고 Marathon Oil이 USS가 가지고 있던 9억 달러의 부채를 인수함으로써 위기를 모면하기도 했다.

International Herald Tribune紙는 2002년 1월 22일자 보도를 통해 미국 US Steel의 Usher 회장이 미국 내 통합화 추진과 관련한 인터뷰 기사를 게재 한 바 있다. Usher 회장은 "미국 정부에 대해 120억 달러의 Legacy Cost를 지 원해 주고 통합과 관련한 반독점법 배제 및 수입 강재에 대해 관세 40%를 적용해 줄 것을 요구하고 있다"고 밝혔다. 또한 Usher 회장은 "이러한 요구 가 받아들여져야 미국 철강산업이 무너지는 것을 막을 수 있다"고 주장하고, "이러한 제안이 추해 보일지 몰라도 수십만 명의 철강 노동자들과 그 가족들 을 길바닥으로 내모는 청산[131]보다는 추하지 않다"고 주장한 바 있다.[132]

---

130 2017년에는 조강생산 1,443만 톤으로 세계 26위를 기록했다. (WSA, "Top Steelmakers in 2018")

131 Chapter 7을 의미

132 Kenneth Warren, *Big Steel-The First Century of the United States Steel Corporation 1901 - 2001*, 2001, pp. 288

과거 수십년 동안 미국 최대기업이자 세계 최대 철강사로써 미국 및 세계 철강업계를 주도해 온 US Steel의 수장으로서 무너져가는 고로사들을 대변하여 수십만 명의 노동자들과 가족들을 길바닥으로 내모는 청산은 피하게 해 달라고 읍소하는 모습 자체가 US Steel의 현재 위상을 반영한다고 하겠다.

〈표 2-34〉 USS의 세계 조강생산 순위 변화

(백만MT)

순위	1971		1990		2000		2015	
1	신일철	34.8	신일철	28.3	신일철	28.4	A-Mittal	92.5
2	USS	28.5	U-Sacilor	23.3	POSCO	27.7	허베이	47.8
3	BSC	26.8	POSCO	16.2	Arbed	24.1	NSSMC	44.9
4	Bethlehem	18.7	BSC	13.8	LNM	22.4	POSCO	38.0
5	NKK	12.9	USX	12.4	Usinor	21.0	상해보강	34.9
:								
14					USX	10.7		
:								
23							USS	14.6

주: BSC는 British Steel Corporation, U-Sacilor은 프랑스의 Usinor-Sacilor
자료: AISI 자료를 이용한 통계 DB

미국 철강산업의 발전을 이끈 철강왕, 앤드류 카네기(Andrew Carnegie)

카네기는 스코틀랜드의 한 마을에서 직조기술자의 아들로 태어났다. 그가 13세였던 1848년에 가족은 미국으로 이주했다. 이주 후 카네기는 17세 때 전보를 보내는 전신기사가 되었고, 1853년에는 펜실베니아 철도회사의 부서 책임자로 온 토머스 스콧(T. Scott)의 비서 겸 전신기사 자격으로 취직했다.

카네기의 인생은 토머스 스콧을 만나면서 바뀌기 시작했다. 카네기는 스콧으로부터 철도사업의 원칙을 배웠다. 모든 부문의 비용을 이해하고 그것을 최소화함과 동시에 적재량과 운행편수를 극대화할 때 철도사업이 성공할 수 있다는 것이었다.

1865년에 카네기는 투자활동에 전념하기 위해 펜실베이니아 철도회사를 떠났다. 그는 강철에 커다란 잠재력이 있다고 생각했다. 카네기는 철강과 관련된 몇몇 회사에 투자를 하다가 1873년에는 스스로 제철소를 세우기 시작했다. 그는 철도 사업의 원리를 철강사업에 적용했다. 엄밀한 비용계산을 바탕으로 생산공정을 설계함으로써 세계에서 가장 효율적인 제철소를 만들었던 것이

미국의 철강산업을 이끈
앤드루 카네기

다. 이어 카네기는 1883년 홈스테드제철소를 매입하는 등 여러 기업과 공장에 투자해 사업을 확장했다. 1892년에는 카네기가 소유한 기업들이 Carnegie Steel로 통합되었다. 이른바 '카네기 제국'이 탄생한 것이다.

카네기는 새로운 설비의 도입과 개선에 민첩하게 대응했다. 미국의 다른 철강회사와 달리 처음부터 베세머 전로를 도입하여 사업을 시작했다. 또한 미국에서 평로법이 알려지자 이를 가장 먼저 채용한 사람도 카네기였다. 심지어 그는 좋은 기계가 있으면 기존의 것을 포기하기도 했다. 우수한 압연기가 개발되었다는 이야기를 듣고는 도입한 지 3개월도 안 된 기존의 압연기를 폐쇄한 적도 있다. 이러한 노력을 배경으로 미국 철강산업은 본격적으로 발전했다.

1870년대 초에 1톤당 100달러였던 강철의 가격은 1890년대 말에는 12달러로 하락했다. 또한 제품의 품질도 좋아졌다. 당시만해도 미국의 철강재는 품질이 매우 나빠서 철도회사들도 레일을 외국에서 수입해서 사용했다. 그러나 10년 후에는 미국의 철강재가 유럽에 비해 품질이 우수하다는 평가를 받았다. 이렇게 성장하면서 1900년에 Carnegie Steel이 생산한 강철은 미국 전체의 25%를 차지했다.

1901년 카네기는 자신의 철강회사를 모건(J. P. Morgan)이 운영하는 Federal Steel에 4억 8천만 달러에 매각한 뒤 은퇴했다. 회사를 매각한 자금으로 재단을 설립하고, 본격적인 사회봉사에 헌신했다. 특히 1902년부터 시작된 도서관 건립 등을 통해 미국 전역에 2,500여 개의 도서관을 건립하고 모두 사회에 헌납했다. 카네기 홀, 카네기 교육진흥재단, 각종 대학 등에 그가 기부한 액수는 3억 달러 이상이었다고 한다.

• 자료: [세계 철강산업을 움직인 10대 철인] 앤드루 카네기, 2005/03/08, http://blog.naver.com/basicity/120010894894

제3부

일본 철강산업

일본 철강산업의 성장과정

1. 2차 세계대전 패망까지의 초기 성장과정

가. 일본 철강산업의 형성기

일본의 근대 철강산업은 1850년대 막부(幕府)시대 말기에 개국을 강요하는 외압에 의해 시작되었다. 1854년 가고시마(鹿児島)에서 일본 최초의 서양식 고로가 조업을 시작한 것이다. 그러나 일본에서 근대 제철법이 탄생한 것은 1857년 가마이시(釜石)에 건설된 목탄(木炭)고로로 12월 1일에 최초로 가동되었다.[133]

1868년 일본은 메이지유신(明治維新)을 통해 근대 국가의 수립과 서양의 문물을 받아들이면서 자본주의가 도입되었다. 또한 정부 주도로 산업화가 추진되면서 산업구조가 점차 경공업에서 중공업으로 이행되었고, 이에 따라

---

133 大橋周治, 「現代の産業 – 鐵鋼業」 東洋經濟新報社, 1966.12. pp. 85

철강 수요가 급속히 증가했다.

1894년 청일전쟁이 발발하면서 제철소 건설의 필요성이 급속히 고조되었다. 청일전쟁을 계기로 일본의 근대적 산업 발전은 급속히 진행되고 군비 증강을 위한 철강 수요가 대폭 신장되었다.[134] 그러나 당시에는 거의 대부분을 수입에 의존했다. 예를 들어 1894년 일본 강재수요는 8만 8천 톤인 데 반해 수입은 8만 6천 톤이었고, 1904년 전후로는 26~38만 톤 수요에 수입은 20~30만 톤으로 약 80%를 수입에 의존했다. 이 때문에 국제수지 적자의 대부분을 철강 수입이 차지하는 상황이 계속되었다.

이러한 상황에서 일본 정부는 1896년 6만 톤 능력의 일관제철소를 야와타(八幡)에 건설하겠다는 계획을 발표했다. 철광석과 석탄은 일본 내에서 조달하는 것을 원칙으로 하고 부족한 철광석은 중국에서 수입할 계획이었다. 1901년에 고로~제강~압연설비를 갖추고 설비와 기술은 당시 세계 최고 수준이던 독일에서 수입하여 일본 최초의 국영[135] 야와타제철소를 준공했다. 선강일관(銑鋼一貫)체계를 구축하고 독일인 기술자와 노동자에게 지도를 받아 전 설비의 안정 조업까지 약 4년이라는 시간이 걸렸다.

야와타(八幡)은 이를 통해 1906년에는 생산목표인 강재생산량 6만 톤을 달성했으며, 1913년에는 일본 전체 선철 생산의 73%, 강재 생산의 85%를 차지했다. 당시 일본 전체의 선철 생산은 24만 톤, 강재는 25만 톤 규모였다.

기술적인 관점에서 보면, 서양은 르네상스 시대에 보호 육성된 과학과 야금학(冶金學)으로 철강기술이 체계적인 과학기술의 면모를 갖추었으나, 일

---

134 新日本製鐵株式會社,「炎とともに - 新日本製鐵株式會社十年史 -」1981.3, pp. 9

135 일본에는 국영(國營)을 관영(官營)이라고 표현한다.

본의 경우 막부 시대의 쇄국정책으로 인해 300년간의 기술 격차가 발생했다. 그러나 처음부터 발달된 서양기술을 채용한 선강일관체계를 도입하여 몇 백 년 뒤처진 것을 몇 십 년으로 단축할 수 있었다. 1850년대 첫 시도부터 야와타제철소의 안정된 조업이 이뤄지기까지 약 40년이라는 시간이 걸렸다.

일본 철강산업의 초기의 성장 과정과 선진 제철 생산국과의 차이점은 첫째, 일본은 군수용 소재의 자급과 공업화 촉진이라는 정부의 정책 목표 하에 국영기업의 형태로 단숨에 창출된 것이다. 둘째, 민간 자본의 철강회사는 주식회사의 형태를 취하였으나, 대부분의 선철공급을 국영제철소에 의존하면서, 비교적 소자본으로 경영할 수 있는 주단강(鑄鍛鋼) 또는 압연 · 가공 공정의 강관제조 등의 사업을 수행했다는 점이다.[136]

1904년 러일전쟁의 발발은 야와타(八幡)제철소에 군수용 강재를 비롯한 각종 수요 증가에 대응한 설비 증강을 요청했다. 이에 대응하여 야와타제철소는 3기에 걸쳐 확장 공사를 실시했음에도 공급이 부족하게 되면서, 민간 자본에 의한 철강 기업의 등장을 촉진하게 되었다.[137] (〈표 3-1〉 참조)

〈표 3-1〉 일본 주요 제철기업의 설립시기

기업명	창립년도	당초제조품목	기타
八幡제철	1896	일관제철소	1901년 조업개시
住友金屬공업	1899	鑄鋼	1901년 住友鑄鋼所로 변경
神戶제강소	1904	鑄鍛鋼, 兵器	1905년 鈴木상점이 인수

136 大橋周治, 「現代の産業 - 鐵鋼業」 東洋經濟新報社, 1966.12, pp. 85~92

137 新日本製鐵株式會社, 「炎とともに - 新日本製鐵株式會社十年史 -」 1981.3, pp. 12

富士제철	1907	銑鐵	北海道炭鑛汽船의 자회사
川崎제철	1907	鑄鋼	川崎造船의 제철부문
일본강관	1912	강관	白石元次郎 등 개인 지분 참여

주: 기업명은 1966년 기준
자료: 大橋周治, 「現代の産業 - 鐵鋼業」 東洋經濟新報社, 1966.12, pp. 86에서 일부 수정

나. 1930년대 군비증강을 위한 철강산업 재편

영국 등 선진국 자본주의 발달 과정에서 나타났던 군수용 산업의 발전을 모방하여 일본 철강산업도 성립 초기부터 강한 군사적 색채를 띠고 있었다. 일본 철강산업은 그 수요의 근본을 직간접적으로 군수시장에 의존함과 동시에, 제국주의적 대륙 진출의 첨병 역할도 담당하고 있었다.[138]

제1차 세계대전(1914~1918년) 후의 산업 활동의 장기 정체와 1930년대 초반의 불황으로 일본 철강산업도 심각한 침체국면에 직면했다. 한편 1931년에는 만주사변이 발발했고, 1933년에는 국제연맹에서 탈퇴하는 등 일본은 군비 증강을 추진하면서 전시통제 경제로 이행하고 있었다. 이러한 상황에 대응하여 "일본 철강업계를 통합하여 일관체제를 강화하자"는 통합안이 득세하면서 1934년 국영 일본제철(日本製鐵)이 탄생했다.[139]

이러한 과정을 통해 일본은 철강 수요 322만 톤, 생산 332만 톤으로 철강 수요를 대부분 국내에서 조달할 수 있게 되었다. 또한 전시 상황과 식민지 확장을 위한 군비증강을 위해 일본 철강산업은 최대 증산을 목표로 설비 확장을 도모하여 1943년에는 865만 톤의 조강생산을 기록하기도 했다.

---

138 市川弘勝, 「日本 鐵鋼業の 再編成」 新評論版, 1974.10, pp. 44

139 川上清市, 「鐵鋼業界の動向と構造」 pp. 93

다. 2차 대전 중의 일본 철강산업

철강산업은 전략물자로써 전쟁에 필요한 전차, 대포뿐만 아니라 항공기, 항공모함 등 군수용 제품 등을 만드는 소재를 공급하는 국가 기간 산업이다. 따라서 제2차 세계대전 중에 일본 철강산업은 철강설비, 판매, 노동 및 경영 전반에 걸쳐 전시 통제하에 있었다. 생산 확대를 최대 목표로 1939년부터 1943년까지 5년 동안 17기의 고로가 신규로 건설되는 등 설비 확충을 통해 조강 생산은 급속히 증가했다.

또한 1939년 제2차 세계대전의 시작과 함께 전쟁 기간 중 일본 정부는 전쟁에 필요한 철강 생산을 유지하기 위해 철강 생산 Cost와 판매 가격과의 차이를 보전하기 위해 철강재 가격을 고정시키고 보조금을 지급하는 등 정부 지원을 지속했다.

2차 대전 중에 일본의 핵심적인 일관제철소인 야와타(八幡), 무로란(室蘭), 가마이시(釜石)제철소가 공습이나 함포사격을 받았다. 1946년 일본 철강협회가 점령군사령부에 제출한 자료에 따르면 철강설비의 피해는 〈표 3-2〉와 같다. 즉 1944년말 제선 설비능력 346만 톤 중 약 24.5%가 피해를 입었고, 보통강부문의 14.4%, 특수강부문의 22.2%가 피해를 입었다.

〈표 3-2〉 일본 철강설비의 전쟁 피해 현황

(천 톤, %)

	1944년말 능력	피해능력	비율
선철부문	3,461	849	24.5
보통강부문	4,467	645	14.4

특수강부문	1,051	234	22.2

자료: 日本鐵鋼聯盟, 「戰後鐵鋼史」, 1958.10, pp. 3

그러나 일본 철강산업은 전쟁 기간 중 설비 자체의 피해는 독일 등에 비해서는 비교적 경미했으나, 2차 대전의 종전 직전에 이미 마비 상태에 있었다. 군수용 철강 수요가 사라지고 해외 식민지 등으로부터의 원료 조달이 끊기면서 대부분의 설비 가동이 중단된 것이다. 전쟁이 한창이던 1943년 일본은 고로 35기 526만 톤의 설비 능력과 평로 208기 677만 톤의 설비 능력을 보유하고 있었으며, 조강생산은 865만 톤을 기록하기도 했다. 그러나 2차 대전 패전 직후인 1946년에는 고로 3기 41.8만 톤, 평로는 22기 67.7만 톤만이 가동되고 있었고, 조강 생산량은 56만 톤으로 감소했다.[140]

2. 2차 대전 이후의 고도성장

가. 붕괴 직전의 철강산업

제2차 세계대전의 종료와 함께 일본 철강업계는 철강 수요와 생산이 급감하면서 파산 위기에 직면했다. 철강 생산이 감소한 근본적인 원인은 원료 공급의 단절이었다. 철광석 · 원료탄 등 주요 원료가 전쟁 이전에는 주로 조선, 만주 등 식민지나 점령지로부터 수입에 의존하고 있었지만, 종전과 동시에 이들 수입이 단절되었기 때문이다. 또한 군수용 수요라는 거대한 시장이 소

---

140   日本鐵鋼聯盟, 「戰後鐵鋼史」 및 川上淸市, 「鐵鋼業界の動向と構造」 pp. 94 참조

멸되고, 전력 생산도 부족했기 때문에 생산 감소가 불가피했다.[141]

이처럼 철강 생산을 포함한 공급 물자 부족이 심화되면서 급격한 인플레이션이 발생하여 생산 Cost가 크게 상승했다. 이에 대응하여 일본 정부는 철강재 가격 인상 및 가격 통제와 정부 보조금 지급, 관세 등을 통해 철강산업의 생산Cost와 판매 가격과의 격차를 보전시켜 왔다. 즉 일본 정부는 정부지출 확대 정책을 통해 일본 경제 및 주요 산업들의 파산을 막고 수요를 유인하는 정책을 실시해 온 것이다. 그러나 일본 정부의 각 산업에 대한 막대한 정부지출은 인플레이션을 가속화시키고, 1948년에는 일본 경제를 파산 직전에 몰아넣었다. 예를 들어 일본 정부는 1947년 인플레이션 급등으로 철강재 가격이 상승하고 지하시장과의 가격 격차가 확대됨에 따라 철강재 가격을 인상하여 1934~1936년 평균 가격의 65배가 되기도 했다.[142]

1) 일본 정부의 복구계획

이러한 상황에서 일본 정부는 1946년 12월에 일본 경제의 부흥을 위한 최초의 경제 정책으로 철강과 석탄을 중점적으로 증산을 추진하는 정책인 "경사생산 방식(傾斜生產方式)"이라 불리는 "석탄·철강초중점증강계획(石炭鐵鋼超重點增强計劃)"을 추진했다. "경사생산방식"은 철강·석탄을 중심으로 한 기간 산업에 자금과 자재 등을 우선적으로 투입하여 선도적으로 발전시키고 이를 타 부문에 파급시켜 산업 전체의 회복을 도모하는 성장 차별화

---

141 市川弘勝,「日本 鐵鋼業の 再編成」新評論版, 1974.10, pp. 62

142 Seiichiro Yonekura, *The Japanese Iron and Steel Industry, 1850-1990*, 1994, pp. 195 참조

정책이었다. 이를 위해 가격차보급금(價格差補給金)[143]과 부금융자(復金融資)[144]의 교부라는 국가적 보호조치가 있었다. 그러나 철강 생산의 회복에 직접 효과를 발휘한 것은 점령지 부흥 자금에 의한 중유, 원료탄, 철광석의 수입이었다.[145]

철강산업에 있어서의 가격차보급금 지급액은 1947년부터 1950년까지 총 988억 엔으로 전산업에 대한 지급액의 약 30%를 차지했다. 이러한 가격차보급금 외에도 철광석, 선철(銑鐵)의 수입에 있어서도 수입보급금(輸入補給金)[146]이 약 110억 엔 정도 지급되어 합계 약 1,000억 엔이라는 국가 재정 자금이 철강 산업에 지원되었다

2) 연합국 측에 의한 일본 경제개혁 추진

1949년 2월에는 미국 정부가 일본의 경제개혁을 감독하기 위해 Joseph M. Dodge를 파견하였는데, 그에 의해 추진된 소위 "Dodge Line"으로 불리는 개혁안은 일본 정부뿐만 아니라 각 산업에도 중대한 영향을 미쳤다.[147]

---

143 가격차보급금이란 생산자를 보호하기 위하여 국가가 주는 보조금으로 석탄, 철강 같은 기초 물자의 소비자 가격이 생산자 가격보다 싸게 결정되어 생산자가 손해를 보게 될 경우에 그 차액을 생산자에게 지급해 주는 것을 말한다.

144 부금융자는 일본의 장기수출금융을 제공하는 정부 금융기관인 부흥금융금고(復興金融金庫)를 통한 국가 자금의 대출을 의미한다.

145 大橋周治, 「現代の産業 - 鐵鋼業」 東洋經濟新報社, 1966.12, pp. 198~200

146 수입보급금이란 정부가 자국 내 필수 물자나 수출품 원재료의 수입 가격을 내리기 위해 지급하는 보조금을 말한다.

147 일본의 경제개혁을 위해 Dodge는 4가지 기본목표를 정하고 일본의 경제개혁을 주도하였다. 즉 ① 정부예산의 균형 달성 ② 정부의 각 산업에 대한 보조금 삭제 ③ 흥업은행(興業銀行)으로부터의 대출종료 ④ 단일환율제의 도입(360¥/$)를 주요 내용으로한 개혁을 추진했

먼저 일본 정부에 대해서는 예산 편성에 있어 균형 예산을 요구하여 그동안 일본 정부가 추진해 온 정부지출 확대 정책을 중단하고, 정부 지출 축소를 통한 디플레 정책으로의 전환을 요구했다. 다음으로 산업계에 대한 정부의 보조금 및 대출 중단과 단일 환율제의 적용을 통해 각 산업으로 하여금 자력갱생을 요구했다.

Dodge Line의 적용으로 그동안 적정 환율에 비해 두 배 이상 유리한 ¥140/$의 이중환율제 적용으로 이익을 보고 있던 철강업계는 1949년 4월 이후 ¥360/$의 단일환율제가 적용되었다. 이에 따라 일본 철강업계는 생산 비용이 급증하고 철강재 가격의 상승을 초래하면서 최대의 위기를 맞이하게 되었다.

이와 함께 철강산업과 같이 국제경쟁력이 약하고 Cost 부담이 높은 산업이 일본에서 필요한가에 대한 의문이 제기되었다. Dodge 사절단의 일원이었던 Paul M. O'Leary씨는 일본에서 철강산업과 알루미늄산업은 필요하지 않다고 주장하고, 필요하면 미국에서 수입해서 사용하면 된다고 주장했다. 또한 정부 관리 중에 일부는 철강산업에 투자를 계속하는 것이 과연 효율적인가에 대해 의문을 제기하는 사람도 있었다.

Dodge Line은 일본 경제를 미국에 종속시켜, 재벌 기업 중심의 일본 독점자본의 자립화를 통한 경제의 민주화를 도모하려는 의도 아래 강행되었다. 철강 산업에 대해서는 1949년 8월 국내 석탄의 특정 산업 가격 할인 폐지를 시작으로 1950년 7월에는 강재 가격차 보급금이 전면 폐지되었다. 게다가 수입탄 소비의 절약, 수입 철광석과 중유의 사용제한령이 내려졌다. 이에 따

다.(市川弘勝, 「日本 鐵鋼業の 再編成」 新評論版, 1974.10, pp. 196)

라 이제까지의 가격차 보급금과 대일 원조 자금에 안주하고 있던 철강업계도 스스로의 힘으로 합리화에 몰두할 수밖에 없게 되었다. 그 결과 철강산업은 심각한 불황에 처했고, 당시 철강산업에서의 인원 정리는 23개 사 17,000명에 달했다.[148]

이와 함께 연합국 측은 일본에서의 경제력의 집중을 억제하기 위한 독점기업의 해체, 전쟁 책임이 있는 경영자의 교체 등을 추진했다. 이러한 과정에서 1947년 일철(日鐵)의 해체가 점령군에 의해 정식으로 제기되었고, 우여곡절을 거치면서 1950년 4월 1일부로 야와타(八幡)과 후지(富士) 양사로 분할되었다.

이러한 일본 철강산업의 붕괴위기를 극적으로 반전시킨 것이 한국의 6.25 전쟁이었다. 갑작스럽게 전쟁 특수가 발생하면서 미국은 인근 지역에 위치한 일본 철강업계에 전쟁에 필요한 군수물자의 공급을 요청했다. 1951년 미국 정부는 "일본의 주요 산업의 설비가 풀 가동할 경우, 어느 정도의 수준에 달하겠는가"라는 조사를 실시했다. 또한 이와 동시에 "일본의 설비, 기술, 노동력을 최대한으로 이용하여 미국 방위체제의 일환으로 활용해 나간다"는 방침이 세워져, 일본 철강업계는 본격적으로 미국의 지원을 받기 시작했다.[149]

---

148 市川弘勝, 「日本 鐵鋼業の 再編成」, 新評論版, 1974.10. pp. 54

149 市川弘勝, 상게서, pp. 95~96

나. 오일쇼크 이전까지의 고성장

1) 합리화 계획의 개요

산업혁명 이후 진행된 산업화는 대부분의 국가에서 공업화를 의미했고, 산업구조가 고도화되면서 중공업 중심으로 전환되었다. 또한 중공업 중심의 성장을 추진할 경우에는 필수적으로 철강을 소재로 사용하게 되었다. 따라서 중공업 중심의 성장 전략을 추진하는 국가에서는 양질의 철강 소재를 안정적으로 공급하기 위해 철강산업의 선도적 육성이 필수적이었다.

전후 일본 정부도 경제 부흥을 위한 경제 정책으로 석탄 및 철강산업을 선도 산업으로 집중 육성하기 위해 자금 등을 집중적으로 투입했다. 또한 일본 철강산업은 2차 대전 이후 기존 설비의 보수·개조의 시기를 지나 1951년부터는 설비 근대화와 기술 혁신을 목적으로 하는 합리화 계획(合理化計劃)에 착수했다. 제1차 합리화 계획은 1951년부터 1955년까지이며, 제2차 합리화 계획은 1956년부터 1960년까지 각각 5개년 동안이며, 제3차 합리화 계획은 1961년부터 1970년까지의 10개년 계획이었다. (〈표 3-3〉 참조)

1950년대 들어 일본의 중화학 공업화의 성장은 철강산업의 발전과 밀접한 관계에 있고, 철강 설비 능력이 확장되면서 중공업 성장에 필요한 철강소재의 안정 공급이 가능해졌다. 1950년대 후반 이후 일본 경제가 급속히 발전한 가운데 설비 투자 및 내구소비재를 중심으로 한 철강 수요가 증가하면서 철강 생산도 급속히 증가했다.

〈표 3-3〉 합리화 계획의 개요

구분		설비투자 (億円)	조강생산 (천 톤)	제강능력 (천 톤)	설비기수			
					고로	전로	열연	냉연
전후부흥기	'46~'50	137	5,298	11,552	36	6	1	2
第1次	'51~'55	1,282	9,791	11,279	33	7	3	7
第2次	'56~'60	6,255	23,161	28,194	34	13	7	28
第3次	'61~'65	10,138	41,296	53,256	49	45	13	48
第3次	'66~'70	20,000	93,322	114,635				

주: 생산실적, 제강능력 및 설비기수는 합리화 계획 최종년도의 실적치
자료: 市川弘勝,「日本 鐵鋼業の 再編成,자료를 이용한 곽강수, "세계 철강산업의 주도권변화와 시사점", POSRI
경영연구 논문 준비자료, 1998.12, pp. 20에서 재인용

2) 1950년대 제1차 합리화 계획

제1차 합리화 계획 기간(1951~1955년)에는 한국의 6.25 전쟁 등에 따른
철강 수요 증가에 대응한 생산 확대와 함께 제품 품질의 향상에 중점을 두고
압연 설비의 합리화와 제선~제강의 일관생산체제를 추진했다. 이를 위해 대
규모 설비 투자를 통해 세계적 수준의 기술과 설비를 도입하여 설비 갱신 및
합리화를 추진했다. 이 합리화 계획에 투입된 설비 투자 총액은 1,282억 엔
(약 $3.6억)로 전후 1950년까지의 전후 복구기(復舊期)의 투자액 대비 9배가
넘는 거액이었다.

제1차 합리화 계획 상에 나타난 특징[150]으로는 첫째, 대형 고로사들의 보

---

150 1~3차 합리화 계획의 특징은 川上淸市,「鐵鋼業界の動向と構造,자료를 이용한 곽강수, "세
     계 철강산업의 주도권변화와 시사점", POSRI 경영연구 논문 준비자료, 1998.12, pp. 20~26
     에서 재인용

통강부문에 중점적으로 합리화가 추진되었다는 점이다. 5년 동안 철강 부문 총 투자액 중 보통강 부문에 95.8%가 배정되었으며, 특히 고로 6사의 비중은 전체 투자액의 85.2%로 대형 고로사를 중심으로 합리화가 이루어졌다.

둘째, 설비 근대화의 중점이 압연(壓延)부문에 있었다는 점이다. 보통강 부문의 설비 투자액 중 압연 부문 비중은 49.1%로 제선(製銑) 14.1%, 제강(製鋼) 10.7% 등에 비해 압도적으로 높았다. 이는 상공정부문의 근대화가 다소 늦어지더라도 최종 제품을 만드는 압연 단계에서의 근대화가 진전된다면, 대량 생산, 생산성 향상, Cost 절감 등을 통해 국제경쟁력을 확보할 수 있다는 판단에 따른 것이다. 압연부문의 합리화 중에서 가장 근대화가 진전된 것은 Strip Mill이었다.

셋째, 설비근대화가 주로 외국으로부터의 선진 기술 도입에 의해 이루어졌다는 점이다. 동 기간 중에는 외국으로부터 설비 및 기술 도입에 의존하면서 외국과의 기술 격차를 축소하는 데 노력을 기울였다. 세법상 특별상각이 인정된 합리화 설비 중 수입 비중은 전체의 61%를 차지했고, 특히 근대화가 크게 진전된 압연부문은 70%에 달했다. 또한 기술 원조 계약은 대폭 증가하여 갑종기술[151](甲種技術) 원조계약은 32건으로 약 12억 엔, 을종기술[152](乙種技術) 원조계약 건수는 120건에 달했다. 이러한 기술의 대부분은 미국으로부터 도입되었으며, 고로 대기업에 집중됨으로써 기술 독점에 의한 국내에서의 시장 지배를 강화하는 요인으로 작용했다.

넷째, 그동안 고로가 없었던 가와사키(川崎)제철, 스미토모(住友)금속, 고

---

151 갑종기술은 외국에서 특허에 등록되어 있는 기술을 의미한다.
152 을종기술은 설계도면의 구입, 기술자 초빙 등의 기술을 의미한다.

베(神戶) 제강 등 3대 평로 회사들이 고로 건설을 통해 철강 일관 메이커로 진출했다.[153]

3) 제2차 합리화 계획

1956년부터 시작된 제2차 합리화 계획에서는 1차 합리화 계획의 성과를 바탕으로 대대적인 설비 근대화와 기술 혁신을 통해 국내외 시장에서의 경쟁 우위를 확보하는 것을 목적으로 추진되었다. 당초 계획에서는 1960년 조강 생산 1,267만 톤, 보통강부문의 설비투자 1,780억 엔을 목표로 출발했다. 그러나 1956년 이후 세계적인 철강 붐 및 일본 내수시장의 활황에 따라 설비투자 계획을 대폭 확대했으며, 조강생산에 있어서도 당초 계획의 거의 두 배 수준을 달성했다. (〈표 3-4〉 참조)

〈표 3-4〉 제2차 합리화 계획의 목표 및 실적 비교

(억円, 천 톤)

	철강장기계획 ('56.5)	철강사절단자료 ('57.2)	新장기계획 ('57.9)	실적
보통강설비투자	1,780	3,458	4,434	5,486
'60년 조강생산	12,670	17,040	16,860	23,161

자료: 市川弘勝, 「日本 鐵鋼業の 再編成」을 이용한 곽강수, "세계 철강산업의 주도권변화와 시사점", POSRI 경영연구 논문 준비자료, 1998.12, pp. 23에서 재인용

---

153 예를 들어 川崎製鐵이 전후 최초로 고로 건설에 착수하여 1953년에 千葉 No.1 고로에 화입(火入)하였고, 이를 계기로 다른 철강회사들도 신예제철소의 건설을 계획하거나 기존 제철소의 합리화에 착수했다.(고려대학교 경제연구소, 「鐵鋼工業發展 패턴의 國際比較分析」 1983.1, pp.13 참조)

· 일본의 강재수요는 1950년 316만 톤에서 1955년 704만 톤, 1960년에는 1,490만 톤으로 5년마다 2배 정도씩 증가했다. 이러한 증가를 주도한 것은 1950년대 전반기는 수출과 선박, 건설 등이었고, 50년대 후반기는 건설과 기계 산업이었다. 조선 산업은 1950년대 중반 이후 조선 붐이 발생하면서 후판 수요를 견인했다. 건설은 한국의 6.25전쟁 특수를 배경으로 공장 건설 등을 위한 설비 투자가 활성화되면서 수요증가세가 계속되었다.[154] 이처럼 1950년대 기간 중 일본의 철강 수요를 견인한 것은 건설과 함께 조선, 기계 등 중공업이 주도했다.

 이러한 철강 수요의 급속한 증가에 대응하여 제2차 합리화기에는 공급 능력의 확보가 과제로 대두되면서 임해지역에서의 일관제철소 건설과 설비의 대형화·고속화에 의한 대량생산체제의 확립을 지향했다.

 제2차 합리화 계획의 특징은 먼저, 공장 전체를 근대화된 철강 설비로 구성하는 본격적인 일관제철소의 건설이 추진되었다. 예를 들어 야와타(八幡)제철은 도바타(戸畑) 제철소를, 후지(富士)제철은 히로하타(廣畑)을, 일본강관(日本鋼管)은 가쓰오(水江) 제철소[155]를 각각 건설했다. 후발 업체인 가와사키(川崎)제철은 치바(千葉)에 No. 2 고로와 Strip Mill을 증설하여 일관체제를 만들고 스미토모(住友)금속은 와까야마(和歌山) 1호 고로를 완공했다. 또한 고베(神戸)제강도 나다하마(灘浜) 1호 고로를 완공하여 일관 메이커로 전환했다.

---

154 川崎 勉, 「日本鐵鋼業 - その軌跡」, pp. 376

155 1959년 완공된 일본강관(NKK)의 제철소로 1968년에 게이힌(京浜)제철소로 통합되었다.(Yahoo Japan Wikipedia)

둘째, 설비합리화의 중심이 제선 및 제강 부문에 대한 투자 비중이 증가하여 대형고로의 채용, LD전로 제강기술의 도입 등 혁신적인 설비 근대화가 이루어졌다. 1차 합리화 기간 중 고로의 신설은 1기에 불과했으나, 2차 계획 기간 중에는 10기의 고로가 신설되었고 고로의 대형화라는 세계적 경향이 반영되어 하루 1,500톤 이상의 능력을 가진 대형 고로가 4기나 건설되었다. 또한 2차 계획 기간 중에 스미토모금속, 고베제강 등이 일관생산업체로 성장했다.

제강부문에서는 LD전로 즉, 순산소상취전로(純酸素上吹轉爐)의 채용이다. 동 계획 기간 중에 14기의 전로가 신설되었으며, 평로도 대형화가 진전되어 일본의 제강 능력은 1955년 1,130만 톤에서 1960년에는 2,820만 톤으로 2배 이상 증가했다. 또한 해외 자원생산국으로부터 연원료를 효율적으로 운반하기 위한 대형 철광석 운반선의 채용과 항만설비 개선 등의 합리화를 추진했다.

압연 부문에서의 설비근대화의 중심은 Strip Mill의 도입으로 2차 합리화 기간 중 Hot Strip Mill 5기, Cold Strip Mill 14기가 완성되었다.

4) 1960년대 제3차 합리화 계획

1950년대 후반에 시작된 장기 호황인 이와토(岩戶)경기[156]가 1960년 들어서도 지속되었다. 무역자유화 조치로 촉진된 설비근대화 투자의 증가, 1964년 동경 올림픽 개최에 따른 건설투자 증가 등이 호황을 유인한 것이었다.

일본 정부는 이러한 장기호황을 배경으로 1960년 향후 10년 내에 실질국

---

156 1958년 6월부터 1961년 12월까지 42개월간 지속된 장기 호황이다. (인터넷 검색자료)

민소득의 2배 중대 등을 목표로 한 "소득배증10개년 계획"을 발표했다. 이에 대응하여 철강업계도 1970년 일본 조강생산 4,800만 톤이라는 장기 전망을 발표하고 1961년도를 초년도로 하는 제3차 합리화 계획을 책정했다. 1, 2차 합리화 계획이 정부의 주도하에 실시된 데 반해 3차 합리화 계획은 철강업계의 자율적인 계획에 의하여 실시되었다.

3차 합리화 계획 기간 중 1962년과 1965년 두 차례에 걸친 불황으로 투자속도가 약간 정체되기도 했으나, 3차 계획의 전반기인 1961~1965년 기간 중 총 투자액은 2차 계획의 약 1.6배에 달하는 1조 141억 엔에 달했다. 또한 1966~1970년 기간에는 소위 이자나기(いざなぎ)경기[157]를 배경으로 투자가 급속도로 증가하여 2조 3,411억 엔에 달했다.

① 당초 전망치를 뛰어넘는 소비 증가

1960년대 일본 경제가 당초 계획 대비 높은 성장을 지속하면서 주요 산업에서의 철강 소비도 당초 예측치를 조기에 달성했다. 예를 들어 1961년 시작된 배증 계획에서 1970년의 건설업 전체 철강 소비는 1,332만 톤이 예측되었으나 1967년에 이미 1,657만 톤으로 예측치를 상회했다. 고도 경제성장 과정에서 신간센(新幹線)건설 등 사회 간접 자본의 확충이 이루어졌고, 주거용 및 상업용 건축 활동이 활발히 이루어지면서 건설 부문의 철강 소비를 견인한 것이다. 조선과 자동차 산업 등에서의 생산 활동 증가와 자동차, 가전 등 내구소비재의 보급으로 철강 소비는 1967년에 이미 1970년 예측치를 상

---

157 1965.10~1970.7월까지 57개월간 지속된 장기호황으로 동 기간중 일본 경제는 연평균 11.5%의 높은 성장률을 기록했다.(인터넷 위키 백과사전)

회하고 있었다.[158] 이처럼 1960년대 들어서는 국민 소득 증가로 인해 자동차, 가전 등 소위 3C[159]로 불리는 내구소비재의 보급이 급속히 증가하면서 철강 소비가 급증했다. 이에 따라 조강명목소비는 1960년에 1,930만 톤에서 1965년에는 2,850만 톤, 1970년에는 7,110만 톤으로 1960년대 후반 5년 동안에 4,200만 톤이나 증가했다. (〈표 3-5〉 참조)

〈표 3-5〉1961년 배증 계획에서의 수요 예측과 실적 비교

(백만 톤, %)

		건설			제조업				합계
		토목	건축	소계	조선	자동차	산업기계	기타	
1970 예측	소비량	6.32	7.00	13.32	1.74	2.62	3.12	3.30	32.80
	비중	19.3	21.3	40.6	5.3	8.0	9.5	19.0	100
1967 실적	소비량	6.77	9.80	16.57	3.56	3.74	3.02	3.48	34.45
	비중	19.7	28.4	48.1	10.3	9.1	8.8	10.9	100

자료: 일본철강연맹 자료를 이용한 川崎 勉, 「日本 鐵鋼業」 pp. 127에서 재인용

② 대폭적인 설비능력 확장 및 생산 증가

이처럼 철강 수요가 당초 전망치에 비해 훨씬 빠른 속도로 증가하면서 공급 측면에서의 설비 확장도 빠르게 진행되었다. 이를 통해 1970년 4,800만 톤의 조강 생산 목표는 1966년도에 조기 달성되었으며, 최종 년도인 1970년

---

158 川崎 勉, 「日本鐵鋼業 - その軌跡」 pp. 127

159 3C는 Car(자동차), Color TV 및 Cooler(에어컨)이다.

조강생산은 9,330만 톤으로 목표를 거의 두 배 가까이 초과 달성했다. 이처럼 3차 합리화 계획은 규모 면에서나 내용면에서 지금까지의 합리화 계획을 크게 상회한 것이었다.

3차 합리화 계획의 특징을 살펴보면 먼저, 임해지역을 중심으로 새로운 입지에 조강설비능력 1,000만 톤을 목표로 하는 대규모 신규 제철소가 건설되었다. 당초 1970년 4,800만 톤의 조강 생산 목표를 달성하기 위해서는 총 30기의 고로건설이 필요할 것으로 전망되었으나, 기존 제철소의 확장만으로는 어려울 것으로 판단되어 각 철강회사들은 신규제철소 건설을 계획하였다. 3차 계획 기간 중에 착공된 신규 제철소는 야와타(八幡)제철의 사카이(堺), 기미쯔(君津), 후지(富士)제철의 오이타(大分)제철소가 착공되었다. 또한 일본강관의 후꾸야마(福山), 가와사키제철의 미즈시마(水島), 스미토모금속의 가시마(鹿島) 및 고베제강의 가꼬가와(加古川) 등이 착공되었다. (〈표 3-6〉 참조)

이들 제철소들의 최종 규모는 고로 기수 3~4기로 연간 조강 능력은 1,000~1,200만 톤에 달했다. 고로 내용적 3,000㎡ 이상의 대형고로와 전로제강, 연주기, 대형 압연기를 갖추고서 컴퓨터로 자동 제어되는 최신설비를 갖춘 제철소였다.[160]

---

160 川崎 勉, 「日本鐵鋼業 - その軌跡」, pp. 124

<표 3-6> 제3차 합리화 계획 기간의 신규제철소 규모

회사	제철소	고로기수(기)		조강능력(만톤)		일관체제 개시시기
		'68년	최종목표	'68년	최종목표	
야와타제철	堺	2	2	450	500	'65
	君津	-	4	-	1,000	'68
후지제철	名古屋	2	3	380	1,000	'64
	大分	-	3	-	1,200	'72
일본강관	福山	2	4	460	1,200	'66
가와사키제철	水島	1	4	200	1,000	'67
스미토모금속	鹿島	-	3	-	1,000	'70
고베제강	加古川	-	4	-	1,000	'70

자료: 市川弘勝, 「日本 鐵鋼業の 再編成」자료를 이용한 곽강수, "세계 철강산업의 주도권변화와 시사점", POSRI 경영연구 논문 준비자료, 1998.12, pp. 26에서 재인용

두 번째 특징으로는 신규 제철소의 입지가 정부가 구상한 "중화학공업단지" 등과 결부되어 정부 및 지방자치단체의 대규모 자금 지원을 받았다는 점이다.[161] 또한 신규 제철소의 입지는 대부분 국가적 중점개발지역인 태평양 연안 지역에 설치되었다. 각 철강 회사들은 각 지방자치단체들과 협정을 맺고 부지 조성, 공업 용수, 도로 및 항만 설비 건설 등에서 지원을 받았으며, 국가로부터도 대규모 항만 정비 등의 지원을 받았다.

셋째, 3차 합리화 계획 중 설비투자비가 대폭 증가했다. 이는 신규 제철소 건설을 위한 토지 조성, 항만 설비 등에 거액의 자금이 투입되었기 때문이다.

---

161 제철소에서 발생하는 폐가스를 수소, 티탄, 에칠렌 등으로 분해하여 비료회사 및 석유화학 회사에 판매하고 인접한 석유회사로부터 중유(重油)를 저렴한 가격으로 구입하는 중화학콤 비나트를 형성했다.

동 기간 중 평균 설비투자액은 2차 합리화기의 투자액을 1.4배나 상회했다.

이러한 설비 확장은 자연스럽게 생산 증대로 이어졌다. 1차 합리화기인 1950년대 초반에는 기존 설비를 중심으로 생산성을 높이는 설비 투자가 이루어지면서 조강 생산은 1950년 484만 톤에서 1955년에는 941만 톤으로 연평균 14.2% 증가했다. 2차 합리화기에는 인프라 투자를 포함한 철강 수요가 본격적으로 증가하면서 1960년 조강 생산은 2,210만 톤을 기록하여 1950년대 기간 중 연평균 16.4%의 높은 증가세를 나타냈다. 한편 1960년대 들어서도 본격적인 설비 신증설이 이어지면서 일본의 1970년 조강 생산량은 9,330만 톤을 기록하여 동 기간 중에 7천만 톤 이상이 증가했으며, 연평균 증가율도 15.5%를 기록했다. 또한 1973년에는 1억 1,930만 톤을 기록하여 1950년 이후 23년만에 1억 1,450만 톤이 증가했다. (〈그림 3-1〉 참조)

〈그림 3-1〉 일본의 1950년대 이후 조강생산 변화 추이

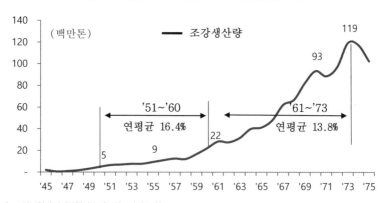

자료: 일본철강연맹, 「철강통계요람」 각년호 참조

③ 수출의 증대, 특히 미국으로의 수출 급증

1960년대에는 철강 생산이 급격히 증가함에 따라 철강 수출도 큰 폭으로 증가하면서 수출 증가가 생산 증가를 견인하는 또 하나의 요인이 되기도 했다. 미 군정에 의해 통제를 받던 민간 무역이 1951년부터 재개되면서 철강 수출도 증가했지만, 1961년까지만 해도 강재 수출량은 250만 톤 이하였다. 1963년 이후 급속히 증가하여 1969년에는 1,600만 톤으로 1956년에 비해 6.5배 증가했다. 또한 전체 생산량 중 수출 비중이 30% 수준으로 높아졌다. 지역별로는 1950년대에는 아르헨티나와 인도 등이 주요 수출 대상국이었으나, 1960년대 들어서는 미국에 대한 수출이 급격히 증가하면서 1969년에는 전체 수출의 52.6%를 미국에 수출하는 등 미국을 중심으로 수출이 이루어졌다. (〈표 3-7〉 참조)

〈표 3-7〉 일본의 국별 수출변화 추이

(회계년도 기준, 천 톤, %)

1956년			1966년			1969년		
	수량	비율		수량	비율		수량	비율
아르헨티나	562	27.8	미국	4,349	43.9	미국	6.916	52.6
인도	288	14.2	필리핀	448	4.5	중국	1,005	7.6
미국	120	5.9	호주	421	4.2	필리핀	527	4.0
호주	119	5.9	태국	294	3.0	대만	487	3.7
필리핀	88	4.3	대만	275	2.8	태국	450	3.4
총계	2,024	100	총계	9,910	100	총계	13,153	100

자료: 대장성 통관통계를 기초로 市川弘勝, 「日本 鐵鋼業の 再編成」, 新評論版, 1974.10, pp. 16

이처럼 1960년대 들어 일본의 철강 수출이 급격히 증가한 배경으로는 먼저, 1960년대 이후 일본의 철강 설비 투자 급증으로 과잉 설비를 유발하면서 수출 대상량이 증가했기 때문이다. 둘째, 일본의 대량 생산을 통한 규모의 경제 확보로 톤당 생산 원가가 하락하면서 Cost 경쟁력이 향상되었다. 셋째, 1960년대 미국 경제의 호조 지속과 GATT 체제 하에서 전 세계적으로 발생한 무역 확대가 중요한 요인으로 작용했기 때문이다.[162]

5) 일본 철강산업의 국제적 위상 제고

철강 생산이 급속히 증가하면서 일본 철강산업의 국제적 위상도 현저히 높아졌다. 1950년 당시 일본 조강 생산량은 세계 전체 생산의 2.5%에 불과했고, 1955년에는 3.5%, 세계 순위는 6위였다. 그러나 1959년에는 1,663만 톤 생산으로 1,520만 톤의 프랑스를 추월했고, 1961년에는 2,827만 톤을 생산하여 2,244만 톤을 생산한 영국을 추월했다. 그리고 1964년에는 3,980만 톤을 생산하여 3,724만 톤을 생산한 서독을 추월하여 미국과 소련에 이어 세계 3위의 철강 생산국이 되었다. 1968년에는 6,689만 톤을 생산하여 일본의 국제시장 점유율이 12.7%로 높아져 서독과 프랑스 양국을 합친 생산량에 필적하는 수준에 이르러 일본 철강업의 국제적 지위는 급속히 높아졌다.

일본 철강 수출이 급격히 증가하면서 세계 철강무역에서 차지하는 일본의 지위도 크게 상승했다. 1967년 일본의 철강 수출은 914만 톤으로 전년에 비해 다소 감소하기는 했으나 세계 전체 수출의 17.1%를 차지했다. 서독 등 유럽국가들의 역내 무역을 제외한 순수한 제3국 수출로 비교할 경우, 일본의

---

162 川崎 勉, 「日本鐵鋼業-その軌跡」, pp. 108~109 참조

철강 수출은 세계 1위가 되었다. 이에 따라 일본은 1967년 기준으로 조강생산 세계 3위, 수출 세계 1위의 지위를 보유하기에 이르렀다.[163]

이러한 양적인 측면에서의 일본 철강산업의 위상 변화와 함께 질적인 측면에서 전후 미국과 유럽에서 첨단 기술을 수입에 의존하던 일본이 1960년대 들어서는 일부 철강 기술을 수출하기 시작했고, 1970년대 들어서는 기술 순수출국으로 전환되었다는 점이다.

일본 철강산업의 제1차 합리화가 시작되면서 미국이나 유럽으로부터 성능이 우수한 철강 설비들이 수입되었고, 이를 운전하기 위한 기술 도입이 이루어지면서 적극적인 체질 개선이 추진되었다. 그러나 당시에도 이미 미국 기술자들에 의해 고로와 코크스로에 대해서는 일본의 기술 수준을 높게 평가하고 있었다. 당시 고로는 세계적으로도 우수한 수준으로 이를 제작할 수 있는 기술력도 보유하고 있는 것으로 평가하고 있었다. 또한 코크스로도 야와타 제철이나 후지 제철의 기술 수준을 높게 평가했다.[164]

외국으로부터 수입된 우수한 철강 기술과 함께 일본이 보유하고 있던 상공정 기술 등이 결합되면서 일본의 제선, 제강, 압연 등 각 설비 및 조업 기술은 미국이나 유럽과 비교하여 우위를 확보할 수 있는 기반이 되었다. 또한 수입된 설비들도 대부분 일본 내부에서 개량화되면서 일본의 제철 기술은 야금학적으로, 또 기계적으로도 최고 수준에 달하게 되었다.[165]

---

163 市川弘勝, 「日本 鐵鋼業の 再編成」 新評論版, 1974.10, pp. 16~18

164 川崎 勉, 「日本 鐵鋼業-その軌跡」 pp. 452~455 참조

165 川上清市, 「鐵鋼業界の動向と構造」 pp. 100

3. 오일쇼크 이후 성장 정체

가. 일본 철강산업에 대한 낙관적 전망

일본 철강산업의 장기 호황이 계속되면서 1970년 이후 1차 오일쇼크가 발생했음에도 불구하고 일본 철강업계나 IISI, OECD 등 주요 기관들에서는 일본 철강산업의 미래에 대해 낙관적인 시각을 유지하고 있었다. 예를 들어 1970년에 발표된 OECD의 예측 보고서에서는 일본의 조강 수요가 1970년 7,100만 톤(실적치)에서 1975년에는 1억 톤을 돌파하고, 1980년에는 1억 5,800만 톤에 달할 것으로 전망했다. 또한 IISI가 1973년에 발표한 "Project 85"라는 전망치를 보면 일본의 조강 수요는 1973년 8,900만 톤에서 1975년에는 9,100만 톤, 1980년에는 1억 1,300만 톤, 1985년에는 1억 3,400만 톤에 이를 것으로 낙관적으로 전망했다.

뿐만 아니라 일본 정부 및 철강 업계도 오일쇼크가 발생했음에도 불구하고, 이를 일시적인 현상으로 판단하고 일본 철강산업의 미래에 대해 상당히 낙관적으로 전망하고 있었다. 1973년 1차 오일쇼크 발생으로 1974년에는 일본 경제가 전후 최초로 마이너스 성장했음에도 불구하고 제조 업체들의 수출 증대 노력으로 일본 경제는 경쟁국들에 비해 상대적으로 높은 성장률을 유지할 수 있었다. 이러한 수출 확대와 상대적으로 양호한 경제성장을 바탕으로 1974년 일본 정부는 "산업구조 장기비전"을 발표했다. 이 비전을 통해 〈표 3-8〉에서 보는 바와 같이 1980년 일본의 조강 수요는 1억 1,800만 톤, 조강생산 1억 6,200만 톤이 제시되었다. 1975년 수정안에서도 1980년 내수 1

억 1천만 톤, 조강생산 1억 5,100만 톤으로 소폭 하향 조정되었다.[166] 당시 일본 정부나 철강업계에서도 오일쇼크 영향이 구조적인 침체로 이어질 것으로 생각하지 않고, 단기적으로 종료되고 고성장이 계속 유지될 것으로 낙관적인 시각을 가지고 있었던 것이다.[167] 마치 미국 철강업계가 낙관적으로 전망했던 것처럼 일본에서도 오일쇼크의 영향을 간과한 것이었다.

〈표 3-8〉 일본 정부의 1차 오일쇼크 이후의 조강수급 전망

(백만 톤)

전망 시점	항목	1973년 실적	1980	1985
1974년	내수	87.2	118	160
	순수출	24.0	44	15
	조강생산	119.3	162	175.5
1975년 (수정)	내수	87.2	110	147
	순수출	24.0	41	28.5
	조강생산	119.3	151	175.5

자료: 통산성, "산업구조 장기비전", 1974.5을 이용한 川崎 勉, 「日本鐵鋼業-その軌跡」 pp. 174에서 재인용

이러한 낙관적인 전망을 배경으로 일본 철강업계는 오일쇼크 발생에도 불구하고 설비능력의 확장을 계속 추진했다. 예를 들어 일본의 조강생산능력은 1973년 1억 3,900만 톤에서 1977년에는 1억 6,750만 톤으로 2,800만 톤

---

166 실제로 1980년 일본의 조강소비는 7,900만 톤, 조강생산은 1억 1,140만 톤으로 1973년 보다 오히려 감소했다.

167 川崎 勉, 「日本鐵鋼業-その軌跡」 pp. 174 참조

이상 증강되었다.

나. 오일쇼크 이후 장기 정체기 진입

그러나 오일쇼크 영향이 예상 외로 장기화되면서 철강 소비는 구조적으로 감소하기 시작했다. 일본의 조강 기준 철강 소비는 1973년 8,930만 톤을 정점으로 하락세로 전환되어 1977년에는 6,320만 톤으로 29.2% 감소했다. 또한 두 차례 오일쇼크 및 1980년대 엔고 영향으로 철강 소비 하락세가 본격화된 1975~1986년 기간 중에도 평균 7,039만 톤으로 1973년 대비 21%나 감소한 상황이었다. 1990년대 들어서는 버블 붕괴 영향으로 조강 소비는 1992~2003년 기간 중 평균 7,879만 톤으로 Peak였던 1991년에 비해 액 20.5% 감소했다.

이와 같이 철강 수요가 감소하면서 일본 철강업계는 1차 오일쇼크 이후 1990년대까지 영업이익률 기준으로 총 3차례의 불황을 경험하게 된다. 1차 불황은 1970년대 초반의 변동환율제 이행에 따른 엔고[168]와 1973년 10월에 발생한 1차 오일쇼크 영향에 따른 불황이었다. 오일쇼크 영향으로 국제유가 급등세가 장기적으로 지속되면서 일본을 비롯한 전 세계 철강산업에 커다란 타격을 입혔다. 석유 의존도가 높은 철강 수요 산업의 생산 활동이 급격히 위축되면서 1974년 이후 철강 내수가 감소세로 전환되어 일본의 조강 수요는 1974년에는 전년비 11.3%, 1975년에도 전년비 13.8% 감소했다. 그나마 철강 수요 하락을 억제한 것은 자동차, 산업기계 및 전기·전자 등에서의 수

---

168 1971년 미국의 금태환정지 이후 변동환율제 이행으로 달러 대비 엔화환율이 1971년 357엔에서 1973년 중에 262엔까지 절상되었다.(포스코경영연구소, "일본 경제 및 철강산업 大해부", 연구과제, 2013.12.9 참조)

출이 증가하면서 간접 수요가 증가했기 때문이다. 이러한 영향으로 일본 철강업계의 영업이익률은 1973~1974년 평균 9.7%에서 1975~1977년 기간 중에는 4.2%로 하락했다.[169]

 2차 불황은 1978년 말에 발생한 2차 오일쇼크에 따른 1980년대 초의 전 세계적 경기 침체와 1985년 플라자합의 이후 엔고에 따른 불황이다. 국제 유가는 1978년 배럴당 평균 14.02달러에서 1979년에는 31.31달러로 2배 이상 급등하고, 1980년에는 36.83달러까지 급등했다. 유가 급등으로 인한 인플레이션 억제를 위한 미국의 금리 인상으로 1980년대 초 전 세계적인 불황이 발생했다. 또한 1985년 9월에 있었던 플라자 합의 이후 엔화 환율은 1985년 1월 달러당 254.2엔에서 1987년 4월에는 142.9엔까지 절상되었다. 이에 따라 철강산업뿐만 아니라 자동차, 가전 등 수요 산업 전반에 걸친 수출경쟁력 약화로 생산활동이 침체되었다. 그 결과 일본 철강기업들의 평균 영업이익률은 1978~1981년 평균 8.6%에서 1982~1986년 기간 중에는 3.98%로 급락했다.

 3차 불황은 1990년대 초반 일본경제의 버블 붕괴와 엔고 등의 영향으로 소위 말하는 "잃어버린 10년" 기간 동안의 장기 불황이다. 1980년대 중반 이후 엔고에 따른 수출부진을 타개하기 위해 일본 정부가 추진한 금리 인하 등을 통한 내수 부양 정책 등으로 1980년대 후반 호황이 발생했다. 그러나 내수 경기가 과열되자 일본 정부가 1988년부터 금리 인상 및 대출 억제 정책 등을 실시한 것을 계기로 주식, 부동산 등 자산 가격이 붕괴되면서 본

---

169 여기에서의 평균영업이익률은 연도별 영업이익률의 합을 기간으로 나눈 단순 평균 이익률이다.

격적인 불황 국면에 진입했다. 더군다나 일본 엔화 환율은 1990년 3월 달러당 153.3엔에서 1995년 3월에는 90.5엔으로 달러당 100엔 이하로 절상되기도 했다. 또한 1997년부터 시작된 아시아 주요국들의 외환 위기 등으로 이들 국가들의 통화 가치가 하락하면서 일본의 수출 부진이 심화되어 1998년에는 경제성장률이 마이너스를 기록하고 수요 산업의 생산 활동도 침체되었다. 이에 따라 일본의 철강 소비가 급락하고, 철강업계의 평균 영업이익률은 1987~1991년 평균 8.4%에서 1992~2002년까지의 11년 동안에는 2.89%로 급락했다.[170]

4. 불황 극복을 위한 일본 철강업계의 노력

이러한 환경 변화에 대응하여 일본 철강업계는 시기별 상황 변화에 맞는 탄력적인 대응 전략을 추진해 왔다고 할 수 있다. 예를 들어 오일쇼크로 석유 가격이 급등하자 탈석유 정책과 함께 Cost 절감을 적극 추진했고, 내수 부진을 만회하기 위해 수출 확대 정책을 추진했다. 불황기에 대응한 일본 철강업계의 대응 전략을 요약하면 첫째, 철저한 에너지 절감과 Cost 절감노력, 둘째, 내수 부진을 타개하기 위한 수출 확대, 셋째, 노후 설비 폐쇄 등을 통한 합리화, 넷째, 수요가의 니즈에 부합하는 신제품 개발로 요약할 수 있다. (신제품 개발은 다음 장에서 상세 설명한다.)

---

170 포스코경영연구소, "일본 경제 및 철강산업 大해부", 연구과제, 2013.12.9 참조

가. 에너지 및 Cost 절감을 위한 철강공정의 혁신

일관제철사업은 에너지를 대량으로 소비하는 에너지 다소비산업이다. 그런데 일본은 석유의 대부분을 수입에 의존하고 있고 가스나 석탄의 수입 의존도도 경쟁국들에 비해 불리하다. (〈표 3-9〉 참조) 석유나 석탄의 수입 의존도가 높다 보니 전력요금도 상대적으로 높을 수밖에 없다. 오일 가격의 급등으로 석탄 및 전력 Cost가 급증하면서 철강업계는 에너지 절감이 중요한 현안 이슈가 됐다.

〈표 3-9〉 주요국의 1차 에너지 수입 의존도(1978년)

(%)

	일본	미국	독일	영국	프랑스	이탈리아
석유	99.8	44.4	96.5	41.6	99.0	98.4
가스	85.2	4.5	62.8	11.6	67.5	50.6
석탄	72.9	-4.9	-20.1	-0.6	52.5	88.2

자료: OECD, "Energy Balances 1978" 자료를 이용한 川崎 劾 「日本 鐵鋼業」 pp. 256에서 재인용

철강산업에서의 에너지 절감대책은 고로의 대형화를 통한 생산성 향상, 평로에 비해 조강 톤당 에너지 소비가 80~100만 kcal나 작은 산소전로강 생산 확대, 연주기 도입확대와 압연 부문에서 설비의 합리화 및 부생가스인 고로가스 등의 활용을 통해 추진되었다. 이를 통해 석유류 연료 소비를 대폭 감축하여 전체 에너지 비중을 1973년 21%에서 1980년에는 10%로 줄이고 대신 석탄계 비중을 61%에서 71%로 높였다. 이러한 노력의 결과 1978년 조

강 톤당 에너지 원단위는 경쟁국들에 비해 10~43% 낮은 수준을 나타냈다.[171] (〈표 3-10〉 참조)

〈표 3-10〉 주요국의 철강 에너지 원단위(1978년 기준)

(일본 = 100)

	일본	미국	독일	영국	프랑스	이탈리아
조강 톤당	100	143	113	147	116	110

자료: OECD, "Energy Balances 1978" 자료를 이용한 川崎勉, 「日本 鐵鋼業」 pp. 257에서 재인용

이와 함께 오일 쇼크는 연주 설비의 도입을 가속화시키는 계기가 되었다. 1차 오일쇼크가 발생했던 1973년 연주 설비에 의한 조강 생산 비중은 21% 였으나 1988년에는 93%로 대폭 상승했다. 또한 오일쇼크를 계기로 활성화 된 것이 철강 공정(Process)의 연속화와 직결화였다. 제조 공정을 하나의 시스템으로 통합 운영하는 기술이 실현된 것인데, 이를 통해 Cost 절감과 함께 생산성 향상을 가져왔다. 연주공정과 열연 공장의 직결화는 신일철의 오이타(大分) 제철소에서 1980년에 가동하였다. 이를 계기로 1981년에는 신일철의 사카이(堺), 무로란(室蘭), NKK의 후쿠야마(福山)에서 실시되어 에너지 절감 및 생산성 향상에 커다란 효과를 나타냈다. 냉연 공정에서의 직결화는 1981년 기미쯔(君津)제철소에서 산세(酸洗) 공정과 냉연공정 간의 직결화가 세계 최초로 추진되었고, 1985년에는 가와사키제철의 미즈시마(水島) 제철소에서도 실시되었다.

---

171   川崎勉, 「日本 鐵鋼業」 pp. 257

이러한 공정의 연속화와 직결화는 하나의 기술을 확립했다는 것보다는 제조 Process를 하나의 시스템으로 운용하는 통합화 기술을 실현했다는 것이고, 이를 통해 종전에 없던 신제품의 생산을 가능하게 했다는 점이 특징이다.[172]

나. 내수 침체 극복을 위한 수출 확대

일본 철강업계는 해외 주력시장에서의 통상 마찰 및 일본의 내수가 침체될 경우 성장 가능성이 높은 지역을 중심으로 수출선을 변화시키면서 수출을 확대해 왔다. 또한 수출 제품에 있어서도 당시의 환경 변화에 대응하여 품종별로 수출을 다변화시켜 왔다.

예를 들어 1차 오일쇼크가 발생한 이후 일본의 강재 수출은 1973년 2,198만 톤에서 1976년에는 3,700만 톤으로 약 1,500만 톤 증가했다. 일본의 기간별 철강 수출 평균치를 보면 1966~1970년까지 연평균 1,320만 톤이던 수출량은 1차 오일쇼크 후인 1976~1980년 기간에는 연평균 3,310만 톤으로 약 2.5배 증가했다.

지역별로는 미국을 비롯한 북미 지역에 대한 수출 비중이 줄어든 반면 동남아시아 지역 및 중동 지역으로의 수출 비중은 큰 폭으로 증가했다. 동 기간 중 북미지역에 대한 수출 비중은 1960년대 후반 43.8%에서 1970년대 후반에는 20.9%로 줄어든 반면, 동아시아 지역에 대한 수출비중은 29.9%에서 39.1%로 증가했다. 특히 오일 가격 급등으로 중동지역의 인프라 건설 및 원유 채굴 활동이 증가하면서 중동지역에 대한 수출 비중이 3.1%에서 12.9%

172　川上淸市,「鐵鋼業界の動向と構造」, pp. 102

로 급증했다. 1980년대 들어 2차 오일쇼크 영향으로 내수가 침체된 가운데 중국의 개혁개방정책 영향으로 철강 수요가 증가하면서 중국에 대한 수출이 증가했다. 즉 1981년 222만 톤이던 중국에 대한 수출은 1985년에는 1,093만 톤으로 증가했다. (〈표 3-11〉 참조)

〈표 3-11〉 일본의 지역별 수출 추이(5년 평균)

(백만 톤, %)

	연평균 수출량	동 아시아	중동	유럽	북미	중남미	기타
1966~1970	13.23	29.9	3.1	9.9	43.8	7.2	6.1
1971~1975	26.97	32.7	8.9	14.8	24.8	11.5	7.4
1976~1980	33.08	39.1	12.7	13.2	20.9	6.1	5.9
1981~1985	31.36	49.4	14.0	8.9	18.0	4.2	5.5
1986~1990	23.38	61.1	5.5	8.8	17.4	2.8	4.4
1991~1995	21.49	72.7	4.5	3.9	14.2	1.1	3.5
1996~2000	25.83	71.5	3.9	3.5	16.7	1.4	3.0

자료: 川崎 勉, 「日本 鐵鋼業-その軌跡」 pp. 413 및 일본철강연맹, 「철강통계요람」 각년호 참조

제품별로는 중동지역의 건설 수요와 유전 개발 관련 수요 증가로 형강 및 강관류의 수출이 크게 증가했다. 오일쇼크 직전인 1972년 형강 제품의 수출은 123만 톤에서 1976년에는 314만 톤으로 증가했고, 용접강관은 1972년 163만 톤에서 1976년 이후 300만 톤을 상회하다가 1981년에는 415만 톤까지 증가했다. 또한 무계목강관도 1972년 97만 톤 수출에서 1981년에는 312만 톤으로 3배 이상 증가했다. (〈표 3-12〉 참조)

〈표 3-12〉 오일쇼크 이후 일본의 주요 제품별 수출 변화 추이

(천 톤)

	형강	중후판	열연Coil	아연도금	무계목강관	용접강관
1972	1,228	3,864	1,502	1,208	972	1,625
1973	1,280	3,535	4,376	1,216	993	1,712
1974	2,512	4,245	6,950	1,220	1,105	2,384
1975	2,024	4,094	4,468	1,211	1,403	2,720
1976	3,142	4,236	4,598	2,164	1,445	3,199
1977	2,591	3,946	4,300	2,225	1,694	3,088
1978	1,844	3,323	4,362	1,987	2,308	3,335
1979	1,949	2,321	4,515	2,002	2,435	3,337
1980	2,374	1,725	3,808	1,703	2,823	3,254
1981	2,538	1,816	2,812	1,741	3,121	4,154
1982	2,614	2,198	2,504	1,814	2,786	3,671

자료: 일본철강연맹, 「철강통계요람」 각년호

1990년대 버블 붕괴로 내수가 침체되자 일본 철강업계는 다시 수출 확대를 추진했다. 1990년대 이후 일본의 강재 수출은 1990년 1,700만 톤에서 2000년에는 2,916만 톤으로 증가한 가운데 한국을 포함한 동아시아 지역에 대한 수출 확대를 모색했다. 한국에 대한 수출은 1990년 159만 톤에서 2000년에는 603만 톤으로 3.8배 이상 증가했다. 동남아 지역 중에서 태국에 대한 수출은 1990년 169만 톤에서 2000년에는 279만 톤으로 증가했고, 말레이시아에 대한 수출도 81만 톤에서 146만 톤으로 증가했다. 이에 따라 중동을 포함한 아시아 전체에 대한 수출 비중은 1990년 67.1%에서 2000년에는 80.6%

로 대폭 상승하여 일본의 철강수출이 아시아 중심으로 고착화되었다고 할 수 있다.

1990년대 제품별 수출에서는 Slab 등 반제품 수출이 1990년 4만 톤에서 1999년에는 224만 톤으로 증가하고 열연 Coil은 134만 톤에서 2000년에는 808만 톤으로 증가하는 등 소재용 철강재의 수출이 본격적으로 증가하기 시작했다. 또한 아연도금강판과 특수강 등 자동차나 가전 등 일본계 수요 산업에 대한 제품 수출이나 특수강이나 전기강판 등 현지 지역에서 생산이 어려운 제품을 중심으로 수출이 증가했다.

다. 설비 및 인원 합리화 등 구조조정

1) 과잉 설비능력 감축

1차 오일쇼크 이후 일본의 철강 소비가 구조적으로 하락한 반면, 설비 능력은 각 철강사들의 제철소 확장이 계속되면서 설비 능력과 소비간의 격차 즉 과잉 설비 능력은 더욱 심화되었다. 예를 들어 일본의 조강 소비는 1973~1977년 기간 중 2,600만 톤 이상 감소했음에도 불구하고, 조강 생산 능력은 오히려 2,800만 톤 이상 확장되었다. 이에 따라 과잉설비능력은 1973년 4,968톤에서 1977년에는 1억 434만 톤으로 1억 톤을 상회했다. 설비가동률도 1973년 86%에서 1977년에는 60%로 하락했다.

또한 1980년대 경기 침체와 엔고 불황이 겹치면서 일본의 조강 소비는 1975~1986년 기간 중 연평균 7,035만 톤으로 1973년 Peak기에 비해 1,900만 톤이나 하락했다. 이처럼 설비 공급 과잉이 장기화되면서 일본 철강 업계는 본격적인 설비구조조정을 추진하기 시작했다.

일본의 내수 부진과 미국에서의 수입 규제 등에 대응하여 일본 고로사들은 1978년부터 다양한 불황대책을 추진했다. 먼저 과잉 설비를 정리하여 설비 능력의 70% 가동 수준에서도 채산성을 확보하려는 불황대책을 추진한 것이 각 사의 공통적인 대책이었다.[173]

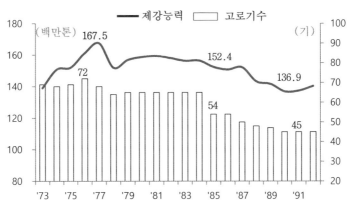

〈그림 3-2〉 일본의 제강능력 및 고로 기수 변화 추이

자료: 일본철강연맹, 「철강통계요람」 각년호 참조

〈그림 3-2〉에서 보는 바와 같이 일본 철강업계의 제강 능력은 1973년 1차 오일쇼크에도 불구하고 계속 확장되어 1977년에는 1억 6,750만 톤까지 증가했다. 그러나 일본 철강업계의 과잉 설비에 대한 합리화가 진행되면서 1990년에는 1억 3,690만 톤으로 감소했다. 이 중 고로사들이 소유하고 있는 전로 능력은 1977년 1억 4,070만 톤을 Peak로 1990년에는 1억 870만 톤으로 축소되었다. 동 기간 중 전제 제강 능력은 3,060만 톤 축소된 데 비해 전로능력은 3,200만 톤 축소되어 고로사를 중심으로 설비 합리화가 추진되었음을 알 수

---

173   川崎 勉, 「日本鐵鋼業- その軌跡」 pp. 234~235

있다. 고로사들의 전로 설비의 감축은 그 이후로도 지속되었다. 또한 고로 기수도 1976년의 72기를 Peak로 1991년에는 45기로 축소되었다.

이러한 과잉 설비 감축 노력에도 불구하고 1990년대 초반에는 버블경제의 붕괴로 인한 내수 침체로 철강업계가 위기 상황에 직면했다. 예를 들어 신일철 등 고로5사의 단독기준 경상이익은 1993년과 1994년에 5사 모두 적자를 기록하는 등 생존의 기로에 직면하게 되었다.[174]

이처럼 버블 붕괴로 철강 수요가 하락하고 있는 상황에 대응하여 일본 철강업계는 과잉 설비를 줄이고, 설비 투자도 현대화와 고부가가치화에 중점을 두는 방향으로 합리화를 추진했다. 〈표 3-13〉에서 보는 바와 같이 프로세스별 설비 능력 변화 추이를 보면, 제선 부문에 있어서는 1987년 1억 300만 톤이었던 설비 능력이 2000년에는 9,500만 톤으로 감소했다. 고로 기수도 1987년 50기에서 2000년에는 39기로 11기나 휴지 또는 폐쇄했다. 제강부문에서는 고로사들이 보유한 전로의 설비능력을 1987년 1억 2,410만 톤에서 2000년에는 9,440만 톤으로 축소하고, 전로 기수도 85기에서 64기로 축소했다. 이에 반해 1980년대 후반 이후 버블 경제기의 건설경기 호황에 대응하여 전기로사들의 설비 확장이 급격히 늘어나면서 1990~1995년 기간 중 전기로 설비 능력은 2,450만 톤이나 증가했다.

---

174 포스코경영연구소, 「新철강시대 글로벌 철강산업의 도전과 기회」 한국철강신문, 2008.6.1, pp. 136~137

〈표 3-13〉일본 철강산업의 프로세스별 설비능력 변화 추이

(백만 톤, %)

		1987	1990	1995	2000	연평균증가율 (1987~2000)
제선 (고로기수)		103.1 (50)	98.4 (45)	95.5 (42)	94.6 (39)	△0.7 -
제강	전로 (기수)	124.1 (85)	108.8 (72)	97.2 (69)	94.4 (64)	△2.1 -
	전기로 (기수)	28.1 (514)	28.1 (476)	52.6 (479)	51.4 (409)	4.8 -
연속주조 (기수)		87.3 (151)	83.2 (147)	113.3 (152)	115.3 (136)	2.2 -

주: 2003년 1월부터 설비능력 산정방식 및 계수를 변경했다.
자료: 경제산업성, "철강/비철금속/금속제품통계월보」를 이용한 포스코경영연구소, 「新철강시대 글로벌 철강산업의 도전과 기회」 한국철강신문, 2008.6.1, pp. 138에서 재인용

2) 인원 합리화

이러한 설비 삭감은 자연스럽게 인력 감축으로 이어졌다. 일본의 철강 노동자 수는 1973년 이후 2011년까지 2005~2008년까지의 4년을 제외하고는 매년 줄어 들었다.

그러나 합리화 초기에는 설비 휴지 등에 따른 잉여 인력에 대해 제철소 간 이동이나 계열사 등으로의 파견 등을 통해 고용을 유지하는 형태로 인원 합리화를 추진했다. 또한 신규 채용을 억제하고 다각화 사업을 분사화하거나, 고령자를 중심으로 조기퇴직제도를 도입하여 점진적인 인력 감축을 유도했다. 그러나 1980년대 엔고 불황으로 일부 고로사들의 적자가 발생하고 특히 1990년대 초반에는 대부분 적자가 발생하면서 사실상의 해고를 포함한 대규

모 합리화를 추진했다. 버블 붕괴 이후인 1990년대 중후반에는 연평균 6%대의 인력 감축을 실시했다. 〈그림 3-3〉에서 보는 것처럼 일본 고로업계의 인원합리화는 1980년대 이후 2000년대 초반에 걸쳐 집중적으로 감축되었음을 알 수 있다. 고로업계의 노동자 수는 1973년 19만 4천 명에서 2004년에는 4만 1천 명으로 약 78%나 감소했다. 전기로 업계는 1977년까지 증가하여 5만 4천 명으로 Peak를 기록한 이후 2004년에는 2만 명으로 약 63% 감소했다.

〈그림 3-3〉 일본 철강업계의 철강 노동자 수 변화 추이

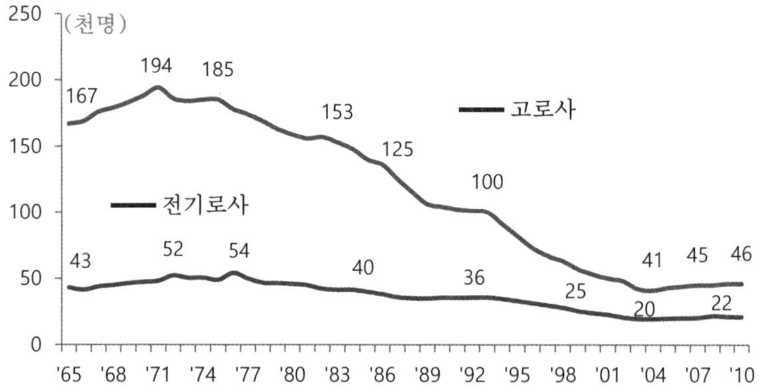

자료: 포스코경영연구소, "일본 경제 및 철강산업 大解剖", 연구과제, 2013.12.9 참조

3) 신일철의 고용 조정 사례

1980년대 후반부터 신일철이 구조조정을 추진하는 과정에서 고용조정을 추진한 형태를 살펴보면 다음과 같다. 고용조정 형태에 있어서는 1987~1988년 기간 중 기술직 사원의 채용을 일시 중단하는 등 신규 채용을 억제하고, 배치 전환 및 전근과 자동차사 등에 사외 파견을 실시했다. 예를 들어 설비휴지 등으로 잉여 인력이 많은 히로하다(広畑), 무로란(室蘭), 사카이(堺), 히

까리(光)제철소의 일부 인력에 대한 직업 전환 교육을 실시하여 이스즈자동차사에 755명을 파견하기도 했다.[175] 또한 신규 사업 추진에 따른 관계 회사 등에 출향 제도를 도입하고, 50세 이상 직원을 대상으로 가산금을 지급하여 조기 퇴직을 유도하기도 했다.

노무비 삭감을 위해 업적금 지급을 조강생산량에 따라 변동하도록 산정 기준을 바꾸고, 회사 사유에 의한 배치 전환 등으로 급여가 5% 이상 하락할 경우 임금 감액에 대한 보상 기준을 개정하여 보상 규모를 축소했다. 또한 생산량 하락으로 일시적 여유 인력 발생 시 대체휴가제도를 강제적으로 부여할 수 있도록 개정하고, 출향에 따른 가산 수당이나 국내 출장 비용을 삭감하기도 했다. 또한 50세 이후의 임금을 임금 곡선이 평행 또는 감소 형태로 임금 테이블을 개정하여 50세 이상의 직원들에 대한 임금 상승을 억제했다.

또한 1981년부터 단계적으로 추진된 60세 정년연장제도를 1988~1990년 기간 중에 일시적으로 중단하기도 했다. 59세 정년퇴직자에 대해서는 퇴직 가산 수당을 추가지급하고 58세 도달자에게는 6개월 교육과 6개월 휴업을 실시했다. 또한 본사 여유 인력에 대해서는 시스템이나 제품 판매원 교육을 실시하고, 정년 잔여 기간을 1년 남겨 둔 직원들에 대해서는 빌딩 관리, 주택 관리, 원예 장식 등에 대한 장기 교육을 실시하기도 했다.

신일철의 설비 구조조정 과정에서 히로하다(広畑)제철소의 고용조정 사례[176]를 예를 들어 설명하면 다음과 같다. 1977년 2월 신일철은 불황 대책의

---

175 川崎 勉, 「日本鐵鋼業-その軌跡」 pp 234~235 참조
176 신일철, "히로하다(広畑)제철소 50년사"를 이용한 POSCO, "일본 철강업체의 감산시 고용조정 사례", 1998.8.10에서 재인용

일환으로 전사적인 고로 가동체제의 변경과 관련하여 각 제철소가 고로 2기 체제로 이행하는 것을 노조에 제안했고, 노조의 동의를 얻어서 히로하다제철소에서만 1978년 3월 약 70여 명의 인원이 줄어들었다. 1978년 2월 일본 노동성으로부터 일관제철업이 불황업종으로 지정을 받고, '고용안정기금' 중 '훈련조정급부금'에 기초한 교육 훈련을 시작했다. 1978년 8월에는 미쓰이자동차㈜의 조립라인으로 사원을 파견하기 시작하여 1979년 7월까지 3차에 걸쳐 90명을 파견했다.

또한 1978년 10월 신일철은 대폭적인 설비집약 계획이 포함된 '전사 중기 생산구조'를 책정한 가운데, 히로하다제철소에서는 후판공장의 휴지 등이 포함되었다. 그러나 주력 설비의 휴지는 중대한 의미를 내포하는 것이므로 노사 교섭 등의 우여곡절을 겪은 후에 1979년 2월 노조와 합의를 거쳐 시행되었다.

이러한 생산구조조정의 시행으로 1979년 중 신일철 전체로 320명의 기술직 사원을 제철소 간 전환 배치했다. 일시적으로 약 1,000명 이상의 여유 인력이 발생한 히로하다 제철소에서는 대상인력 105명 중 기미쓰제철소에 30명, 오이타제철소에 70명, 제품기술연구소에 5명을 각각 전근시켰다.

1982년 8월에는 2차 오일쇼크에 대응하여 전사 긴급 대책이 발표되었고, 히로하다제철소는 그 일환으로 1982년 11월 제3고로를 휴지하고, 1983년 말에는 제2 분괴 공장의 가동을 중단했다. 이에 따른 대량의 여유 인력이 발생함에 따라 정부의 보조금에 의한 교육훈련을 1982년 10월부터 1984년 9월까지 실시했다. 또한 1983년 7월부터 닛산, 도요타, 혼다자동차 등의 자동차 회사 조립라인 등으로 254명을 9차에 걸쳐 파견했다. 1983년에는 전사적으로 188명의 인력을 제철소 간 전환배치를 실시했다.

1984년 1월 신일철은 전사 최적생산체제 확립을 위해 설비집약의 일환으로 히로하다의 대형 형강공장 휴지 및 제3고로의 정식 휴지를 추진키로 했다. 주력 설비인 형강공장의 휴지를 통한 여유 인력에 대해서는 제철소 간 전근이나 사외 파견 및 사내 지원을 실시했다. 신일철 전체적으로 790명의 인력에 대해 제철소 간 전근을 실시했으며, 히로하다제철소로부터는 1985년에 나고야제철소로 35명, 오이타 70명, 제1 기술연구소로 10명 등 모두 115명의 이동을 실시했다. 또한 사외파견의 범위를 확대하여 도요타자동차, SKY-알루미늄, 동양공기(東洋工機) 등으로 총 162명을 파견했다.

1987년 2월 신일철은 전사적인 '제철사업 중기계획'을 수립하여 노조에 제안했다. 히로하다제철소는 제4고로의 휴지를 포함한 제선·제강부문의 설비 휴지를 포함하고 있는 심각한 것이었다. 즉 히로하다제철소에서 고로에 불이 꺼진다는 충격으로 인해 제철소 직원들이나 지역 주민들의 불안감이 확산되었다. 이러한 중기경영계획에 대해 노사교섭 시, 시대적 배경과 설정 방법, 향후 전망 등 교섭 내용이 매우 다양했으나 1987년 5월에 관련 내용을 이해하고 협약키로 했다. 또한 교섭에서는 제철소 간 전근과 인원배치 제안을 협의했고, 이를 통해 기술직 사원 500명 이상을 다른 제철소로 전근시킨 바 있다.

라. 경영다각화 추진 및 철강 본업 회귀

일본 철강업계의 다각화는 1차 오일쇼크 이후 철강산업의 성장이 정체되기 시작한 1975년부터라고 할 수 있다. 당시에는 오일쇼크 이후 철강 수요 증가세가 정체되고 개도국 철강업체들의 추격 등으로 일본 철강산업의 성장성을 기대하기 어려웠기 때문이다. 이 시기의 다각화 분야는 철강사업 관련 부문으로 엔지니어링, 기계, 석탄화학 등이었다. 일본 철강업계는 당시에 철강사업 추진을 통해 축적된 내부 역량을 활용하고, 철강과 동일한 Cycle을 가진 업종을 중심으로 진출했다. 또한 6대 고로사들이 비슷한 분야에 진출했다는 점이 특징이라고 할 수 있다.

그러나 1980년대 엔고 불황으로 철강사업의 성장 한계를 인식하면서 일본 철강업계는 비관련 부문으로의 다각화를 본격적으로 추진했다. 철강 부문의 축소에 대응한 새로운 성장 분야를 확보하고, 철강 부문에서의 합리화로 인한 잉여 인력을 활용하기 위한 목적이 있었다. 진출 분야는 세라믹과 같은 신소재나 신재료, 반도체 등 Electronics 분야, 정보통신, 도시개발, 바이오 분야 및 서비스 사업까지 다양한 분야에 진출했다.

고로사들은 각각 1980년대 후반 중장기 경영 계획 추진을 통해 매출액 기준으로 전체의 40% 이상을 목표로 설정하고 철강산업을 대체할 수 있는 미래 Cash Cow 확보를 위해 신성장 분야로의 진출을 강화했다. 예를 들어 신일철은 1987년 2월 중기경영계획을 통해 신소재, 화학, Electronics, 정보통신, 엔지니어링, 사회개발 분야 등에서 1995년도 매출액 비중 50% 이상을 목표로 설정한 바 있다. 가와사키제철은 1985년 9월에 발표한 경영계획을 통해 Electronics, 신소재를 중심으로 2000년도까지 다각화부문 매출액 비중을 40% 이상으로 설정했다. 또한 NKK는 1988년 8월 중기경영계획에서 종합도시개발, Electronics, 바이오 등 3대 신규사업을 중심으로 2000년도까지 매출액 비중을 50%로 설정하기도 했다.

발표 시점	비철강 부문 사업 분야	매출실적 (조 엔)	목표 (조 엔)
川鐵 ('85.9)	· Electronics, 신소재 중심 - 화학/엔지니어링(10% 이상), Electronics/신소재(30%)	FY85: 1.16 (20%)	FY00: 2 (40% 이상)
新日鐵 ('87.2)	· 철강 외 성장분야 강화 - 신소재/화학(10% 이상), Electronics/정보통신(20%), 엔지니어링/사회개발(각 10%)	FY86: 2.2 (12%)	FY95: 4 (50% 이상)
住金 ('88.3)	· 다각화 사업 부문 확대 - 엔지니어링(11.5%), Electronics/정보서비스(11.5%), 신소재/화학/Soft Service(11.5%)	FY85: 0.9 (8%)	FY95: 1.3 (38%)
NKK ('88.8)	· 종합도시개발, Electronics, 바이오 중심 - 종합엔지니어링(25%), 신소재/Electronics/바이오(12.5%), 도시개발(12.5%)	FY87: 1.05 (20%)	FY00: 1.8 (50%)
神鋼 ('88.12)	· 기존 비철강사업 및 신규사업 강화 - 기계(25%), 輕合金 伸銅品(23%), 신규사업(20%), 기타(2%)	FY88: 1.13 (53%)	FY95: 1.6 (70%)

자료: 포스코경영연구소, "일본 경제 및 철강산업 大해부", 연구과제, 2013.12.9

〈표 3-14〉에서 보는 바와 같이 일본 고로사들의 다각화는 다각화 추진 분야 및 목표 등에 있어 비슷한 점이 많다는 점이다. 고로사 대부분은 1980년대 후반 복합 경영이라는 명분 하에 Electronics, 정보통신, 신소재, 화학 및 엔지니어링 분야에 진출했다. 또한 철강 부문에서의 잉여 인력 활용 차원에서 소규모 서비스업에까지 진출하기도 했다.

이러한 의욕적인 계획에도 불구하고 1990년대 버블 붕괴에 따라 다각화 부문의 경영이 악화되고, 동시에 본업인 철강사업 부문의 경영도 동반 부실해졌다. 따라서 철강사업 부문에서의 지원도 어렵게 되면서 다각화 사업을 축소하기 시작했다.

이처럼 다각화 사업에서 실패를 경험한 일본 고로사들은 1990년대 후반 들어 다각화 사업을 대폭 축소하거나 철수하기 시작하는 등 다각화 사업의 구조조정을 추진했다. 마치 1980년대 미국 철강업계가 다각화 사업을 축소하고 철강 본업에 회귀했던 것처럼 일본 고로사들도 다각화 사업을 정리하고 철강 본업에 회귀한 것이다. 2000년대 들어 일본 고로사들의 다각화 사업은 고베제강을 제외하고는 본업인 철강사업을 보완하는 "본업 보완형"으로 축소 조정되었다.[177]

5. 일본 고로업계의 부활

가. 2000년대 일본 철강산업의 재성장

1990년대 들어 일본 경제의 버블붕괴 및 자동차 등 제조업의 해외이전, 미국 등의 보호무역 조치 등으로 일본 경제가 극심한 부진에 빠지면서 철강산업도 크게 위축되었다. 일본의 조강 소비는 1991년을 Peak로 하락세를 지속하여 1999년에는 7,060만 톤으로 1991년대비 28.8%나 감소했다. 이에 따라 조강생산도 1990년 1억 1천만 톤에서 1998년에는 9,350만 톤으로 약 15% 감소했고, 설비가동률도 1998년에는 62.4%까지 하락하는 등 침체상황이 계

---

177   포스코경영연구소, "일본 경제 및 철강산업 大해부", 연구과제, 2013.12.9 참조

속되었다.

그러나 2000년대 들어 일본 철강업계 특히 고로업계는 생산이 늘고, 가동률이 상승하면서 부활에 성공한 것으로 보인다. 〈그림 3-4〉에서 보는 바와 같이 일본의 조강소비는 1991년을 Peak로 하락세를 지속하여 2000년대 들어서도 추세적으로 하락세를 나타냈다.

〈그림 3-4〉 일본 조강생산 및 조강소비 변화 추이

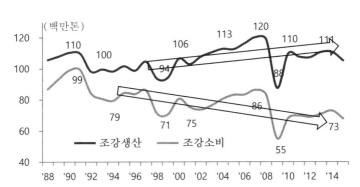

자료: 일본철강연맹, 「철강통계요람」 각년호

예를 들어 2000년대, 즉 2001~2015년 기간 중 연평균 조강 소비는 7,430만 톤으로 1991년에 비해서는 25% 낮은 수준이며, 버블 붕괴기인 1990년대의 평균 소비량인 8,190만 톤에 비해서도 9.3% 하락한 수준이다. 이에 반해 조강 생산은 1998년을 저점으로 회복되기 시작하여 2003년에는 1억 1천만 톤 수준으로 회복한 이후 2007년에는 1억 2,020만 톤으로 Peak를 기록하는 등 2000년대 들어 오히려 증가했다. 2007년 생산량은 1998년에 비해서는 2,670만 톤이나 증가한 것이다. 또한 글로벌 금융위기 이후인 2010년 이후에도 1980년대 후반의 버블경제기와 비슷한 1억 1천만 톤 전후 수준을 나타내고 있다.

이처럼 2000년대 들어 철강 소비가 하락세를 유지하고 있음에도 불구하고 일본의 철강 생산이 증가한 것은 다분히 수출이 증가했기 때문이다. 일본의 1990년대 평균 조강 생산은 1억 50만 톤에서 2001~2015년 기간에는 글로벌 금융위기 영향을 포함하더라도 평균 1억 930만 톤으로 1990년대 평균에 비해 약 880만 톤이 증가했다. 이에 반해 동 기간 중 조강 기준 수출은 1990년대 평균 2,320만 톤에서 2001~2015년에는 4,040만 톤으로 1,720만 톤이나 증가한 것이다. 즉 수출 증가가 조강 생산 증가뿐만 아니라 철강 소비 감소분까지도 보완한 것이다. 이에 따라 조강 생산에서 차지하는 수출 비중은 2010년 42.5%를 기록하는 등 2010~2015년 기간 중 평균 41.7%의 높은 수준을 나타냈다.

이처럼 수출 확대를 통한 일본 철강업계의 생산이 증가하면서 철강 설비 가동율도 2000년대 들어 회복되었다. 제강설비 가동률은 오일쇼크 이후 1977년에는 60.1%까지 하락하는 등 성장 정체기였던 1974~1999년 기간 중 평균 68.6%로 부진했다. 그러나 2000년대 들어 일본 조강 생산이 다시 증가하면서 금융 위기 이전까지인 2003~2008년 기간 중의 가동률은 90.5%를 기록했고, 금융 위기 이후에도 80%대를 유지하고 있다. 특히 고로사들은 90%가 넘는 호조세를 유지하고 있다.

나. 고로업계의 부활

특히 1970년대 이후 하락세를 지속하던 조강 생산량 중 고로사들의 비중은 1990년대 중반을 저점으로 오히려 증가세로 반전되고 있다. 일본의 제법별 조강 생산량을 살펴보면 고로사들이 보유하고 있는 산소전로를 통한 생산량은 1973년 7,560만 톤을 정점으로 하락세를 나타냈으나 1998년 6,370만 톤을 저점으로 증가세로 전환되었다. 2000년대 들어서도 증가세가 유지되면서 2007년에는 8,920만 톤으로 사상 최고치를 기록했고, 금융위기 이후인 2010~2015년 기간 평균으로도 8,376만 톤을 기록하여 1998년에 비해서 2천만 톤 이상 증가했다.

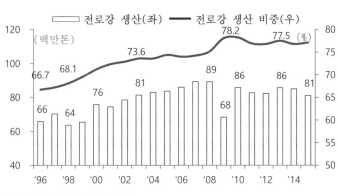

〈그림 3-5〉 일본의 전로강 생산 및 생산 비중 변화 추이

자료: 일본철강연맹, 「철강통계요람」 각년호

이에 따라 산소전로를 통한 조강생산 비중은 〈그림 3-5〉에서 보는 것처럼 1996년 66.7%를 저점으로 2000년 이후 70% 수준을 상회하기 시작했다. 또한 2010년에는 78.2%를 기록하는 등 2010~2015년 기간 중 평균 77.2%의 높은 수준을 유지하고 있다. 이는 미니밀에 밀려서 미국 내 조강생산 비중이 30%대로 추락한 미국 고로사들과는 크게 대비되고 있는 것이다.

이러한 생산 증가를 통해 일본 고로사들의 전로 설비 가동률은 1998년 65.5%에서 상승하기 시작하여 2000년대 들어 금융 위기에도 불구하고 90%가 넘는 호조세를 나타내고 있다. 전기로 설비 가동률이 시황에 따라 등락을 보인 반면 고로사들의 전로 가동률은 2004년에는 101.9%를 기록하는 등 2003~2008년 기간 중 거의 풀가동 상태에 있었으며, 2010년 이후에도 93% 이상의 높은 수준을 유지하고 있다. (〈표 3-15〉 참조)

〈표 3-15〉 2000년대 이후 일본 제강설비 가동률 변화 추이

(5년 평균, %)

	1996~2000	2001~2005	2006~2010	2011~2015
산소전로	71.0	92.7	93.8	93.1
전기로	59.8	67.2	65.8	59.7
전체 제강	67.1	84.2	84.9	82.5

자료: 일본철강연맹, 「철강통계요람」 각년호

이와 함께 일본 고로사들은 1970년대 후반 이후 고로 가동 기수를 지속적으로 축소시켜 온 반면 고로 내용적 확대를 통한 대형화를 통해 설비 생산성을 높여왔다. 일본 고로업계의 고로 수는 1976년 72기를 Peak로 지속적으로 축소되어 2004년 이후에는 28기 체제를 유지하고 있다. 이에 반해 2000년대 들어 고로 내용적이 대폭 확장되면서 고로 1기당 생산 능력이 대폭 향상되었다. 즉 2004년 이후 고로 기수는 동일하면서도 고로 생산 능력은 2004년 8,390만 톤에서 2011년에는 9,330만 톤으로 900만 톤 이상 증가했다. 이에 따라 고로 1기당 생산능력은 2000년 242만 톤에서 2011년에는 333만 톤으로 37% 이상 향상되었다.

다. 일본 철강 업계의 재편

1990년대 초 일본 경제의 버블이 붕괴되면서 기업들은 채무, 설비 및 인원 등 3가지의 과잉에 직면하였고 금융기관들은 불량채권으로 곤경에 처했다. 또한 1990년대 중반의 엔화 절상과 1998년의 아시아 외환위기를 배경으로 자동차 등 수요산업의 생산활동과 이에 따른 철강 수요는 침체상황이 계속되었다. 이러한 상황에서 2000년 닛산(日産) 자동차의 사장으로 취임한 카를로스 곤(Carlos Ghosn) 사장에 의한 소위 말하는 "곤 쇼크"가 발생했다.

곤 사장은 취임 이후 과거 관습적으로 결정되어온 철강업체로부터의 소재조달 관행을 개선하여 입찰방식으로 전환했다. 1999년 경영 위기에 직면한 닛산자동차가 부품조달 비용을 극한적으로 절감하기 위해서였다. 이를 계기로 고로사 간 협조 체제가 실질적으로 붕괴되어 강재수요의 약 20%를 차지하는 자동차향 강재가격 결정권을 상실하게 되고 철강업계 간 자동차 강판 판매에서 가격 경쟁이 시작되었다.[178]

가격 결정권을 상실한 고로업계는 위기감을 느끼고 기업 간 전략적 제휴와 함께 업체 간 M&A를 통한 경쟁력 강화를 모색했다. 결국 2002년에 조강 생산 규모 2, 3위인 NKK(14.8백만 톤)와 가와사키(13.3백만 톤)가 합병되어 JFE(Japan Future Enterprise)가 탄생했다. 이를 통해 일본 철강산업은 고로 5사 체제에서 신일철과의 실질적인 복점 체제로 바뀌는 큰 전환기를 맞이하게 되었다.

JFE의 탄생은 일본 철강산업의 경쟁 구도를 근본적으로 바꾸는 계기가 되

---

178 川上清市, 「鐵鋼業界の動向と構造」 pp. 106

었다. 과거 30년 동안 일정한 시장점유율을 유지하면서 고착되었던 고로 5사 협력 체제는 새로운 경쟁과 협력의 구도로 바뀌기 시작했다. JFE의 탄생으로 위협을 느낀 신일철로서는 새로운 협력을 모색하지 않을 수 없었다. 이에 따라 하위 2개 메이커인 스미토모금속 및 고베제강과 전격적으로 포괄적인 전략적 제휴를 체결했다. 이를 통해 상호 시너지를 낼 수 있는 물류와 구매, 설비 보수 부문 등을 중심으로 협력을 강화하기 시작했다. 신일철은 한 단계 더 나아가 실질적인 협력 관계를 강화하기 위해 상호 지분을 공유하는 자본관계로 발전시켜 나갔다. 그리고 2012년 10월 1일에는 경영합리화를 이유로 일본 최대 철강기업이자 조강생산 규모 세계 6위인 신일철과 19위 스미토모금속이 합병을 통해 신일철주금(NSSMC)이 설립되었다.

일본 고로업계는 1990년대까지 6사 체제를 유지해 왔으나 2002년 NKK와 가와사키제철간 통합이 이루어지고, 2012년 신일철과 스미토모금속간 통합을 통해 2012년 이후 4사 체제를 유지해 왔다. 또한 최근 신일철주금이 일신제강을 완전 자회사함으로써 일본 고로업계는 2강 1중 체제로 집약되었다.[179] (〈표 3-16〉 참조)

---

179 2019년 1월부터 신일철주금은 사명을 "일본제철"로 변경했다.

<表 3-16> 일본 고로업계의 재편 과정

6사 체제 (~2002)	5사 체제 (2002.2)	4사 체제 (2012.10)	3사 체제 (2019.1)
신일철	신일철	NSSMC	일본제철
스미토모금속	스미토모금속		
일신제강	일신제강	일신제강	
NKK	JFE	JFE	JFE
가와사키제철			
고베제강	고베제강	고베제강	고베제강

자료: 이민근, "일본 고로업계 재편바람, 어디까지 불까?", POSRI 이슈리포트, 2016.3.31에서 일부 수정

제2장

일본 철강산업의
주도권 확보 및 재부상 요인

일본 철강산업이 성장 과정에서 국제경쟁력을 확보하게 된 배경에는 성장 초기의 저렴하고 양질의 노동력을 바탕으로 대형 선박을 통한 철강 원료 운송 등을 통해 Cost 경쟁력을 확보한 측면이 있었다. 또한 경쟁국들에 비해 빠르게 산소전로와 연주설비를 도입하여 생산성을 높이고 Cost 경쟁력을 높인 것도 국제 경쟁 우위를 확보하는 요인으로 작용했다.

하지만 이러한 원가나 생산성 측면에서의 경쟁력 외에도 일본 고로업계가 오일쇼크, 엔고뿐만 아니라 1990년대의 버블 붕괴라는 어려운 환경을 극복하고 2000년대 들어 다시 부활할 수 있었던 일본 철강산업 특유의 비교 우위 요인들도 있었다.

1. 선진기술 도입을 통한 세계 최고수준의 기술력 개발

가. 혁신기술 도입과 개량화를 통한 조업기술력 확보

1) 적극적인 선진기술 도입

2차 대전 이후 일본 철강산업이 급속히 발전할 수 있었던 것은 적극적으로 선진 해외 기술을 도입했기 때문이다. 뿐만 아니라 미국을 제치고 세계 철강산업의 주도권을 확보한 것은 도입된 기술을 자체 연구와 실험을 통해 궁극적으로는 자신들의 원천기술로 만든 일본 철강업계의 노력이 있었기 때문이다.

일본은 1950년대 이후 양적 성장 과정에서 철강 기술도 급속히 발전하여, 1960년대 후반에는 미국이나 유럽 등과 비교해도 손색이 없는 수준에 도달했다. 예를 들어 대규모의 신예 제철소 건설, 3,000㎥급 이상의 대형고로, 세계 최고수준의 전로강 비율, Strip Mill의 활용 등에서 일부에서는 선진국들을 능가하는 수준에 이르렀다. 그러나 이러한 화려한 기술 수준은 대부분 외국으로부터의 기술도입에 의해 이루어졌다.[180] 예를 들어 제선 부문의 기술은 원료 사전처리, 소결, 코크스 제조 등을 포함하여 대부분 미국 또는 독일로부터 도입했고, 조강 생산의 핵심인 순산소상취전로(純酸素上吹轉爐)는 오스트리아와 독일로부터 도입되었다. 또한 연속압연기, 강관 제조 설비, 도금 설비 등 주요한 하공정 설비들도 대부분 수입에 의존했으며, Strip Mill은 모두 미국으로부터 도입된 것이다.

이러한 기술 도입은 원료 사전처리에서부터 2차 가공에 이르기까지 전공

180　市川弘勝,「日本鐵鋼業の 再編成」 pp. 132 참조

정에 걸쳐 이루어졌으며, 이중 미국으로부터의 기술도입이 절반 이상을 점하고 있는 것이 특징이다. 이렇게 도입된 기술은 조업 경험의 축적과 함께 일본에서 독자적인 개량이 이루어졌다.[181] 이처럼 선진 기술을 도입하여 건설된 설비의 증강은 필연적으로 일본 철강산업의 국제경쟁력을 향상시키고 선박, 자동차, 기계 등 간접 수출을 통해서도 철강 수요의 증대로 귀결되었다.

2) 상공정의 기술 혁신

일본의 제강설비는 평로보다는 산소전로(LD전로)의 도입을 중심으로 근대화되었다. 1953년 오스트리아에서 상용화된 새로운 제강법을 일본 철강기업들은 다른 나라에 앞서서 1957년에 도입하였다. 그리고 제1기 가동부터 10년이 지나지 않아 산소전로의 제강능력은 평로를 뛰어넘어 1965년에는 전체 조강 생산의 55%를 전로를 통해 생산하고 있었다.

일본과 미국의 산소전로 설비 능력을 비교해 보면, 일본은 1962년 25기, 1,070만 톤 능력에서 1975년에는 98기, 1억 2,720만 톤으로 10배 이상 증가했다. 반면 미국은 1962년 17기, 750만 톤 능력에서 1975년 79기, 8,010만 톤 능력으로 일본의 63% 수준에 불과했다.[182]

이처럼 일본의 전로 설비의 도입이 빠르게 확장되면서 조강 생산 중 전로를 통한 생산비중은 〈그림 3-6〉에서와 같이 1960년 11.9%에서 1970년에는 79.1%, 75년에는 82.5%까지 상승했다. 이는 미국이 1960년 3.4%에 불과했고, 1975년에도 61.6%에 머물렀던 것에 비해 훨씬 높은 수준이었다. 특히 미

---

181 川上清市,「鐵鋼業界の動向と構造」pp. 100

182 川崎勉,「日本 鐵鋼業-その軌跡」pp. 474

국은 1968년까지도 평로 비중이 50.1%(전로 37.1%)로 비효율적인 설비를 보유하고 있었던 반면 일본은 1960년대 초반부터 산소전로를 적극 도입하여 1968년에는 전로를 통한 생산 비중은 73.7%에 달했고, 평로 비중은 8.1%에 불과했다.

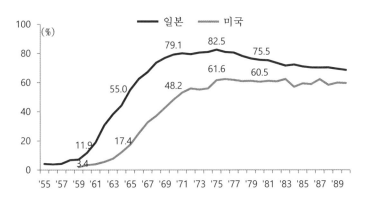

〈그림 3-6〉 일본과 미국의 산소전로 도입 비중 변화 비교

자료: 일본철강연맹 및 AISI 통계 자료

이처럼 일본 철강기업들이 혁신 설비를 적극 도입한 것이 1960년대 철강 산업의 생산성과 Cost측면에서 글로벌 경쟁력을 강화하는 요인 중의 하나로 작용했다. 예를 들어 제법별 전로의 생산성 변화를 살펴보면 LD전로는 일본 에 도입된 초기인 1965년에 제강 톤당 노동시간이 0.69 시간에서 1975년에 는 0.38 시간으로 단축되어 평로의 1.63시간이나 전기로의 1.67시간에 비해 4배 이상 생산성이 높았다.

평로법에서 전로법으로의 이행과 함께 기술 혁신이 크게 이루어진 분야 가 분괴(Ingot)법에서 연속주조법으로의 이행이었다. 연주법은 1950년 독일의 Mannesman사에 의해 최초로 개발되어 미국과 소련에서 먼저 발전했다.

1965년부터는 일본에서도 봉형강류 생산을 위한 연주기가 설치되었고, 1960년대에는 중소형 전기로 업체와, 스테인레스를 포함한 특수강 업체에 주로 보급되었다. 1968부터는 고로사들에서도 부분적으로 도입되었고, 1972년에는 오이타(大分)제철소가 완공되면서 연산능력 120만 톤 설비 3기를 통해 100% 연주 시스템을 구축했다.[183]

이처럼 일본에서의 연주기 도입은 1970년대 초 최신에 제철소를 건설하면서 연주 설비를 도입함으로써 급속히 증가했다. 또한 오일쇼크로 에너지 가격이 급등하면서 에너지 절감과 실수율 향상을 위해 연주설비 도입을 적극 추진했다.

1970년 일본에서의 연주설비는 40기로 연주능력은 500만 톤이었으나 1980년에는 141기로 6,600만 톤으로 12배나 증가했다. 이에 따라 1980년 조강생산에서의 연주비중이 59.5%로 미국의 20.3%에 비해 높았고, 1985년에는 91.1%로 미국의 44.4%에 비해 훨씬 높은 수준을 나타내는 등 세계 철강업계의 최고 수준을 나타냈다. (〈그림 3-7〉 참조)

---

183 川崎 勉, 「日本鐵鋼業-その軌跡」 pp. 480

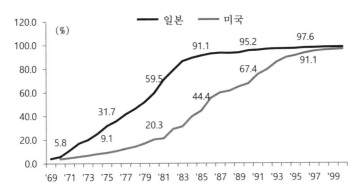

<그림 3-7> 일본과 미국의 연주비 변화 비교

자료: 일본철강연맹 및 AISI 통계 자료

연주법은 분괴법에서의 재가열로에 의한 공정을 생략하기 때문에 에너지 소비량이 3분의 1로 줄어드는 등 대폭적인 에너지 절감을 달성할 수 있었다. 예를 들어 1973년을 100으로 하는 조강 톤당 에너지 소비량은 1988년에는 81로 감소했다.

또한 연주설비 도입은 조강에서 강재 생산까지의 실수율을 비약적으로 높일 수 있었다. 연주비율이 상승하면서 강재 실수율은 1973년 84%에서 1988년에는 94%로 10%p 향상되었다. 이는 1988년 당시 미국의 74.8%나 EC의 76.8%에 비해 생산성이 훨씬 높았음을 알 수 있다.[184] 이러한 격차가 일본과 미국의 제조 Cost 격차를 크게 확대시키는 요인이 되었다.

이와 함께 일본 고로사들은 1950년대부터 고로의 대형화를 적극 추진했다. 제선 단계에서 Cost를 절감하기 위해서는 대량의 원료 수송도 필요하지

---

184 1981년 신일철의 연주비율은 72.4%, 실수율은 91.5%였다.

만 고로의 대형화는 이러한 원료 처리기술, 고로 조업 기술의 향상을 통해 대폭적인 Cost 절감을 가능하게 했다. 일본에서 고로의 내용적 확대가 이루어진 것은 히로하다제철소가 1,207m³의 고로를 1,273m³로 확대한 것이 최초이며, 1959년 도바타(戸畑)제철소[185]에 1,603m³의 고로가 건설되면서 일일 2,000톤 이상의 생산 실적을 나타냈다.

1965년까지만 해도 일본 고로의 내용적 규모는 1,000~2,000m³ 정도였으나 제3차 합리화 계획을 통해 건설된 고로들은 대형화되었다. 후지제철의 나고야(名古屋) 3고로는 3,000m³ 가와사키제철의 미즈시마(水島) 2고로 2,857m³ 야와타제철의 기미츠(君津) 1고로 2,700m³ 등 당시로서는 초대형 고로가 연이어 완성되었다.

이러한 고로의 대형화는 고로의 기술 수준을 나타내는 출선비(出銑比)[186]의 상승으로 나타났다. 〈표 3-17〉에서와 같이 일본 고로의 출선비는 1955년 0.81에서 1967년에는 1.64로 높아지고, 1973년에는 2.04로 상승했다. 또한 1960년대 후반에 건설된 내용적 3,000m³ 이상의 대형고로에서는 출선비가 2.0 이상을 나타내는 등 고로 기술면에서는 일본이 세계 최고수준을 나타내고 있었다.

---

185 신일철 통합 이후의 야와타(八幡)제철소이다.

186 출선비는 고로 내용적 1m³ 당 출선량이다.

<표 3-17> 일본 고로 조업실적 변화

	출선량 (1,000톤)	출선비 (톤/㎥)	코크스비 (Kg/톤)	소결광사용율 (%)	고로용 중유 (1,000kl)
'55	5,045	0.81	711	45.1	-
'60	11,262	1.09	617	46.5	-
'65	27,007	1.42	507	62.9	1,022
'67	39,680	1.64	500	67.6	1,089

資料: 市川弘勝, 「日本 鐵鋼業の 再編成」 pp.138

또한 고로의 생산성을 나타내는 고로 1기당 1일 생산량은 일본이 1960년 까지는 미국에 비해 낮았으나 1960년대 중반 이후부터는 미국을 추월했다. 예를 들어 1977년 일본의 고로 1기당 일일 선철 생산량은 4,680톤으로 미국의 1,723톤에 비해 2.7배나 높은 수준을 나타내는 등 세계 최고 수준으로 상승했다. (<표 3-18> 참조)

<표 3-18> 주요국의 고로 1기당 1일 생산량 변화 추이

(톤/일)

	1955	1960	1965	1970	1977
일본	698	965	1,600	3,100	4,680
미국	850	973	1,303	1,459	1,723
독일	411	542	711	1,152	1,679
영국	340	522	711	841	1,195

資料: 川崎勉, 「日本 鐵鋼業-その軌跡」 pp 463

3) 압연부문에서의 기술 진보

이러한 상공정에서의 기술 발전과 함께 압연 부문에서의 기술 진보도 2차 대전 이후 미국 등으로부터 선진 기술을 적극적으로 도입하면서부터였다. 이는 설비의 대형화, 작업의 고속화 및 연속화, 제품 품질의 균일화와 정도(精度)의 향상을 위한 자동화로 특징되며, 컴퓨터를 이용한 자동 제어(自動制御) 기술이 도입되었다.

2차 대전 이후 신기술 도입 중에서도 획기적인 의미를 갖는 것은 Strip Mill의 도입이었다. Strip Mill의 발달은 대량 생산에 의한 저가의 박판 공급을 가능케 하였을 뿐만 아니라 품질이 균일화되어 표면 형상 및 정도(精度)가 향상되는 등 많은 점에서 전혀 새로운 제품을 제공했다. 또한 Hot Strip Mill 과 거의 동시에 개발된 Cold Strip Mill은 표면이 우수하고 품질 면에서 균일한 냉연 박판의 대량 생산을 가능케 했다.

2차 대전 이전에는 야와타(八幡)제철소에 1대 설치된 것이 전부였던 Hot Strip Mill은 전후 합리화 과정에서 각 사들이 경쟁적으로 도입하여 1968년에는 15기에 달했다. 그 능력은 1951년 27만 톤에서 1967년말에는 2,691만 톤으로 대폭 증가했다. 이러한 Hot Strip Mill의 채용으로 박판의 품질은 향상되고 대량 생산이 가능해졌다. Hot Strip Mill이 고로 업체에서 주로 설치된 반면, Cold Strip Mill은 중소 철강 업체 등에서도 활발하게 설치되어 1967년 말 현재 53기 1,279만 톤의 설비 능력을 확보하였다.

이러한 Strip Mill의 발달은 동시에 표면처리강판이나 용접 강관, 경량 형강 등 열연 코일이나 냉연 코일을 소재로 한 가공 제품 분야에서 신제품을 만들어 냈다. 표면처리강판의 경우 과거부터 사용되어 온 석도 강판 및 아연도금 강판 분야에서도 Strip Coil을 재료로 하여 연속적이고 고속으로 도금을

하는 전기아연도금 설비의 채용을 가능케 하고 대량 생산과 품질의 개선을
달성했다.

나. 현장 및 고객 중심의 기술 개발

철강산업은 여러 분야의 기술이 집대성되어 있기 때문에 연구소에서 비약적인 원리를 발견하여 신제품을 생산하기보다는 생산 현장에서 생산 활동을 통해서 끊임없는 기술 개선을 통해 만들어지는 것이 중요하다. 고로나 제강 공정에서 수많은 실험을 거쳐야 하고 여기에서 생산된 반제품을 여러 차례의 압연 등 가공 과정을 거친 후에야 최종 제품이 생산되기 때문이다.

일본 고로사들의 기술 개발 투자는 설립 초기부터 제철소나 수요 산업의 생산 과정에서 적용 가능한 현장 중심의 연구 과제를 수행해 왔다. 예를 들어 신일철의 연구조직은 제철소에서 필요한 과학적 연구 과제와 수요 산업이 필요로 하는 응용 연구를 연결하여 제철소 조업에 적용한다는 것으로 제철소 현장을 중시하고 원리원칙에 기초한 본질적인 문제 해결을 지향했다.[187]

1) 일본 철강업계의 기술개발 전략의 변화

일본 철강업계의 기술개발은 시대적 상황에 따라 수요 산업의 니즈를 반영하는 과정의 연속이라 할 수 있다. 즉 수요산업의 니즈 변화에 따른 제품 기술의 발전이라고도 볼 수 있는 것이다. 철강산업은 최종 소비자와 접점에 있지 않아서 최종 소비자의 니즈를 반영하는 것이 아니라 수요 산업에서 필

---

187 浜田 直也, "신일본제철에 있어 연구개발전략", 신일철기보 제391호, 2011, pp. 20

요로 하는 철강제품의 니즈를 반영하여 연구 개발을 하기 때문이다.

1970년대 오일쇼크로 에너지 Cost 부담이 급격히 증가한 이후에는 에너지 절감을 위한 기술 개발, 환경 문제, 경량화 등에 대응한 고장력 강판 등 신제품 개발과 함께 원유 시추 등을 위한 무계목강관(Seamless Pipe)등의 제품 개발을 추진했다. 그러나 1980년대 들어서는 자원, 에너지 문제, 다각화 사업 전개를 위한 신규 분야의 기술 개발 및 자동차 표면처리 강판과 고장력 강판 개발 등 수요 산업에서의 니즈 변화에 대응한 기술 개발로 확대되었다. 또한 1990년대 중반까지는 자동차 강판 등 고부가가치 제품 개발에 중점을 두었고, 1990년대 후반 이후에는 경제적인 Cost로 고객 니즈에 대응할 수 있는 제품 개발을 강화했다.

이를 시기별로 좀 더 상세히 살펴보면 1970~1990년대 중반까지는 Cost 보다는 제품의 성능 향상을 위한 고부가가치 제품 개발에 치중했다고 할 수 있다. 예를 들어 자동차 강판의 경우 내식성과 가공성 향상을 위한 편면 용융아연도금강판 개발에서 양면 도금으로 진화했고, 철과 아연을 합금하는 이중도금 기술 개발로 진화했다. 그러나 고로사들이 대부분 자동차 회사들의 니즈 변화에 대응하여 비슷한 방향으로 연구 개발 및 설비 투자를 강화한 결과 버블 붕괴 이후 자동차강판 수요가 줄어들면서 표면처리강판의 공급 과잉이 발생하기도 했다.

1990년대 후반 이후 일본 고로사들은 도금 강판 제품의 사양 축소와 신제품 개발 강화를 통해 표면처리강판의 수익성 개선을 추구했다. 자동차업체와 공동으로 자동차용 강재 개발을 추진하면서 제품의 사양 수를 줄이고 생산 Cost를 삭감했다. 그리고 2000년대 들어서는 제조기술 및 프로세스의 개선을 통해 생산 Cost가 상대적으로 저렴한 GA 강판의 생산을 확대해 왔

다.[188] (〈표 3-19〉 참조)

〈표 3-19〉 1990년대 이후 일본 고로사들의 신강재 개발

구분	수요산업의 니즈	철강관련 기술 개발
자동차	경량화, 충돌안전성, 고강도, 내식성, 고강공성, 충격흡수 등	자동차용 고장력강판 TRIP강(신일철) 스미징크(Smizinc) 강판(스미토모금속) Dual Phase 강판, 초성형성 냉연강판(가와사키)
건설	내진성 등 건축구조물 신강재	강한 염분에 견딜 수 있는 내후성강 교통소음의 반사음을 감소시키는 고가이면 흡음판 태양전지 일체형 지붕재 등
전기 전자	에너지 절약형	모터의 에너지 효율을 2% 향상시킬 수 있는 새로운 전기강판(가와사키제철) 고효율 모터용 전기강판(NKK) 고부가가치화, 재활용성 향상 등 고기능성 Pre-Coated 강판(고베제강)
기계	고강도, 고인성	냉간 다이스 주강, 비조질 봉강

자료: 박상우, "일본 철강산업의 구조개혁 성과와 시사점", 주간 경제 다이제스트, 한국은행 포항본부, 2015.4.24, pp. 4

2) 현장 중심의 기술개발

한때 미국에서는 일본 철강업계의 기술 개발에 대해 비판적인 시각도 있었다. 1971년 7월 뉴스위크誌는 일본 철강산업에 대해 "외국 기술 도입을 통해 근대화가 진행되었지만, 연구개발체제가 약하다. 일본의 경우 기술자들이 생산 현장에 무리지어 다니는 것이 커다란 이유이다"라고 비판한 적도 있다. 연구원들이 연구소에서 연구는 안하고 제철소 생산 현장에 드나드는 것

---

188 포스코경영연구소, "일본 경제 및 철강산업 大해부", 연구과제, 2013.12.9 참조

을 비판한 것이다.

그러나 그 후 기술자가 생산 현장에 나타나는 관습이 없는 미국 기업들의 경우 철강산업뿐만 아니라 많은 업종에서 일본 기업들에 대한 비교 우위가 약화된 것은 익히 알려진 사실이다.

나고야 대학 사노(佐野) 명예교수는 1986년 "철과 강철"誌를 통해 다음과 같이 분석했다. "왜 일본 철강업이 기술의 선두주자가 되었는가? 결론부터 말하자면, 제철소 생산 설비를 실험 설비로 활용하여 제품을 만들면서 다른 곳에서는 볼 수 없을 정도의 고도의 양산연구를 해 왔기 때문이다. 공학사, 공학석사를 생산 현장에 배치하고 있기 때문에 수준높은 연구개발을 할 수 있었다. 제철소의 고로, 전로, 전기로, 연주기 등을 "실험장치"로 활용하여 수많은 우수한 연구자가 참가하는 "산학협력"에 의한 협동연구를 해 왔다. 이는 동서고금의 역사에 있어 아주 드문 사건이다"라고 주장한 바 있다.[189]

소재 산업의 특성 상 철강 제품의 경쟁력은 제철소 현장에서 대부분 창출된다. 따라서 기술 개발이 현장 중심으로 이루어지고 고객의 니즈에 맞는 방향으로 추진하는 것이 기술경쟁력 확보의 관건이라는 것을 일본 철강업계가 보여준 것이다.

3) 불황기에도 연구개발의 중요성 인식

철강 기업은 단기적으로는 과거의 연구 성과를 통해 성장세를 유지할 수 있어도 장기적으로는 지속될 수 없다. 자동차, 가전 등 주요 고객들의 품질 요구에 선제적으로 대응하지 못할 경우 국내외 경쟁사들에게 시장을 잃을

---

189 岩井 正和, 「鐵に賭ける」 タイヤモンド社, 1992.3, pp. 238

수도 있기 때문이다. 따라서 일본 고로사들은 불황기에 R&D투자를 대폭 축소했던 미국 고로사들과는 달리 1970년대 오일쇼크나 1980년대 불황기에도 연구 개발 투자는 계속 강화해 왔다. 예를 들어 일본 철강업계 전체의 연구 개발비는 1970년 370억 엔에서 1991년에는 3,601억 엔으로 21년 동안 9.7배나 증가했다. 연구자 수도 1980년 4,800명에서 1992년에는 6,600명으로 증가했다.[190]

과거부터 철강 수요 산업에서의 다양한 니즈에 대응한 강재 개발을 추진해 온 일본 철강업계는 1980년대 후반 이후 구조조정 과정에서 수요 산업의 다양한 요구를 만족시킬 수 있는 새로운 강재개발에 집중했다. 특히 1980년대 후반 버블경제 호황을 배경으로 수요산업에서의 니즈변화에 대응한 새로운 강재개발을 위한 연구개발을 대폭 강화했다. 예를 들어 자동차 외판재에 녹이 스는 것을 방지하기 위한 방청강판 개발을 위한 고로사들의 연구개발이 집중적으로 이루어졌다.

일본 고로사들의 매출액 대비 R&D 투자비는 1980년대 후반 이후 1990년대 초반까지는 2%대를 상회하고 있었다. 〈표 3-20〉에서 보는 바와 같이 1991년 일본 고로사들의 R&D투자비는 2.5~3.6%의 수준으로 세계 최고수준을 유지하고 있었다. 당시 1% 미만에 불과했던 미국 고로사들에 비해 매우 높은 수준으로 향후 기술적인 측면에서의 철강산업 주도권이 어느 나라 철강업계로 향할 지에 대한 이정표를 나타내는 지표라고 할 수 있다.[191]

---

190 포스코경영연구소, "일본 경제 및 철강산업 大해부", 연구과제, 2013.12.9 참조
191 박상우, "일본 철강산업의 구조개혁 성과와 시사점", 주간 경제 다이제스트, 한국은행 포항본부, 2015.4.24, pp. 4

〈표 3-20〉 일본 5대 고로사의 1990년대 연구개발투자 변화

(단독기준, FY기준, 억 엔, %)

	연구개발비(R&D)		매출액대비 R&D비중	
	1991	2000	1991	2000
신일철	813	336	3.1	1.8
NKK	332	175	2.5	1.7
가와사키제철	439	170	3.6	2.2
스미토모금속	289	167	2.5	1.9
고베제강	474	174	3.6	2.1

자료: 일경산업신문, "철강 - 연구개발력의 회복 열쇠, 鐵源의 공동생산(승자의 조건)", 2002. 1. 11일자 (니케이텔레콤 검색 자료)

　　이러한 고로업계의 적극적인 연구 개발 투자는 철강 제품 생산의 고부가가치화를 가속화시켰다. 일본의 강재 생산에서 차지하는 고장력강판, 표면처리강판 및 전기강판으로 구성된 고부가가치 제품의 비율은 1975년에는 18%였으나, 1985년에는 30%, 2000년에는 35%로 상승했다.[192]

　　또한 일본 고로업계의 경영자들은 2000년대에 들어서도 기술 개발의 중요성을 계속 강조하고 있다. 예를 들어 신일철의 미무라 아키오(三村明夫) 사장은 "향후의 철강업계의 경쟁의 축은 가격에서 기술개발력으로 이동한다"라고 밝힌 바 있다. 또한 NKK 사장으로 JFE의 초대회장이었던 半明正之도 "기술개발 투자를 게을리할 경우 투자 부족으로 국제경쟁력을 상실한 미

192　일경산업신문, "철강 - 연구개발력의 회복 열쇠, 鐵源의 공동생산(승자의 조건)", 2002.1.11일자(니케이텔레콤 검색자료)

세계 철강산업의 주도권 변화

국 철강산업처럼 실패가 반복될 수 있다"고 주장하면서 "경영 통합으로 생기는 개발여력을 신규 연구분야에 배분할 계획이다"라고 연구개발의 중요성을 강조하고 있다.[193]

다. 업계 간 협업을 통한 공동 연구개발

일본이 후발 철강국으로 출발하여 선진국들을 추월할 수 있었던 데에는 일본 고유의 사회·문화적 분위기와 깊은 관련성을 가지고 있다. 이러한 사회·문화적 분위기란 경쟁보다는 협력을 강조하는 분위기 즉 협력을 통한 경쟁인 것이다. 이처럼 협력을 강조하는 사회·문화적인 분위기는 일본 철강업계의 성장을 주도하고 1980년대 중반 이후 쇠퇴의 길을 걷도록 예정되어 있던 일본 철강업계의 오늘이 있도록 한 원동력이 되었다.[194]

이러한 일본의 협력을 통한 경쟁은 경영 위기 시 노사 간 협력, 업계와 정부와의 협력, 업계 간 협력, 업계와 수요가와의 협력 등 다양한 형태로 진행되어 왔다. 특히 연구 개발 분야에서는 전반적인 수요의 다양화, 기술의 융합화, 산업의 복합화 진전으로 수요산업의 니즈를 보다 신속히 파악하고, 다른 업종 기술과의 융합을 통한 신기술의 창조를 위해 수요 산업과의 공동 연구를 강화해 왔다. 예를 들어 신일철은 1970년대 초에 나고야(名古屋)제철소의 No. 2 냉연강판 라인을 도요타자동차 전용으로 지정하여 도요타자동차가 요구하는 강재기술을 공동으로 개발해 왔다. 또한 1980년대 후반에는 신일철과 도요타

---

193 일경산업신문, "전환기의 신일철(5) 기술의 축적을 유지할 수 있을까", 2003. 3. 9일자(니케이 텔레콤 검색자료)

194 임종원, 「철강산업의 경쟁과 협력」, 서울대학교출판부, 1991. 2. 20, pp. 88

자동차사는 새로운 방청강판을 공동 개발하여 일본 철강업계와 자동차 업계가 자동차 표면처리강판 분야에서 비교 우위를 확보하는 데 기여했다.

당시 미국과 유럽의 자동차 업계는 방청력 강화를 통한 승용차 품질 경쟁을 벌이고 있었다. 자동차 업계는 '녹 3년 수명 6년'의 보증기간을 '녹 5년 수명 10년'으로 연장하기 위해 철강사들과 고방청력 강판 개발에 주력하는 상황이었다. 이러한 상황에서 신일철은 도요타와 공동으로 용융편차 도금강판을 개발하여 공급했고, 도요타자동차는 이를 주력 방청강판으로 채용했다.[195] (〈표 3-21〉 참조)

〈표 3-21〉 신일철-도요타자동차간 新방청강판 개발 사례

	주요 내용
추진 배경	· 1980년대 후반 자동차 방청강판을 중심으로 표면처리강판 수요 급증 · 선진 자동차업계의 방청력 강화를 통한 승용차 품질경쟁 확산 - '녹 3년 · 수명 6년'의 보증기간을 '녹 5년 · 수명 10년'으로 연장 추진
개발 판매 내용	· 신일철과 도요타 공동으로 '용융편차(鎔融偏差)도금강판' 개발을 통한 주력 상품화 추진 · 1989년 9월부터 미국 시장에 투입할 예정인 고급승용차를 비롯하여 일본 내 생산 자동차의 전면 대체 계획
신방청 강판	· 강판의 외측에 1㎡당 30g의 철 · 아연 합금을 용융도금한 뒤 전기도금 · 내측에는 1㎡당 55g의 철 · 아연 합금을 용융도금하는 편차도금
효과	· 일부 Cost 상승불구 방청력이 뛰어나고, 생산공정 축소 가능 · 미국 등 글로벌 시장에서의 보급 확산 가능성 · 다른 고로사들도 용융편차도금강판 기술 채용 확대로 글로벌 표준화

자료: 임종원, 「철강산업의 경쟁과 협력」, 서울대학교 출판부, 1991.2.20, pp. 352~353 참조

---

195 임종원, 상게서, pp. 94 및 pp. 352~353 참조

2. 해외 Supply Chain Networking을 통한 수요기반 확보

가. 일본의 철강 수출구조 변화

일본 철강업계는 1990년대 내수 부진에 대응하기 위해 해외 수출을 강화하기 위한 고부가가치 제품 생산을 확대하는 구조로의 변화를 모색했다. 이를 통해 2000년대 들어 철강 수출이 지속적으로 증가했다. 조강 기준 생산량에 대한 수출 비중은 1990년 17.1%에 불과했으나 2010년에는 42.5%로 확대되는 등 40%를 상회하고 있다. 이를 바탕으로 내수 부진, 엔고 현상, 세계 시장에서의 경쟁 심화 등의 악조건에도 불구하고 일본 조강생산은 1억 톤 이상을 유지하고 있다.

일본의 전체 철강재 수출은 1990년대 평균 2,366만 톤에서 2010~2015년 기간 중에는 연평균 4,239만 톤으로 1990년대에 비해 연평균 79% 증가했다. 이처럼 1990년대 이후 수출이 추세적으로 증가하고 안정적으로 높은 수준을 유지하고 있는 이유는 무엇인가?

〈표 3-22〉에서 보는 바와 같이 주요 제품별 수출 변화를 보면 1990년대에 비해 2010~2015년 기간 중 Slab 등 반제품과 열연 Coil의 수출이 크게 증가했음을 알 수 있다. 동기간 중 반제품 수출은 6배, 열연 Coil 수출은 3배 이상 증가했다. 반면 냉연 Coil수출은 거의 비슷한 수준을 나타내고 있고, 아연도금강판과 특수강은 각각 42%, 2.2배 증가했다.

(천 톤, %)

	반제품	열연 Coil	중후판	냉연 Coil	아연 도금	특수강
1991~2000(A)	883	3,445	1,176	3,061	3,085	3,659
2001~2008(B)	3,885	7,118	2,596	3,075	4,769	5,183
2010~2015(C)	5,308	10,657	3,388	3,252	4,387	7,927
C/A (A=100)	601	309	288	106	142	217

자료: 일본철강연맹, 「철강통계요람」 각년호

이처럼 2000년대 들어 일본의 철강수출이 지속적으로 증가하고, 특히 반제품과 열연 Coil 등 소재용 수출과 아연도금강판이나 특수강 등 고부가가치 제품의 수출이 상대적으로 높게 증가한 요인을 살펴본다.

나. 수요산업 동반진출을 통한 Supply Chain 구축

오일쇼크 등으로 일본의 내수 기반이 약화되고 엔고와 통상 마찰로 인해 수출 환경이 악화되면서 자동차, 가전업계 등 일본 제조업체들은 생산기지를 해외로 이전하기 시작했다. 특히 1985년 엔고 이후 일본 기업들의 해외 진출이 크게 증가했다. 이에 반해 동남아 · 중국 · 인도 등 신흥 개도국을 중심으로 자동차 등 내구소비재뿐만 아니라 이에 필요한 강재 수요는 상대적으로 높은 증가세를 지속했다.

이를 배경으로 일본 철강 업계는 글로벌 현지 생산 전략을 추진했다. 일본계 수요가들이 진출해 있는 현지에 도금강판 등 하공정 설비를 구축하여 현지에서 필요한 제품을 생산하는 전략이었다. 예를 들어 신일철은 2003

년 7월 글로벌 차원에서의 강자연합 구축 및 중국 시장 진출을 목적으로 중국 최대 철강사인 상해보강과 자동차용 강판 생산을 위한 합작사업에 조인했다. 신일철이 합작을 추진한 배경에는 중국 시장에서의 일본계 자동차업계가 필요로 하는 자동차 강판을 안정적으로 공급할 수 있는 기반을 마련하기 위해서였다. 또한 글로벌 강자연합의 마무리를 위해 세계 최대기업인 A-Mittal과 중국 최대 기업을 포함시킬 필요가 있기 때문이었다.[196]

또한 일본 고로사들은 인도와 아세안을 제2의 내수시장으로 육성하기 위해 일본계 제조업 고객의 글로벌 전략과 연계를 강화하는 한편, 현지 로컬 밀과의 협력도 더욱 강화하고 있다. 예컨데, 아세안 지역에서 주요 고로사들은 도요타자동차 등 일본계 자동차 메이커들의 부품조달에서 완성차에 이르는 수직적 Network에 대응하여 태국과 인도네시아 등에 생산기지를 구축했다.

〈그림 3-8〉 Toyota 자동차의 아세안 수직 네트워크 현황

자료: 박현성, "일본 고로사의 인도·아세안전략 강화 배경과 특징" POSRI 이슈리포트, 2018.11.8일자

---

196 일경산업신문, "신일본제철, 상해보강과 합작", 2003.7.23일자 (니케이텔레콤 검색자료)

〈그림 3-8〉에서 보는 바와 같이 도요타자동차는 필리핀에서는 트랜스미션, 인도네시아의 가솔린 엔진, 말레이지아에서는 엔진과 CKD 컴퓨터 등을 생산하고 태국에서 이를 조립하여 자동차를 완성하는 등 수직적 네트워크를 구축했다.

이러한 도요타자동차의 글로벌전략과 연계하여 일본 고로사들은 이들 지역에서의 자동차강판 공급체제를 구비해 나가고 있다. 즉 NSSMC는 태국에 통합법인(NS-SUS)를 출범시키고, 인도네시아에서의 생산법인(KNSS)의 완공을 통해 Supply Chain을 재편했고, JFE도 태국(TCR)과 인도네시아(JSGI)에서의 자동차강판 생산체제를 구축했다.

이와 함께 NSSMC와 JFE는 보다 적극적으로 미국은 물론 동남아시아 등지에서의 현지 자동차용 강판 생산거점을 확보하기 위한 프로젝트를 추진함으로써 글로벌 시장에서의 생존을 위한 공격적인 전략을 구사하고 있다.[197] (〈표 3-23〉 참조)

---

197 박상우, "일본 철강산업의 구조개혁 성과와 시사점", 주간 경제 다이제스트, 한국은행 포항본부, 2015.4.24, pp 5

<표 3-23> 일본 고로사들의 해외 수요기반 구축사업

(%, 만 톤)

	국가/지역	프로젝트명	출자 비율	산세 냉연	연속 소둔	도금
NSSMC	미국 알라바마주	AM/NS Calvert	50	250	60	140
	멕시코 몬테레시	Tenigal	49			40
	태국 라용현	NSGT	100			36
	인니 칠레곤시	KNS	80		(48)	48
	인니 자르칸트주	JCAPCPL	49		60	
JFE	태국 라용현	JSGT	100			40
	인니 서자바주	JSGI	100			40
	인도 칼라타카주	JSW Steel	15	230	190	40

자료: 각 사 홍보자료를 이용한 박상우, "일본 철강산업의 구조개혁 성과와 시사점", 주간 경제 다이제스트, 한국은행 포항본부, 2015.4.24, pp. 5에서 일부 수정

이처럼 일본 고로사들은 해외 시장에서의 자동차 강판 등을 중심으로 하는 하공정 생산기반을 구축함으로써 일본에서 모재(母材)를 수출할 수 있는 기반을 구축한 것이다. 이를 통해 일본 내에서의 생산 설비의 가동률이 높아지고 경영 실적의 개선이 가능해졌다.

다. 일본 종합상사들과 글로벌 판매 Network 구축

일본 철강업계의 글로벌 가치사슬 확대에 주도적 역할을 수행하고 있는 것이 종합상사들이다. 일본의 철강 직계상사와 전업상사는 일본계 자동차·가전업계의 해외 진출에 대응하여 동 지역에서의 가치사슬 확대에 적극

참여해 왔다.

일본 코일센터의 해외진출도 철강 직계상사와 전업상사 주도로 일본계 자동차·가전업계와 동반으로 이루어져왔다. 코일센터의 주요 진출지역은 일본의 주력 수출시장인 동남아 시장을 비롯하여 중국, 북미, 유럽 및 인도 순으로 진출했다. 일본의 주요 3대 상사인 NSSB, JFE Shoji, Sumitomo 상사를 기준으로 해외에 진출한 코일센터 수는 2018년 현재 동남아 27개, 중국 17개, 북미 7개 등 60개이다. (〈표 3-24〉 참조)

〈표 3-24〉 일본 주요 상사의 해외 코일센터 진출 현황

(개)

	동남아	중국	북미	인도	유럽	기타	소계
NSSB	7	5	2				14
JFE Shoji	8	5	2	1			16
Sumitomo	12	7	3	1	4	3	30
합계	27	17	7	2	4	3	60

주: 철강사 및 유통업체들의 코일센터는 제외
자료: 각 사 Homepage를 이용한 조문제, "일본 상사의 해외 코일센터 운영 특징 및 시사점", POSRI 이슈리포트, 2018.7.5에서 재인용

코일센터의 역할과 기능은 초기부터 1990년대까지는 해외로 이전한 일본계 자동차나 가전업계가 요구하는 다양한 소재 규격에 대응한 절단, 창고 보관이나 납기 대응 중심으로 역할을 수행했다. 그러나 2000년대 들어서는 고부가가치 창출을 위해 Press Blanking, Core Punching, Welding 심가공 서비스와 함께 고객의 생산공정인 Stamping Press나 Sub Assembly 등 고객사의

생산 공정에까지 참여하고 있다.[198]

라. 해외 합작투자를 통한 Captive 수요 확보

이와 함께 일본을 소재 생산기지화하는 데 기여한 것은 일본 고로사들의 글로벌 제휴 Network 전략이다. 고로사들은 기술력을 바탕으로 현지 시장을 조기에 확보하기 위해 해외 철강사들에 대한 지분투자 등을 통한 제휴 Network를 지속적으로 강화해 가고 있다. 경기 침체의 장기화로 일본 강재 수요가 한계점에 도달한 가운데, 일본 철강 생산설비의 가동률을 유지하기 위해서는 수출선의 확보가 일본 철강업계의 과제가 되고 있기 때문이다. 예를 들어 신일철은 태국, 중국 등의 철강업체에 지분투자 등을 통해 일본에서 생산된 모재를 수출하고 있고, JFE도 한국, 중국, 태국 등의 철강업체에 모재를 수출하고 있다. (〈표 3-25〉 참조)

〈표 3-25〉 일본 철강 고로사들의 해외 철강업체에 대한 모재 수출 현황

	국가	회사	수출 모재	비고
신일철	태국	Siam United Steel	열연 코일	
	중국	広州太平洋馬口鐵	석도원판	

---

198 Mitsui Homepage 자료를 이용한 조문제, "일본 상사의 해외 코일센터 운영 특징 및 시사점", POSRI 이슈리포트, 2018.7.5 참조

JFE	태국	TCR	열연 코일	NKK계열
	중국	福建中日達金屬	석도원판	
	한국	현대 하이스코	열연 코일	川鐵 계열
	중국	海南海宇錫板工業	석도원판	
	말레이시아	페르스티마	석도원판	
스미토모금속	대만	China Steel	슬라브	

자료: 일경산업신문, 2002. 12.19일자(니케이텔레콤 검색자료)

또한 2008년 글로벌 금융위기 이후에는 해외 수출 강화와 더불어 M&A 등을 통한 해외시장 진출도 적극적으로 추진하고 있다. 글로벌 금융위기 이후 신일철, JFE, 스미토모금속 등 고로 3사의 해외 M&A는 14건으로 위기 이전에 비해 4배 이상 증가했다. 이들 업체들은 자동차 등 일본 수요업체가 진출해 있는 지역을 중심으로 합병 기업을 설립하여 안정적인 수요처를 확보하고 있으며, 고장력강판 등 부가가치가 높은 제품을 위주로 해외 생산을 확대하고 있다.[199]

이러한 일본계 수요산업과의 해외 동반진출을 통한 해외 생산기지 건설과, 가공센터 및 해외 밀과의 합작을 통한 Captive 수요 확보를 통해 일본의 강재수출은 2005년 3,260만 톤에서 2010년 이후에는 4,000만 톤 이상으로 증가했다. 제품별로는 Slab 등 반제품 수출이 1997년에는 56만 톤 수준에 불과했으나 2010~2015년 평균으로는 530만 톤으로 증가했으며, 열연 Coil의

---

199 박상우, "일본 철강산업의 구조개혁 성과와 시사점", 주간 경제 다이제스트, 한국은행 포항본부, 2015.4.24, pp. 9

수출도 1990년대 평균 345만 톤에서 2010~2015년에는 평균 1,070만 톤으로 증가했다. 지역별로는 특히 ASEAN지역에 대한 수출이 2005년 720만 톤에서 2016년에는 1,420만 톤으로 700만 톤 이상 증가하여 전체 수출 증가의 대부분을 ASEAN 지역이 차지했다. 이처럼 일본 고로사들은 현지 네트워크를 통해 구축된 Captive 수요를 통한 소재 수출을 통해 일본을 생산기지화한 것이다.

3. 수입재 방어 시스템의 구축

가. 일본 철강수입 변화

일본의 철강재 수입은 역사상 1천만 톤을 넘어본 적이 없다. 일본의 조강 명목소비가 1991년 9,900만 톤을 상회하기도 하는 등 철강 내수가 대부분 7천만 톤을 상회하고 있음에도 불구하고 조강환산 기준으로 1990년 이후 일본의 철강수입은 1991년 최대 953만 톤을 피크로 2009년의 352만 톤 사이를 등락해 왔다. (〈표 3-26〉 참조)

이처럼 철강 수입이 낮은 수준을 유지해 오면서 일본 철강업계는 내수시장에서 높은 시장점유율을 확보할 수 있었고, 판매 가격에 있어서도 안정적인 가격 체계를 유지해 올 수 있었다. 예를 들어 철강 소비에 대한 수입재 비중은 2014년 10.5%를 기록하기도 했으나 2001~2015년 기간 중 평균 7.3%에 불과하여 나머지는 일본 철강기업들이 공급한 것이다. 이는 동 기간 중 수입

재 비중이 28.4%를 기록한 미국에 비해 훨씬 낮은 수준이다.[200]

<표 3-26> 일본의 조강기준 철강재 수입 및 내수 비중 변화

(천 톤, %)

	'91~'95	'96~'00	'01~'05	'06~'10	'11~'15
철강 수입	7,243	5,873	4,465	4,823	5,565
수입 비중	8.5	7.5	5.7	6.4	8.4

자료: 일본철강연맹, 「철강통계요람」 각년호 활용

이처럼 일본의 철강 가격이 상대적으로 높은 수준임에도 불구하고 철강재 수입이 낮은 수준을 유지할 수 있었던 배경에는 물론 일본 철강업계의 높은 국제경쟁력도 작용했겠지만 일본 유통시장의 구조적인 요인도 크게 작용한다고 할 수 있을 것이다. 이하에서는 철강재 수입을 억제하여 일본 철강업계의 안정적인 성장을 유지할 수 있도록 토대를 만들고 있는 수입 유통시장의 구조적인 요인들을 살펴본다.

나. 폐쇄적 유통구조 및 일본 특유의 거래관행

한국에서 중국산 철강재의 시장 잠식이 위협적인 것과는 달리, 일본에서는 중국산이 크게 힘을 쓰지 못하고 있다. 이는 일본의 경우에는 법적·제도적인 장벽보다는 장기간에 걸쳐 형성된 Supply Chain의 폐쇄적인 관행들이

---

200 일본은 일본철강연맹, 「철강통계요람」 각년호, 미국은 AISI, *Annual Statistical Report*, 각년호 참조

자연적인 진입장벽으로 작용하고 있기 때문이다.

이를 좀더 구체적으로 살펴보면 기업집단 내의 거래를 우선시하고, 기존 고객을 중시하며, 주변 지역에서 생산되는 제품을 우선 구매하는 등 폐쇄적이고 장기 지속적인 거래관행이다. 이러한 폐쇄성이 고비용 구조임에도 불구하고 외부 진입을 차단하여 수입 억제요인으로 작용하고 있는 것이다.[201]

예를 들어 건설업의 경우 외국 철강업체가 일본의 표준인 JIS 규격을 취득하더라도 발주자가 수입산을 배제하고 일본산으로 구매하는 것이 관행이다. 우선 건축, 교량 등 주요 공공건설에서는 설계단계에서부터 일본산 제품을 우선 조달하고 있다. 설계 단계에서 설계회사가 일본 고로사의 제품 규격과 제품명을 명기하는 것이 관행인 것이다. 철근이나, 형강, 후판 등 일반적인 건설용 강재는 다른 제조업에 비해 고급 제품이 요구되지 않는 경우가 많음에도 불구하고 관행적으로 일본산을 사용하고 있기 때문에 수입재에 대해서는 장벽 역할을 하고 있는 것이다.

자동차 강판의 경우도 높은 기술 장벽과 함께 특정 철강회사 제품을 지정하여 구매하는 관행과 까다로운 거래 조건들이 신규 진입을 어렵게 하는 요인으로 작용하고 있다. 예를 들어 자동차 회사들은 부품 업체 및 위탁 조립업체에서 사용하는 강재를 총괄해서 구매하고, 특정 철강회사를 지정하고 종합상사와 개별 구매 협상을 벌이는 것이다. 이를 통해 자동차사들은 필요한 철강소재의 약 90%를 집중 구매하고 있다.

또한 일본의 철강 유통은 종합상사를 통한 간접 판매 방식으로 구조가 복

---

201 이진우, "중국산 철강제품이 힘 못쓰는 일본 철강시장의 특성과 시사점", POSRI 이슈리포트, 2015.9.2 참조

잡해서 외국 기업에게는 실질적인 진입 장벽으로 작용하고 있다. 철강업체가 수요가에게 직접 판매하는 것이 아니라 2차 가공 설비를 보유한 종합상사를 통한 유통이 80% 이상을 차지하고 있다. 따라서 외국 철강회사들이 일본의 종합상사를 통해 일본에 철강제품을 수출하는 것은 현실적으로 어렵기 때문에 독자적인 유통 네트워크를 설치해야만 하는 어려움이 있다.[202]

다. 상사를 통한 수입유통시장 관리

일본의 철강 유통 시스템은 100년 이상 동안 환경변화에 적응해 온 하나의 유기체적 시스템이라 할 수 있다. 즉 상사로 대표되는 유통업체들은 철강회사와 단순한 경제적 이해를 공유하는 차원을 넘어 지분공유, 업무공유, 인적자원 공유 등 상호 밀접한 연계성을 갖춘 복합적 시스템이다. 일본의 철강 유통 산업은 기본적으로 생산자와 소비자간의 단순 매개 역할을 넘어 리스크 관리, 재고 투자를 통한 경기변동성을 완화하고 신규시장 개척 지원 등의 부가가치 창출 기능을 담당하고 있다.

일본 철강시장은 상사와 결합되어 있어 수입 제품의 진입이 어려운 구조이다. 철강회사와 상사 간의 이해관계가 매우 견고해서, 상사가 철강회사와의 관계를 해치는 수입에 개입할 가능성은 거의 없다. 또한 수입시장에서는 수입선, 제품 Spec 및 최종수요가 등 모든 정보가 상사에 의해 수집되어 수입재에 대한 상시 감시가 가능하다.

소재 조달을 수입에만 의존할 수 없는 최종 수요가 입장에서는 철강회사와 상사와의 사전협의 없이 이들의 이해에 반하는 수입을 추진하기 어려운

---

202 포스코경영연구원, "국내 철강재 수입 급증과 제도적 요인", 연구과제, 2015.9 참조

구조이다. 특히 건설용 강재의 경우에는 유통 기능보다는 제도 및 관행적인 규제에 의해 수입재 사용이 어려운 것으로 파악되는데, 이도 결국 유통 부문의 정보수집 기능과 이를 바탕으로 한 수입재 사용자에 대한 추적, 감시 및 견제기능이 그 바탕을 이루고 있다.[203]

라. 복잡한 표준화, 규격화 등 수입억제 시스템

일본의 공업표준규격(JIS)도 장애물이다. 일본의 철강 수요업체들은 한국의 공업표준규격(KS)를 인정하지 않고 일본공업표준규격를 요구하기 때문에 해외 철강업체들이 일본에 진출하려면 다시 JIS를 획득해야 하는 시간과 비용의 부담이 클 수밖에 없다. 더군다나 철강은 강재 품목이 다양하기 때문에 품목별 표준규격 획득에 따른 부담도 가중된다.[204]

예를 들어 일반적으로 건축물에 사용되는 철강재는 일본의 건축기준법에서 정하는 JIS 규격을 취득한 제품 또는 일본 정부가 인정한 제품을 사용해야 한다. JIS 등 규격이 없는 특수한 경우 특히 수입 철강재 등을 사용할 건축물은 건축기준법에서 지정한 기관인 "일본건축센터"에서 실시하는 성능평가 등의 확인 검사를 받아야 하며 성능평가와 관련된 품질기준 및 측정 방법은 고시로 지정되어 있다.[205] 자동차용 강재에 대한 인증 및 규격과 관련해서 단체규격으로는 일본철강 연맹의 표준화 센터가 발표하는 규격이 대표적이다.

---

203 한국철강협회, "수입재 급증에 대응한 국내 철강시장 안정화방안 연구 - 철강산업 유통구조의 선진화 방안을 중심으로 - ", 2006.11, pp. 93~94

204 미디어 참여와 혁신, "일본의 비관세장벽, 철의 장막", 2004.10.10일자

205 박명섭 외 2인, "일본 철강산업의 유통구조와 진입장벽에 관한 연구", 무역학회지, 제36권 제4호, 2011.8, pp. 81~82

이처럼 일본의 복잡한 표준화나 규격화 제도 등이 자유로운 상거래를 제한하는 요인으로 작용하고 있음에도 불구하고 일본 정부는 이러한 장벽을 상관행(商慣行)으로 규정하고 비관세 장벽으로 인정하지 않고 있다. 따라서 일본 입장에서는 이러한 엄격한 제도가 철강재 수입의 억제 요인으로 작용하고 있는 것이다.

4. 경영자와 종업원 간의 협력적 노사관계

가. 철강산업 노사관계의 기본 성격

일본 철강산업이 미국에 비해 지속적으로 글로벌 경쟁 우위를 유지해 온 배경 중의 하나는 안정적이고 협력적인 노사 관계에 있음을 부정할 수 없다.

그러나 일본 철강산업에 있어서의 노사 관계가 처음부터 협력적인 것은 아니었다. 2차 대전 이후 일본 철강산업이 부활하기 시작한 초기에는 임금 협상과 제도 개정 이슈마다 노사 간의 분쟁이 지속되었다. 2차 대전 이후 일본 점령군의 기본적인 노사 관계에 대한 시각은 노동자들의 권익을 증진시키는 것이었다. 연합군 측은 재벌 중심으로 유지되던 일본 경제를 민주화시키고, 경영자들을 견제하기 위해 노동자들의 단결권을 보장하고 노동조합을 활성화시켰다.[206] 따라서 2차 대전 이후 1960년대 중반까지는 작업장별 노조가 설립되는 과정에서 노사 간의 갈등과 대립이 극심하게 전개되었다.

그러나 1960년대 후반 이후 기업별 노조가 확산되기 시작하면서 노사 간

---

206 일본철강연맹, 「전후 철강사」, 1958.12, pp. 20 참조

신뢰 형성의 계기가 마련되었다. 1970년대 이후 일본 노조의 성격에 대해서 살펴보면 일본 노조의 조직 단위는 기본적으로 산업이 아니라 기업에 기반하여 조직된 기업별 노조였다. 일반적으로 노조는 노동자와 경영자 간에는 갈등이 존재한다는 가정에 입각하고 있지만, 일본의 노조는 기업과 긴밀하게 결합되어 있었다. 또한 기업의 안정과 성장을 근로 조건 향상의 전제 조건으로 생각하고 있기 때문에 기업의 경영 정책에 매우 협력적이었다. 따라서 경영자는 노조의 협력을 얻어 제반 경영 정책의 정당성을 제고시킬 수 있었다. 이러한 의미에서 일본의 노조는 경영자 측 입장에서 볼 때 '노동자의 동의를 획득하는 강력한 장치'이며, '노무관리의 보완물'이라고 할 수 있다.[207]

나. 노사 협력의 상징, 자주관리활동

기업의 생산성을 높여 품질을 개선하기 위해서는 신기술의 개발이나 신예 설비의 도입이 필요하지만, 동시에 종업원들의 자발적인 의지에 의한 생산성 향상 노력이 중요하다. 전자를 하드 기술이라고 부른다면 후자는 소프트 기술 혹은 인간적인 생산성 향상을 위한 시스템이라고 부를 수 있을 것이다. 그것이 일본 철강업계의 자주 관리 활동이다. 이는 종업원의 장기 안정 고용, 상향식 활동을 통한 기업 경영에의 참여 등 일본적 경영 속에서 발전해온 일본의 독자적인 활동이었다.[208]

---

207 염미경, "일본 철강대기업 고용합리화와 노조의 대응전략-신일본제철 야하타제철소의 사례-", 산업노동연구 제4권 제1호, 1998, pp. 239 참조

208 日興リサチセンタ-, 「新日本製鐵の 研究」東洋經濟新報社, 1982.12, pp. 20

1962년 철강산업의 경기 침체를 배경으로 각 제철소에서는 경비 절감이 강력히 추진되었지만, 이것을 받아들여 종업원들 사이에 "우리들이 어떻게든 해 보자"라는 자율적인 그룹 활동이 자연발생적으로 탄생했다. 1964년 이후에는 QC 서클 활동 및 ZD운동[209] 등이 조직적으로 받아들여져 각 제철소에서 활발히 추진되었다.

자주관리활동 발족 당시는 개인의 관리 능력을 향상시키고, 업무와 관계있는 문제를 개선하고 해결하는 자기계발형, 개선활동형 활동이었다. 그 후 다양한 개선 활동을 통해 장족의 발전을 이루면서 기업의 목표에 일치하는 보다 수준 높은 문제 해결을 지향했다. 예를 들어 자원 절약, 에너지 절약, 생산원가 인하 등 현안 문제를 목표로 내걸고 이것을 해결하는 문제해결형, 자주관리형을 지향하면서 기업체질 개선에 크게 공헌했다.[210]

그 결과 자주 관리 활동은 품질 향상, 실수 근절, 생산성 향상, 자원 및 에너지 절약, 그 밖의 원가 절감 등에서 여러가지 구체적 성과를 올려 기업 경영을 지탱하는 원동력이 되었다. 1965~1974년의 고도성장기 및 그 이후의 저성장기를 통해 일본 철강산업이 비약적으로 발전하고, 높은 국제 경쟁력을 갖고 우위를 계속 유지해 온 요인 중 하나로 자주관리활동이 있었다는 것은 널리 인정되고 있다.[211]

구미 각국에서도 "작업자의 최말단까지 품질관리에 대해 노력하고, 제안을 하는 것이 믿기지 않는다"라고 평가하기도 했다.

---

209 ZD운동은 Zero Defect의 이니셜로 품질의 불량률을 극한으로 줄이자는 운동이다.

210 新日本製鐵株式會社, 「炎とともに - 新日本製鐵株式會社十年史-」 1981.3, pp. 451~454

211 新日本製鐵株式會社, 상게서, pp. 596

다. 성장 정체기의 노사 간 협력

1970년대들어 오일쇼크 발생 및 1980년대 경영환경 악화에 따라 노사관계도 협조적으로 바뀌었다. 임금 교섭이 합리적으로 진행되기 시작하였고, 제도 개정을 위한 사전협의가 활성화되는 등 신뢰형 노사관계가 정착되었다.

특히 1985년의 엔고 불황을 계기로 기업의 수익성이 악화되고 수출경쟁력이 약화된 제조업체들을 중심으로 설비 해외이전이 가속화되면서 노동자들의 고용이 불안정해졌다. 산업공동화 현상이 가속화되면서 국내 고용이 감소함에 따라 노동자들의 관심 사항은 임금 인상보다는 고용의 안정이 우선시되었다.

그리고 1990년대 이후의 노사 관계는 근로조건과 관련하여 교섭의 효율화를 강조하는 '新운동패턴'과 다년협정 방식이 도입되었고 노사 간 사전 협의의 철저한 운영으로 노사 간 신뢰 문화가 더욱 정착되었다.

또한 1990년대 일본 경제의 버블이 붕괴되고 장기 불황이 이어지면서 노조의 임금 인상 요구는 거의 사라졌다. 대신 기업의 경영 상황이나 인사 제도 등에 대한 노사 협의가 활성화되었다. 예를 들어 노조에서는 매년 실시하던 임금 교섭을 2년에 한번씩 실시하는 것으로 철강노련에서 먼저 회사 측에 요구를 해서 1998년부터 복수년 협정이 본격 시행되었다. 이러한 복수년 협정이 도입된 배경으로는 일본 경제의 저성장과 물가 안정으로 생활비의 큰 변화가 없고, 기업 구조조정 영향으로 노조 전임자 수도 줄어들어 노사 교섭 부담이 가중되고 있었기 때문이었다. 더구나 고용 창출 여력도 부족한 상황에서 매년 임금인상을 추진하는 것이 현실적으로 불가능했기 때문이었다. 이러한 복수년 협정의 도입으로 노사 간 갈등 요인이 줄어들고 회사는 경영의 불확실성을 줄일 수 있게 되었다.

그리고 1990년대의 장기간 불황을 경험한 이후 2000년대 초반부터는 임금보다는 고용 보장이 중시되면서 획일적인 기본급 인상 방식은 기업경쟁력을 저해하고, 직원들의 능력 발휘와 성과 향상을 위한 동기 부여 효과도 미흡하다는 인식이 확산되었다. 이에 따라 대기업을 중심으로 기본급 인상 대신에 회사의 성과에 따라 일시에 상여금을 지급하는 임금 결정방식이 확산되었다. 예를 들어 신일철 노조는 기본급 인상(Base-up)이 아닌 능력과 성과에 따른 직무급 전환을 요구하기도 했다.[212]

일본 철강산업의 합리화가 추진된 1970년대 후반 이후 고로업계 노조가 무엇보다 중시한 것은 해고의 방지였으며, 고용의 확보였다. 1980년대 중반 이후에는 동일 기업에서의 종신 고용을 전제로 한 합리화에 협력했다. 그러나 1987년 이후 출향이 확대되면서도 고용 확보가 유지되었으나, 1994년에는 전출 기업에 대한 고용 확보를 전제로 실질적인 해고에 해당하는 전적(轉籍)도 받아들였다. 이를 통해 고로사들의 고용조정은 커다란 노사 분쟁없이 실행될 수 있었다.[213]

5. 정부의 적극적인 지원 정책

일본은 정부의 산업 정책과 민간 기업의 합리적인 노력이 결합되어 철강

212 POSCO, "철의 역사와 함께하는 세계 철강산업의 노사관계 - 일본편", 2008.1.24 참조
213 川端 望, "일본 철강산업의 과잉능력 삭감에 있어 정부의 역할 - 1970~2000년대 경험", Tohoku Economics Research Group Discussion Paper, No.371, 2017.7, pp. 14

설비 및 기술이 과감히 혁신됨으로써 철강산업의 성장을 가장 성공적으로 수행한 국가라고 할 수 있다.

일본 정부의 철강산업 지원 정책은 크게 두 가지로 나눌 수 있다. 먼저, 2차 대전 이후 일본 철강산업이 성장해 가는 과정에서 일본 정부가 취한 정책이다. 이는 철강산업의 우선 지원을 통해 일본의 산업화 즉 중화학 공업 중심의 경제 성장을 추진하기 위한 철강산업 보호·육성정책이었다.

다음으로 1970년대 오일쇼크를 계기로 시작된 설비 과잉 해소를 위한 철강산업 구조조정 지원정책이었다. 또한 그동안 종신고용제도를 유지해 온 가운데 설비 폐쇄가 발생하면서 잉여 인력에 대한 조치가 필요했는데 이를 정부가 지원해 온 것이다.

가. 2차 대전 이후 성장과정에서의 철강산업 보호 육성 정책

일본의 철강산업 성장기에 있어 지원 정책[214]은 개도국 철강산업에서 나타나는 직접적인 지원에 의한 육성 정책과 유사한 것이라고 할 수 있다.

일본 정부에 의한 철강산업 육성 정책은 2차 대전 이후 철강산업의 가격 경쟁력 강화를 위해 이중환율제를 적용하면서부터 시작되었다. 즉 국제시장에서의 철광석의 수입 가격은 톤당 17.26달러였지만, 일본 정부는 당시 적정 환율인 ¥360/$보다 두 배 이상 유리한 ¥140/$을 적용한 톤당 2,402엔에 구입했다.

또한 2차 대전 직후의 혼란한 인플레이션 속에서 안정적 물가 체계를 유

---

214 일본의 철강산업 지원정책은 POSCO 경영연구소, "POSCO의 국가경제에 대한 기여도 분석", 연구과제, 2000.11을 기초로 요약 보완한 것이다.

지하기 위해 철강에 보급금(일종의 보조금)이 주어졌고, 이 제도는 1951년 4월까지 계속되었다.

1) 금융 지원

2차 대전 이후 철강산업의 재건에 소요되는 자금을 정부의 재정자금 및 외부자금으로 충당하였는데, 부금(復金)[215], 대하자금(貸下資金)[216] 및 보급금제(補給金制) 등을 설정하여 운용하였다.

부금으로는 1946년에서 1948년까지 약 3년간 고로와 평로의 보수를 위한 설비 자금 및 적자보전을 위한 운전자금으로 총 35.2억 엔이 지원되었다. 대하자금 지급액은 전체 융자액의 약 20%나 되었다. 또한 이 정부 재정 자금은 융자에 따른 협조 융자로 간주될 수 있는 은행차입금이 49.7억원으로 전체의 36.4%를 차지했다. 이상의 부금, 대하자금 및 차입금을 합할 경우 전체의 67.2%나 되어 금융 지원의 주요 수단이 되었다.

1951년에서 1970년까지 3차례의 합리화 계획이 추진되면서 조성된 자금의 총액은 4조 3,932억 엔이나 되었다. 조달 방법에 있어서는 사내유보와 감가상각에 의한 내부 자금이 평균 40%였고, 외부 자금에 의해 조달된 자금이 약 60%였다. 또한 정부의 철강산업에 대한 우선적 지원 방침과 함께 대장성

---

215 부금(復金)은 2차대전 이후 일본경제의 부흥에 필요한 산업자금을 공급하는 정책금융기관 으로1947년 설립된 부흥금융금고(復興金融金庫)의 약칭이다. 이 자금의 상당부문을 채권발 행을 통한 중앙은행인 일본은행의 인수를 통해 조달했다. 그러나 이는 전후 일본 인플레이 션 확산의 원인이되었기 때문에 1949년 이후 신규 대출이 중단되었다가 한국의 6.25전쟁 을 계기로 일본 내 설비투자가 활발해지면서 일본개발은행이 부금(復金)을 승계했다.(Yahoo Japan 검색자료)

216 일본 정부가 민간에게 대출해 주는 자금이다.(Yahoo Japan 검색자료)

으로부터 시중 은행에 대한 융자 요청이 있었는데 이에 따른 시중 은행 융자는 재정자금 지원에 따라 협조 융자로 시행되었다. 시중은행 융자 외에도 각종 금고, 신탁은행, 생명보험사 등으로부터 받은 금융 지원을 합하면, 전체 조달액의 20%를 차지했다.

〈표 3-27〉 일본 철강업 합리화 자금조달 실적

(억 엔, %)

| | 조달합계 | 주식 | 회사채 | 차입금 | | | | | 자기자금 |
				정부	興銀長期	市銀등	外資貸付	計	
1차	1,885 (100)	176 (9.3)	290 (15.4)	172 (9.3)	459 (24.3)	210 (11.2)	140 (7.4)	981 (53.0)	438 (23.3)
2차	7,602 (100)	1,138 (15.0)	741 (9.7)	95 (1.3)	1,130 (14.9)	1,439 (18.9)	730 (9.6)	3,394 (44.7)	2,329 (30.6)
3차	11,012 (100)	2,949 (26.8)	854 (7.8)	54 (0.5)	801 (7.3)	2,477 (22.5)	192 (1.7)	3,525 (32.0)	3,683 (33.4)
合計	20,499 (100)	4,263 (30.8)	1,885 (9.2)	382 (1.6)	2,390 (11.7)	4,126 (20.1)	1,062 (5.2)	7,900 (38.6)	6,450 (31.4)

주: 3차는 1단계('61~'65년) 실적임.
자료: 市川弘勝, 「日本 鐵鋼業の 再編成」 1968.10을 이용한 POSCO 경영연구소, "POSCO의 국가경제에 대한 기여도 분석", 연구과제, 2000.11에서 재인용

2) 세제 지원

투자 촉진을 위한 세제 지원으로는 특별상각제도, 고정자산세의 경감, 자산재평가 감세, 투자준비금 제도 등이 있었는데, 이는 주로 2차 대전 이후 철강산업의 재건을 위해 1950년대에 시행된 특별 조치들이다. 특별상각제도

는 합리화 계획 추진을 지원하기 위해 1957년 4월부터 적용된 것으로 1965년까지 일본 총감가상각액의 17%에 달했다. 1952년 3월에 실시한 기업합리화촉진법에 의해 모든 철강기업이 적용을 받게 됨에 따라 일본 철강산업은 특별상각 제도에 의해 가장 큰 혜택을 받았다. 이 제도에서 "3개년 5할증상각(割增償却)"이 적용되었는데, 이는 일본 경제 재건에 기여하는 기계, 설비 등에 3년간 보통상각 범위 내의 150%를 상각할 수 있는 것이다. 자산재평가 감세는 1951년과 1954년 전후 3회에 걸쳐 철강산업의 자산재평가가 시행되었는데 이것이 자본축적에 기여했다.

투자촉진을 위한 세제 지원으로 수출 소득 공제제도가 1953년부터 1964년까지 시행되었다. 기술 개발을 촉진하기 위한 세제 지원으로 1960년 기부금의 전액을 손금(損金) 처리하도록 하였는데, 법인의 경우 일반 기부금은 손금산입(損金算入) 한도액의 2배를 공제해 주었다.

또한 1차 석유 위기 이후 에너지 절약, 공해 방지 및 기술 개발 등에 대해 세제와 금융지원을 강화했다. 특히 에너지 대책 투자를 촉진하기 위해 에너지 절약 설비, 석유 대체 에너지에 관련되는 설비 등의 취득에 대해서는 금액의 7%를 공제하거나 취득금액의 30%를 초년도에 특별상각하는 것에서 선택 적용하도록 했는데, 그 적용시한은 1981년 3월부터 1984년 3월까지였다.

3) 판매가격 및 무역 지원정책

일본은 1946~1950년 기간 중의 전후 부흥기에 인플레이션을 억제하기 위해 공업 생산의 주요 소재인 철강 제품의 가격을 낮게 유지하고 손실분에 대해서는 국가가 보상을 해 주는 정책을 실시하였는데 이를 가격차보급금(價格差補給金)이라 한다.

철강산업에 대한 가격차보급금 지급액은 1947년도부터 1950년도까지 합계로 988억 엔에 달했으며, 이는 전 산업에 대한 보급금의 약 30%를 차지했다. (표 〈3-28〉 참조) 이 보급금 외에도 철광석, 선철(銑鐵) 수입 시 수입보급금(輸入補給金)이 1949~1950년 합계로 110억 엔에 달했다. 이 두 가지 보급금을 합할 경우 약 1,100억 엔이나 되는 국가재정자금이 철강산업에 지원되었다. [217]

〈표 3-28〉 전산업에 대한 철강산업의 가격차보급금 비중

(회계년도 기준, 10억 엔, %)

	1946	1947	1948	1949	1950	합계
전산업(A)	9.0	22.5	62.5	170.2	68.4	332.6
철강산업(B)	-	3.9	21.4	50.8	22.8	98.8
비중(B/A)	-	17.2	34.2	29.9	33.4	29.8

자료: 市川弘勝, 「日本 鐵鋼業の 再編成」 1968.10을 재인용

한편 철강무역 지원정책에서는 저임금 등을 바탕으로 일본 철강제품의 국제경쟁력이 높고, 다른 국가로부터의 수입은 거의 없었기 때문에 특별히 수입 억제를 위한 정책적 수단을 강구할 필요가 없었다. 따라서 일본에서 보다 중요한 무역정책은 수출지원 정책이라고 할 수 있다.

그 구체적인 내용은 특별 저리(低利) 조건의 수출 금융을 실시하고 신용제한 대상에서의 예외를 적용했다. 1952년 설립된 수출금융회사를 통해 1~

---

217 市川弘勝, 「日本 鐵鋼業の 再編成」 pp. 114~115 참조

8년 기간으로 수출액의 80%를 융자하는 중장기 수출 지원과 1951~1953년 기간중 수출액의 4%를, 필요한 원료 및 자재 등의 수입에 활용토록 한 외국환 운수기금제(外國換運輸基金制)가 운영되었다. 또한 1950년 실시한 수출보험 특별회계법에 따른 제반 보험혜택, 일본수출입은행을 통한 수출 지원 등이 있었다.

4) 기술 지원정책

일본 철강업계는 가격 경쟁력을 보유하는 것 이상으로 세계 최고의 기술 수준을 계속 유지하는 것을 지상 과제로 생각하고 있는데, 일본 정부는 이러한 업계의 기술 개발 노력을 적극 지원했다.

기술 개발에 있어서 일본 정부의 역할은 크게 2가지였다. 그 하나는 업계의 리스크 부담을 경감해 주는 것이다. 철강산업의 기술 개발에는 거대한 자금이 필요하다. 이에 정부는 자금 출연과 금융 세제상의 지원을 통해 업계의 부담을 완화시켰다. 또 다른 하나는 협력 분위기 조성 기능이다. 철강 기술의 개발은 장기간 소요되므로 개별 기업은 부담일 수밖에 없다. 따라서 일본 정부는 협력을 통한 공동 기술 개발의 장을 마련해 줌으로써 기업 간 협력을 조성하고 기술개발 분야와 방향을 제시하는 조정자로서의 역할을 수행한 것이다.

철강기술개발과 관련된 중요한 금융지원정책으로는 일본개발은행 및 중소기업 금융공고(金融公庫) 등의 국책은행과 관민(官民) 합동의 특수법인 등에 의한 국산기술진흥자금 융자제도와 국산기술 상용화 등을 위한 융자제도 등이 있었다.

철강산업과 관련된 기술로는 1976년 신일철의 무계목강관 연구 등 3건과 스미토모금속(住金)의 중소형 정밀압연설비의 상용화 연구 등 3건 등이 지원되었다. 뿐만 아니라 일본철강연맹과 철강 8사(고로 6사 및 合同製鐵, 中山製鋼所)가 공동으로 추진해 온 용융환원제철법(DIOS법)의 연구 개발에 대한 투자이다. 1988년부터 총 155억 엔을 투자하여 추진된 DIOS의 연구개발비 중 일본 정부가 70%를 부담했다. 1980년대 후반 혁신철강기술의 개발에 있어서 일본 정부는 용융환원제철법 연구개발에 14억원, 반응고가공 프로세스 개발에 100억 엔 등을 출연했다.[218]

나. 전세계적으로 유례가 없는 정부 주도의 철강 Cartel

2차 대전 이후의 일본 철강가격제도는 1950년 7월 통제가격 및 강재 가격차 보급금(價格差補給金)이 전면적으로 폐지된 때 야와타(八幡)제철이 채용한 제조사 희망 소매가격(建て値制) 표시 제도를 중심으로 형성되었다. 철강업체가 거래 상사를 소집하여 매월 개최하는 "선물협의회"에서 결정되는 형식을 취했지만 실제로는 일방적으로 정하여 발표하는 가격이었다. 이 제도는 "생산원가+적정 이윤"을 기준으로 장기간 철강가격을 안정시키는 것이 목적이었다. 이는 카르텔 행위가 금지된 상황에서 존재했던 미국의 "관리가격제도"를 모방한 것으로 관리가격 형성을 명백히 지향한 것이었다.

한편 1958년에는 통산성(通産省)이 권고한 조업 단축을 통해 철강 수급 조절을 엄수하도록 하기 위한 목적으로 공개판매제도(이하 공판제)가 신설되었다. 다수의 기업이 독금법에 저촉되는 것을 피하려는 의도로 조직된 것으로, 통산성이 불황 대책을 위한 긴급 조치로 행정 지도를 맡는다는 조건으

---

218 임종원, 「철강산업의 경쟁과 협력」 서울대학교출판부, 1991.2.20, pp. 92

로 여기에 참여했다. 그러나 공판제의 형식이 어떻든 간에 그것은 실질적인 카르텔로, 통산성의 행정 지도라는 편법을 이용하여 독금법을 피하는 우회도로라는 비판을 면할 수 없었다. 독금법이라는 법률이 엄연히 존재하면서도 국가가 카르텔 결성을 지원하고 과점 가격 형성에 산파 역할을 한다는 것은 전 세계적으로도 유례가 없는 일이었다.[219]

일본의 경우 미국이나 유럽에는 없는 공판제라는 합법적인 무대에서 공공연히 강재 가격을 결정하는 것이 허용된 것이다. 공판제 발족과 동시에 제조사 희망 소매 가격 표시제도는 공식적으로는 명칭과 함께 폐지된 것으로 되어 있었지만, 기업별로 선물협의회가 계속되고 있었다.

공판가격제도는 대기업이 실행하고 있던 제조자 희망 소매가격 표시제도를 확장하여 수주에 기초한 생산을 기대한 것이었다. 통산성의 지도에 따른 것이긴 하나 설비의 자율조정과 병행하여 업계의 수급 조정을 통한 자율적인 가격 조절을 목표로 한 것이다. 불황 때마다 불황 카르텔 형성이 심화되고, 감산의 대상을 개별 강재에서 조강으로 전환하였다. 또한 통산성의 생산 지표가 지시되고, 수급 조절이 이뤄지고, 가격 변동이 저지되었다.

이 과정에서 공급 과잉이 발생하는 제품의 감산에 대한 엄중한 감시가 이루어졌으나 이것이 평로를 대체하여 전로(轉爐)로의 전환을 촉진했다. 즉 원가절감을 위한 노력의 일환으로 생산성이 낮은 평로 설비를 축소하고 전로 설비로의 전환을 촉진한 것으로 일본의 국제경쟁력을 높이는 데 큰 힘이 된 것은 뜻밖의 행운이었다.[220]

---

219 大橋周治, 「現代の産業 - 鐵鋼業」 東洋經濟新報社, 1966.12, pp. 252~260

220 川崎苿, 「日本鐵鋼業-その軌跡」 1974.10, pp. 401

다. 철강업계 구조조정기의 정부의 지원[221]

오일쇼크로 인한 경기 침체로 철강 소비가 감소한 가운데, 고로사들을 중심으로 설비 능력 확장이 지속되면서 일본 고로와 전로의 생산량 대비 과잉능력[222]은 1970년대 중반부터 1980년대 초반까지 확대되었다. 예를 들어 일본 고로사들의 산소전로 능력은 오일쇼크 이후에도 지속 확장되어 1973~1977년 기간 중 약 1,900만 톤이 증가한 반면, 동 기간 중 생산은 1,360만 톤이나 감소했다. 이에 따라 전로의 생산량 대비 과잉 능력은 1973년 2,500만 톤에서 1977년에는 5,760만 톤으로 확대되었고, 그 이후 설비 감축이 완만하게 진행되었음에도 불구하고 1983년에도 약 5,800만 톤의 과잉 능력을 보유하고 있었다.

특히 오일쇼크로 건설 경기가 갑자기 침체되면서 전기로 업체들의 공급과잉이 심각해졌다. 1973년 호황기에는 가동률 137%로 설비 능력이 부족한 상황이었다. 그러나 1973~1975년 기간 중 전기로 설비 능력이 1천만 톤 이상 확장된 가운데, 생산은 오히려 400만 톤 이상 감소하면서 과잉 설비는 약 820만 톤이 발생하고 가동률은 67.2%로 급락했다. 이러한 상황은 1970년대 후반까지 지속되어 1977년에도 가동률은 77% 수준에 머물렀다.[223] 이러한

---

221 1970년대 후반 이후의 구조조정기에 있어 일본정부의 철강산업 지원정책은 川端 望, "일본 철강산업의 과잉능력 삭감에 있어 정부의 역할 - 1970~2000년대 경험", Tohoku Economics Research Group Discussion Paper, No.371, 2017.7, pp. 1~18을 요약한 것이다.

222 여기에서의 과잉능력은 생산능력과 실제 생산량과의 차이, 즉 가동되지 않는 능력이라고 정의한다.

223 이에 따라 전로 가동률은 1973년 79.3%에서 1977년에는 58.6%로 하락했고, 1983년에는 54.5%까지 하락했다. 또한 전기로 가동률도 1973년 136.9%에서 1975년에는 67.2%로 급락했다.(일본 철강연맹, 「철강통계요람」 각년호 참조)

과잉 설비에 대한 구조조정과 이에 따른 고용 조정 문제에 대해 정부 대책의 필요성이 대두되었다.

1) 1980년대까지의 구조조정 지원정책

이처럼 설비 과잉이 지속되자 일본 정부는 평로 및 전기로 설비 감축 계획과 함께 1975년 이후 불황 카르텔을 실시했다. 특히 1977년에는 소형 봉강조합을 설치하여 강력한 카르텔을 실시했다. 그럼에도 불구하고 경기가 충분히 회복되지 않자 "특정불황산업안정임시조치법", 소위 "특안법(特安法)"을 제정하여 1978년부터 1983년까지 실시했다. 특안법에 의해 철강산업이 구조적 불황산업으로 지정받게 되면서 산업 구조조정이 본격적으로 추진되었다.

특안법은 과잉설비 등을 처리하여 철강수급의 균형을 회복하고 불황을 극복하기 위한 목적으로 하는 법률로써 철강산업에서는 평로설비 및 전기로 업계에 적용됐다. 과잉설비 처리계획은 정부의 책임 하에 작성되어, 필요 시 가격과 생산량에 대한 공동행위를 정부가 지시했다. 즉 정부가 카르텔을 주도한 것이었다.[224] 과잉설비 처리를 위해 국영 '일본개발은행'과 민간은행들이 기금을 조성하여 설비처리에 필요한 자금을 채무보증해 줬다.

1978년의 특안법으로도 과잉설비 처리가 충분하지 않자 일본 정부는 "특별산업구조개선임시조치법(약칭, 産構法)"을 제정하여 1983년부터 1988년까지 시행했다. 산구법의 목적도 과잉설비 처리에 있었지만 생산 및 경영규

---

224 川端 望, "일본 철강산업의 과잉능력 삭감에 있어 정부의 역할 - 1970~2000년대 경험", Tohoku Economics Research Group Discussion Paper, No.371, 2017.7, pp. 5

모를 조절하려는 목적도 있었다. 여기에서도 전기로 업계가 지정되었지만 정부가 일방적으로 지정한 것은 아니고 업계에서 자율적으로 제출한 것에 기초하는 방식으로 변경했다.

더군다나 1985년의 플라자 합의 이후 급격히 엔고가 진행되어 일본 경제는 1986년에 불황에 직면했다. 수출이 어렵게 되자 일본 기업들의 해외진출이 활발해졌고, 이 시기부터 '산업공동화'라는 용어가 사용되기 시작했다. 이러한 상황에 대응하여 "산업구조전환원활화 임시조치법(원활화법)"이 제정되어 1987년부터 1996년까지 실시되었다. 동법의 특징은 과잉설비 처리와 함께 불황에 직면한 지역의 산업구조 전환을 원활히 하려는 두 가지 목표를 가졌다. 따라서 지정 대상은 산업이 아닌 기업과 지역이었다. 이때부터 산업정책의 대상이 기업과 지역으로 바뀐 것이다. 먼저, 과잉능력를 보유하고 있는 설비의 종류가 지정되고, 그 설비를 보유하고 있는 기업이 설비처리계획을 제출할 수 있도록 했다. 철강산업에서는 고로업계의 설비 즉 고로, 전로, 연속주조기, 열연설비 및 강관설비 등이 지정되었다.

원활화법에서의 계획은 해당 기업이 책정하고 정부의 승인을 받아 실행했다. 특히 고용대책을 포함하고 있다는 점에서 과거와 달랐다. 즉 구조조정으로 고용문제가 심각한 지역이 대거 등장하게 되고 이에 대한 해결책의 하나로 지역 고용대책을 재편·통합해 나가게 되었다.

이러한 시도의 일환으로 1987년부터 '산업구조전환 원활화 임시조치법'을 시행하였고, 교육훈련, 출향 등을 활용하여 산업 간, 기업 간 이동을 촉진하고 고용조정조성금의 활용을 통한 실업 예방과 고용 유지 및 고용기회의 개발을 위해 교육훈련 또는 임금 등을 보전해 주는 30만 명 고용개발 프로그램이 추진되었다.

2) 1990년대 이후의 산업활성화 정책

1990년대 초반 일본 경제 전반에 걸쳐 내수가 침체되었다. 이에 따라 각 산업에 있어 기업들은 과잉설비뿐만 아니라 과잉채무와 과잉고용이라는 3 중고를 안고 있었다. 이러한 상황에 대응한 일본 정부의 산업정책은 다음과 같이 전환되었다.

첫째, 추진 목적이 구조조정에서 산업활성화로 전환되었다. 구조조정정책이 저성장을 전제로 한 것인데 반해 산업활성화는 새로운 환경 하에서 경제와 기업의 성장을 다시 촉진하려는 것이다. 둘째, 산업 재생의 전제 조건으로 과잉설비의 처리뿐만 아니라 과잉채무, 과잉고용의 감축이 필요했다. 따라서 대상 업종이 과잉설비를 보유한 소재산업, 장치산업에서 다른 산업까지 확대되었다. 셋째, 산업재생을 직접적으로 추진하는 것으로 사업혁신을 기대했고, 이에 대해서도 정부의 지원이 명확화되었다. 넷째, 정책의 대상이 '기업'으로 보다 명확해졌다.

1990년대의 버블 붕괴로 인한 불황은 각 산업 분야에 심각한 영향을 미쳤다. 이를 해결하기에는 과잉 설비 처리로는 충분하지 않았고, 제도적 장치를 통한 높은 Cost 구조를 개선하고 신사업 등으로의 재편이 필요하다고 인식되었다.

이러한 상황에 대응하여 일본 정부는 "특정사업자의 사업혁신 원활화에 관한 임시조치법(통칭 사업혁신법)"을 제정하여 1995년부터 2002년까지 실시했다. 사업혁신법의 목적은 버블 붕괴에 따른 불황 상황에서 고용의 안정을 도모하고 사업 혁신을 원활히 추진하기 위한 것이었다. 사업 혁신으로는 신상품 개발과 생산 및 새로운 생산 방식의 도입, 새로운 판매 방식의 도입 등이었다.

법 적용이 되는 '특정산업'은 생산 및 고용이 일정 수준 이상 감소하고 있는 광공업과 이와 관련성이 높은 소매·도매 판매업자를 포함했다. 실제로 200여 개 업종이 지정되었고, 여기에는 철강산업과 같은 기초소재 산업뿐만 아니라 자동차, 전자기기, 산업용 기계 등 가공조립 산업도 포함되었다.

철강산업에서는 고로 5사, 전기로 10사 이상이 특정사업자로 승인을 받았다. 사업 혁신의 내용에는 NKK의 봉형강류 사업의 자회사 통합, 고베제강의 산세 냉연연속화, 물류업무의 자회사 이관 등도 포함되었다.

버블경제 붕괴 이후 일본 금융기관들은 부실채권 문제를 안고 있는 상황에서 1997년부터 아시아 금융 위기가 발생했다. 대형 금융 기관들의 도산이 이어지고 일본 경제는 다시 침체의 늪에 빠졌다. 이러한 상황에서 '금융기관의 불량채권 등으로 상당수 산업에는 대규모 과잉 채무와 과잉 설비 및 이에 따른 과잉 고용이 광범위하게 존재한다'는 지적이 제기되었다. 이에 따라 산업 재생 정책의 일환으로 "산업활력 재생 특별조치법(통칭 산업재생법)"이 제정되어 1999년부터 시행되었다. 동법은 당초에는 2003년까지 한시적으로 제정되었지만 4차례 개정을 통해 2014년까지 존속했다.

당초 목적은 고용안정과 함께 사업 재구축의 원활화, 중소기업 창업 및 신규 사업 개척 지원, 연구개발 활성화를 도모하는 것이었다. 특히 철강산업의 경우에는 사업재구축의 원활화를 위한 시책이 중점적으로 추진되었다.

철강산업에 대해서는 2003년 법 개정 시까지는 고로 4사, 전기로 5사가, 2003년 법 개정 이후 동 법이 폐지될 때까지는 고로 3사, 전기로 2사가 승인을 받았다. 승인을 받은 것 중에는 각종 설비투자 외에도 NKK와 가와사키제철의 통합을 통한 JFE의 설립, 신일철과 스미토모금속의 통합에 의한 신일철

주금(NSSMC)의 설립도 포함되었다.[225]

1990년대의 산업활성화 정책은 그 대상이 모든 산업이기 때문에 철강산업의 비중은 작았다. 그러나 철강산업 중 고로사들이 지원 대상이었다. 이 시기 고로사들은 일본 내수가 침체된 상황에서 Cost삭감과 강재 고급화를 통한 수출 전략을 추진했다.

1990년대의 내수 침체 상황에서 고로사들은 1990년대 중반까지는 고로 설비의 과잉능력을 삭감하고 이후에는 전로 설비 능력을 점진적으로 축소했다. 또한 고로업계 간 통합화 과정을 거치면서 고로사들은 과잉능력 삭감을 완료했다. 그 결과 2000년대 들어서는 고로사들의 매출액 경상이익률이 크게 개선되어 2005년에는 16.8%에 달했다. 이는 1980년대 중반 이후 최고 수준이었던 1989년의 7.9%를 대폭 상회한 수준이었다.

6. 일본은 운이 좋았다

가. 2차 대전 이후 대일 점령군의 당초 계획

한 국가가 전쟁의 폐허 속에서 산업의 재건을 위해서나, 후발개도국들이 빈곤에서 벗어나기 위해 산업화를 추진하기 위해서는 철강산업의 성장이 필수적이다. 철강산업은 한 국가의 산업화에 기초 소재를 공급하는 전략적 중요성 때문에 각국 정부의 보호를 받으면서 성장전략을 추진해 왔다.

---

225 川端 望, "일본 철강산업의 과잉능력 삭감에 있어 정부의 역할 - 1970~2000년대 경험", Tohoku Economics Research Group Discussion Paper No.371, 2017.7, pp. 10

그러나 2차 세계대전에서 패한 일본에 대한 생사여탈권은 연합국이 쥐고 있었다. 미국을 중심으로 한 연합국의 정책 결정에 따라 일본 경제뿐만 아니라 철강산업의 운명도 결정되게 되어 있었던 것이다. 1945년 일본에 대한 점령군의 정책은 1945년 9월 22일에 발표된 '미국의 초기 대일방침(對日方針)'에서 "일본은 완전히 무장해제하고, 완전히 비군사화한다"고 밝히고 있었다. 이를 위해 일본 경제도 ① 경제의 비군사화 ② 경제의 민주화 ③ 평화적 경제활동 재개 ④ 배상계획이 포함되어 있었다. 경제를 비군사화하기 위해 일본의 중공업은 평화적인 수요 한도 내에서 그 규모와 성격이 결정되고, 경제의 민주화를 위한 재벌 해체 및 독점 금지 등이 포함되어 있었다.

이처럼 초기 연합군의 기본정책은 일본의 잠재적인 전쟁수행능력을 완전히 제거하고, 일본 경제를 민주화한 것 2가지에 주안점을 두었다. 또한 미국 재무부장관인 H. Morgenseau 안에 따르면 일본과 독일 양국을 농업 국가로 전환시킨다는 구상도 상당히 유력하게 전해지고 있었기 때문에 일본 철강업계에서도 불안감이 심각했다. 더구나 철강업계가 우려한 것은 전쟁수행능력을 제거하기 위해서는 경우에 따라서는 철강 설비의 절반 이상이 철거되는 것이 불가피하다는 추정도 있는 등 심각한 수준이었다.

2차 대전 이후 일본 철강산업에서 가장 크게 문제가 된 것은 전후 배상과 기업 해체가 어떻게 될 것인가 하는 불확실성이었다. 배상의 문제는 일본 철강산업이 어느 정도 생산 수준을 허락받을 것인가를 규정하는 것으로 철강업계에서는 중요한 관심사였다. 또한 폐쇄되는 설비, 존속되는 설비의 결정에 따라 장래 일본 철강산업의 규모가 결정되는 것이었다. 또한 전시 생산에 협력한 철강산업이 독점 폐지 차원에서 해체되는 것도 예상되는 가운데 어떤 형태로 분리될 것인가를 예측하기 어려웠다.

배상과 관련하여 최초로 제시된 구체적인 수치는 '일본배상조사단'이 1945년 12월에 발표된 중간보고서로 "연산 250만 톤의 제강능력을 초과하는 설비의 전부를 철거한다"는 것이었다. 또한 1946년말에 발표된 최종 보고서에서는 "선철 50만 톤, 강괴 225만 톤, 강재 150만 톤의 철강설비를 유지하고 나머지 설비는 현물출자 형식을 통해 철거한다"고 되어 있었다.[226]

즉 일본 철강산업에 대한 연합국 측의 당초 계획은 일본의 전쟁 수행 능력을 완전히 제거하기 위해 철강설비를 평화적인 수요 한도 내에서 최소한으로 남기고 나머지는 전쟁 배상금 명목으로 폐쇄하는 것이었다.

나. 냉전에 따른 미국의 태도 변화

그러나 구소련의 공산주의 세력확장 등 국제정세가 변하면서 일본과 독일에 대한 '엄격한 평화(Hard Peace)'를 주장하는 미국의 강경노선은 힘을 잃었다. 여기에 소련의 공산주의 팽창을 막기 위해서는 일본과 서독 양국을 이용해야 하는 한다는 주장이 강하게 나타나기 시작했다. 2차 대전 이후 소련은 사회주의식 경제개발계획을 추진하면서 전쟁의 후유증으로부터 더 빨리 탈출하면서 안정적인 경제성장을 달성해 가고 있었다.[227] 더군다나 2차 대전 직후 동유럽 지역의 폴란드와 헝가리가 공산화되었고, 이듬해인 1946년에는 유고슬라비아와 루마니아가 공산화되는 등 동유럽 국가들이 소련의 정치, 군사적 영향력 아래 놓였다.

---

226 일본철강연맹, 「戰後鐵鋼史」 1958.10, pp. 6~7

227 소비에트 계획 경제 개혁이 시작된 1928년부터 1930년대 후반까지 연평균 약 20~22%의 경제성장률을 기록했고, 1940~1950년대까지는 10%대, 1960년대는 8~10%의 경제성장률을 나타냈다. (위키 백과사전, 인터넷 검색 자료)

이러한 소련의 팽창 정책에 위기의식을 느낀 미국의 트루만 대통령은 1947년 3월 공산주의 확장을 막기 위한 자유 우방국가들을 지원하겠다는 소위 '트루만 독트린'을 발표했다.[228] 자유세계의 패권을 쥐고 있고, 구소련의 포위전략을 추진하고 있던 미국이 우방들의 경제 부흥을 우선적으로 지원할 수밖에 없었던 것이다. 결국 소련과의 냉전이 시작되면서 미국 지도자들은 국제시장에서의 미국의 역할을 재정립하기 위해 외교 정책을 근본적으로 재조정했다. 그동안 미국은 전통적으로 미국 산업 우선의 보호주의 정책을 추진해 왔다. 그러나 소련과의 냉전이 시작되면서 미국은 자유 우방국들을 지원하기 위해 대외 원조와 자유무역 정책으로 전환했다.

이는 일본 철강산업에 있어서, 철거의 위기에서 부흥으로의 전환을 의미하는 것이었다. 결과적으로 말하면 일본 철강산업의 부흥은 이때 이미 확정되었다고 볼 수 있다.[229] 이처럼 미국이 일본과 독일 철강산업의 재건을 결정한 것은 공산주의의 위협에 대처하기 위한 정치적인 동기에 의한 것이었다. 2차 대전 종료 초기에는 일본과 독일 철강산업의 재건에 소극적이었던 연합국들이 소련과의 대립이라는 새로운 환경에 대응하여 일본과 독일의 경제와 철강산업을 재건시키는 방향으로 선회한 것이다.[230]

또한 아시아 지역에서는 구소련뿐만 아니라 1949년 중국의 공산화와 1950년 한국에서의 6.25 전쟁이 미국의 전략을 수정했다고 할 수 있다. 예를 들어 1949년 중국이 공산화되자 1949년 10월 미국은 국가안전보장회의를

---

228 인터넷 다음 백과사전 등 검색 자료

229 일본철강연맹, 「戰後鐵鋼史」 1958.10, pp. 28

230 児玉光弘, 「アメリカ鐵鋼業の盛衰」 日鐵技術情報セン-, 1994.8.1, pp. 35

열고 정부정책의 수정을 권고했고, 미국 정부는 이를 받아들여 일본에 대한 점령정책을 수정하기로 결정했다. 즉 일본의 정치적 안정화를 도모하고 공산화를 방지하기 위해 일본 경제를 부흥시키고, 경제안정에 역점을 두기로 결정한 것이다.[231]

다. 6.25를 계기로 기사회생

2차 대전 패망에 따른 영향으로 자금부족과 유효수요가 감소하여 불황이 심각해지고, 철강기업들은 어려운 경영 환경에 직면해 있었다. 이에 대응하여 기업의 합리화가 강력히 요청되던 시기였다. 이러한 심각한 불황과 기업의 경영악화를 극적으로 반전시켜 준 것이 한국의 6.25 전쟁이었다. 한국 전쟁의 발발로 대량의 특수와 수출이 급증했고, 일본 경제는 활황기로 전환되었다.

6.25 전쟁이 발발하자 미국은 본국으로부터의 전쟁 물자 운송에 많은 시간이 소요되기 때문에 대신 일본에서 소재를 공급받기로 전략을 수정했다. 이에 따라 미국 군당국으로부터의 군수용 철강 수요가 증가했고, Dodge Line으로 야기된 디플레이션 환경이 극적으로 전환되어 급속한 가격 상승이 발생하였다. 이에 따라 일본 철강업계의 재무 환경이 크게 개선되는 등 재성장을 위한 계기가 마련되었다.[232]

이처럼 일본 철강산업은 2차 대전 이후 거의 아사(餓死) 직전까지 갔다가 소련과의 냉전, 중국의 공산화와 6.25 전쟁이라는 대외적인 요인이 발생하

---

231 Naver Blog, "일본 현대사의 이해", http://blog.naver.com/jphi/150045487005 참조

232 市川弘勝, 「日本 鐵鋼業の 再編成」 新評論版, 1974.10, pp. 116~117

면서 기사회생했다고 하겠다.

라. 원료 자원 부족이 기회요인으로 작용

미국 등 연합국들의 일본 철강산업에 대한 지원뿐만 아니라 일본이 부족했던 철강자원이 아이러니하게도 일본 측에 유리하게 전개되었다는 점이다.

오스트리아에서 LD 전로가 개발되었지만 당시로서는 혁신적인 설비이고, 대량생산에 성공한 사례가 없는 등 LD전로를 도입하는 데 상당한 리스크가 상존해 있었다. 반면 평로는 이미 기술적으로 검증되어 미국 등에서 널리 상용화되고 있었고, 미국 기술자들의 기술 지원을 받아 일본에서도 조업기술에 상당한 진전이 있었다. 그러나 평로는 Scrap을 다량으로 필요로 했다.

반면 일본에는 Scrap 축적이 부족한 상황이었다. 따라서 1950년대 일본에서는 Scrap이 고가로 수입되고 있었다. 이러한 상황에서 1957년에 미국이 고품위 철광석 고갈 등을 이유로 Scrap의 일본에 대한 수출을 일부 제한했다. 결국 Scrap 공급이 부족한 일본은 평로 대신에 Scrap을 적게 사용하는 전로 도입을 촉진할 수밖에 없었다. 이러한 미국의 Scrap수출 제한이 결과적으로는 일본에 유리하게 작용함으로써 일본으로서는 행운이었다고 할 수 있다.[233]

또한 일본에는 철광석이나 원료탄의 매장량이 거의 없다. 따라서 수입에 의존해야 하는데 1950~60년대 조강 생산이 급증하면서 그에 필요한 수입을 안정적으로 조달하는 것도 커다란 과제였다. 그러나 1950년대 미국 철광석 생산 업체들이 고품위광의 고갈을 이유로 철광석 가격을 인상하면서 호주와

---

233 児玉光弘, 「アメリカ鐵鋼業の盛衰」日鐵技術情報センター, 1994.8.1, pp. 41

브라질 등에서 양질의 원료 광산이 개발되기 시작했다. 이와 함께 일본 철강업계는 광산 개발과 함께 선박 대형화를 통한 톤당 운송 Cost 하락 등으로 일본 철강업계는 철강원료를 미국 철강업계보다 저렴한 가격으로 도입할 수 있었다.

1960년대 일본 철강산업이 고도 성장을 가능하게 한 이유 중의 하나도 국제 철광석 및 원료탄의 안정적 조달과 가격의 안정에 있었다. 1960년대 들어 호주, 브라질 등에서 광산이 본격적으로 개발된 이후 공급량이 큰 폭으로 증가하면서 철광석 및 원료탄 가격이 하락했기 때문이다.

제3장

일본 철강산업 부활의 견인차, 신일철

1. 신일철의 성장 과정

특정 국가의 철강산업에서 개별 기업들의 성장은 그 나라 철강 수요 산업의 성장과 궤를 같이 한다고 할 수 있다. 기본적으로 철강산업은 내수 중심의 수요 산업의 발전을 통해 성장하기 때문이다. 철강산업은 중후장대하고 부가가치가 상대적으로 낮기 때문에 수출 비중이 무한정 높을 수가 없고, 따라서 국내에서의 시장지배력을 확보한 기업이 주도권을 갖게 되고, 그 기업이 국제경쟁력을 갖추고 세계 철강업계를 리드해 갈 때 세계 시장에서의 주도권을 확보하게 되는 것이다.

2015년 현재 세계 10대 철강사들을 살펴보면 POSCO를 제외한 나머지 철강사들은 모두 M&A 과정을 거치면서 대형화되었다. 신일철도 1970년 야와타제철과 후지제철의 통합을 통해 세계 최대 철강사로 올라선 이후 몇 차례 부침을 거듭하다가 1998년을 저점으로 조강생산량이 2007년 3,311만 톤으로 10여 년 만에 약 1천만 톤 증가했고, 2012년에는 스미토모금속과의 통합을 통해 현재의 위상을 유지하고 있다.

신일철은 이러한 양적인 성장뿐만 아니라 질적인 측면에서도 성장 초기부터 축적된 기술과 2차 대전 이후의 선진기술 도입 및 선도적인 기술혁신 등을 통해 세계 최고수준의 기술력을 확보함으로써 일본 철강산업의 부활을 이끌어왔다고 할 수 있다.

가. 신일철의 효시 - 야와타(八幡)제철의 설립

일본은 1868년 메이지 유신을 계기로 서양의 문물을 본격적으로 받아들이면서 산업화를 추진했다. 부국강병을 목표로 자본주의 육성과 군사력 강화를 추진하면서 철강 수요가 빠르게 증가했다. 그러나 군함, 병기 제조, 공업 발전 등에 필요한 철강 생산량은 극히 적어 대부분을 수입에 의존할 수밖에 없었다.

이러한 공급 부족 상황에서 몇 차례 제철소 건설계획이 추진되었다가 부결되는 과정에서 1894년 청일전쟁이 발발하자 제철소 건설 필요성이 급속히 높아졌다. 당초 일본 정부는 국영과 민영의 2가지 방안 중 미쓰이(三井), 미쓰비시(三菱) 및 기타 사업가에게 보조금을 지급하는 조건으로 철강업 진출을 요청했다. 그러나 이들 기업들은 사업 경험이 없고 채산성이 밝지 않다는 이유로 거절하면서 결국 국영으로 출발했다.[234]

일본 정부는 1895년 국영 야와타제철소 설립을 결의했다. 1901년 2월에는 대형 고로의 화입식을 거행했고, 5월에는 평로가 가동되는 등 일본 최초

---

234 市川弘勝, 「日本 鐵鋼業の 再編成」 新評論版, 1974.10, pp. 7~9

의 일관제철소가 완공되었다. 이렇게 신일본제철(Nippon Steel Corporation, NSC)의 뿌리인 국영 야와타제철이 설립된 것이다.[235]

야와타제철 설립 이후에도 일본의 산업화 진전 및 해외 식민지 확장 등에 따른 철강 수요가 증가하면서 1929년 야와타제철의 강재 생산은 100만 톤을 상회하기도 했다. 그러나 1930년부터 철강산업이 불황에 직면하자 다시 합병론이 고조되기 시작했다. 정부 기관인 임시산업심사회에서는 국영과 민간 제철소를 합병하여 하나의 제철 회사를 설립하자는 합병 구상이 발표되었다. 이 제철 합병 구상은 당시 일본 철강산업의 기초가 아직 견고하지 못하고 그 규모가 작아서, 야와타제철이 국영으로 있기 위한 여러 가지 제약이 있고, 민간 기업은 중소기업들이 분리 대립하고 있어서 어느 쪽도 발전을 기대할 수 없는 상태에 있다. 또한 장래의 강재 수요 증가에 대응하기 위해서는 거액의 확장 자금이 필요하기 때문에 일본 제철업의 근본적인 재건을 위해서는 합병밖에 없다 라는 것이 그 논지였다.

이러한 과정을 통해 1934년에 전쟁 준비를 위해 야와타제철을 비롯한 8개의 제철소가 합병되어 일본제철이 설립된 것이다. 일본제철은 당시 일본 내 제선 수요량의 97%, 조강의 53%를 공급함으로써 철강의 자급자족 체제를 달성하였으며, 규모의 경제를 통해 저가의 철강재를 대량으로 공급할 수

---

235 신일철의 효시에 대해 1895년 설립되어 후지제철 소속으로 1970년 신일철로 통합된 가마이시(釜石)제철소를 그 효시로 보는 시각도 있다.(포스코경영연구소, 「新철강시대 글로벌 철강산업의 도전과 기회」 한국철강신문, 2008.6.1, pp. 286) 그러나 가마이시 제철소는 목탄고로를 가진 상공정 전용 공장이었다. 여기서는 일관제철 공정을 가지고 최초로 가동된 것은 야와타 제철소이므로 야와타를 그 효시로 본다.

있었다.[236]

나. 신일철의 탄생

1) 국내외 경영환경 변화

2차 대전 직후 점령 연합군은 일본의 전쟁 수행 능력을 없애고 대형 기업의 경제력 집중을 방지할 목적으로 1950년 일본제철(日本製鐵)을 과도경제력집중배제법(過度經濟力集中排除法)에 의거 해체하고, 야와타(八幡)제철과 후지(富士)제철로 분리했다.

그러나 1960년대 중반 이후 일본 철강업계는 대내외적으로 커다란 환경 변화에 직면했다. 대외적으로는 영국, 미국 등 선진국 철강기업들이 대대적인 합병으로 철강산업의 재편성이 일어나고 있었다.[237] 예를 들어 1967년 영국에서는 14개 철강사를 통합하여 거대 철강기업인 BSC(British Steel Corporation)가 설립되었다. 이러한 가운데 일본 경제가 1964년 OECD 가입을 계기로 개방화됨으로써 일본 철강업계는 국내외 시장에서 선진 기업들과 경쟁하지 않으면 안 되었다. 이를 배경으로 일본 정부는 기업규모의 확대를 통

---

236 新日本製鐵株式會社, 「炎とともに - 新日本製鐵株式會社十年史-」 1981.3, pp. 16~17

237 당시 유럽 철강업계에서는 British Steel의 통합뿐만 아니라 독일, 프랑스, 벨기에 등 각국에서 철강업체간 통합 움직임이 가시화되었다. '65.10월에는 Rheinhausen과 Bochumer Verein이 통합하여 Krupp Stahl이 탄생했으며, '67년 9월에는 독일에서 ATH, Phoenix Rheinrohr, Oberhausen 등이 통합하여 Thyssen Stahl이 설립되었다. 프랑스에서도 Usinor사가 '66.7월 Lorain Escaut사를 인수했고, '68.1월 Wendel, Sidelor, Mossell 등이 통합하여 Sacilor사가 탄생되었다.(Tsutomu Kawasaki, *Japan's Steel Industry*, 1988, pp. 165를 이용한 곽강수, "세계 철강산업의 주도권 변화와 시사점", POSRI 경영연구 논문 준비자료, 1998.12에서 재인용)

한 후발 철강국인 일본 철강산업의 국제경쟁력 향상을 위하여 1968년 4월에 양사 합병 계획을 공표했다.

2) 합병을 둘러 싼 논쟁

그러나 양사의 합병이 순탄치만은 않았다. 통합 발표 이후 이에 대한 찬반 논쟁이 치열하게 전개되었다. 양사 합병에 대해 정부와 재계는 대체적으로 찬성했다. 1966년 이미 산업구조심의회에서 철강업계의 신질서 구축을 위해서는 합병, 공동 투자 또는 업무제휴 등의 집약화가 필요하다는 의견을 제시한 바 있는 정부는 양사의 합병에 적극적인 지지를 보냈다.[238]

이에 반해 사회당 및 경제학자들은 거세게 반대했다. 사회당은 본래 철강 산업은 국유화해야 하지만 당면 대책으로써 "철강관리법(鐵鋼管理法)"을 제정하여 공적 관리를 하자고 제안했다. 또한 근대 경제학자 그룹 90명은 "대형 합병에 관하여"라는 의견을 발표하고 강한 반대 의사를 표명했다. 그들에 의하면, 첫째, 시장에서의 자유로운 경쟁은 경제 발전의 원동력이며, 그러한 사실은 독점금지법 하에서 2차 대전 이후 일본 경제가 급속히 성장했던 것이 좋은 본보기이다. 둘째, 대형 합병은 자유로운 경쟁을 실질적으로 제한할 가능성이 크기 때문에 국민경제적 관점에서 볼 때 좋지 않다고 주장했다.

한편 야와타제철과 후지제철의 노동 조합은 회사 측 설명을 듣고 반대를 위한 반대는 없었다. 다만 합병이 노동 조건 및 조직 문제에 중대한 영향을 미치므로 고용 안정, 노동 조건의 향상 문제에 신중히 대처하며 향후 조합의 의견을 충분히 반영해 줄 것을 건의했다. 또한 양 기업 노조가 속해 있는 일

---

238 임종원, 「철강산업의 경쟁과 협력」 서울대학교출판부, 1991.2, pp. 172 참조

본 철강산업 노동조합연합회에서도 합병이 국민 경제에 나쁜 영향을 미치는 관리 가격의 출현에 반대하지만, 관련 중소기업의 피해와 조합원의 노동조건 악화만 없다면 합병계획에 반대하지 않을 것임을 표명했다.[239]

3) 합병의 실현

이와 같은 찬반 논쟁 중에 공정거래위원회는 2년여에 걸친 조사와 수차례의 공청회를 거쳐 양사의 합병을 심사했다. 공정거래위원회는 기업의 합병에 따른 불공정 거래의 발생을 방지하는 데 우선적인 목표를 두고 있었기 때문에 양사가 합병함에 따라 합병회사의 시장에서의 비중이 어떻게 변할 것인가가 주요 관심사가 되었다. 그러나 1967~1968년도 기간 중 야와타와 후지 양사의 일본 전체에서의 선철 생산 비중은 45%에서 37%로, 조강 생산은 36%에서 27%로, 보통강 강재는 38%에서 29%로 감소했다. 이에 반해 NKK, 가와사키제철, 스미토모금속, 고베제강 등 4개 사의 선철 생산 비중이 48%에서 56%로 증가하고 있고, 나머지 기업들과의 경쟁에 있어 자유로운 경쟁이 행해지고 있다고 판단했다. 따라서 신일철이 합병되더라도 공정한 경쟁 분위기를 해치는 것은 아니라는 결론을 내리고 양사의 합병을 승인함으로써 1970년 3월 야와타제철과 후지제철이 합병되었다.[240]

합병 이후 신일철의 역사를 볼 때, 합병의 효과는 어느 정도 실현되고 있었다. 기업의 합병으로 국민경제상으로는 단점으로 작용할 수도 있지만 신

---

239 川崎 勉, 「일본철강업」 1989.12을 이용한 곽강수, "세계 철강산업의 주도권 변화와 시사점", POSRI 경영연구 논문 준비자료, 1998.12에서 재인용

240 川崎 勉, 상게서, pp 2 및 곽강수, 논문 준비자료 재인용

일철의 경우는 일부 경제학자들이 우려하였던 부작용보다는 시너지 효과가 더 크게 나타났다. 즉 합병을 통해 설비투자 및 기술개발, 원료 및 제품 수송 등에서 대폭적으로 효율성이 개선되고, 합병 후 지속적인 합리화 단행으로 경영체질이 개선되었다. 또한 자본 조달력의 강화, 판매 및 경영 전반에 걸친 안정화 추진 등으로 기업종합력이 강화되었다.[241]

다. 신일철의 성장과정

신일철은 1970년 합병을 통해 조강생산 3,298만 톤 규모의 세계 최대 철강사로 등장했지만 대내외 환경은 순탄하지만은 않았다. 통합 후 3년만인 1973년에 1차 오일쇼크가 발생하여 철강 내수 부진이 당초 예상대비 장기화되고, 2차 오일쇼크 등의 영향으로 수요산업의 생산활동이 침체되면서 신일철은 성장 정체에 직면했다. 또한 1980년대의 엔고 불황, 1990년대의 버블경제 붕괴 및 아시아 외환 위기에 따른 불황 등 연이은 경기 침체가 발생하면서 1990년대 후반까지 조강생산과 매출액 등 외형적인 측면에서 하락세를 경험했다. 조강생산 기준으로 1973년 4,099만 톤에서 1998년에는 2,320만 톤으로 약 43%나 하락한 바 있다.

그러나 신일철은 2000년대 들어서 뚜렷한 반등세를 보이고 있다. 2007년 조강생산은 3,310만 톤을 기록하여 1998년 대비 거의 1천만 톤 증가했다. 2008년 글로벌 금융위기 영향으로 2009년에는 2,750만 톤 수준으로 하락하기도 했으나 2010년에 다시 3,250만 톤으로 회복되었다. 그리고 2012년 스미토모금속과의 통합을 통해 그동안의 구조조정을 완성하고 2012년 조강

---

241 日興리서치센터, 「신일본제철의 연구」 1982.12, pp. 5~6 참조

생산 4,620만 톤의 세계 2위이자 일본 내 압도적 1위의 신일철주금(NSSMC, Nippon Steel & Sumitomo Metal Corporation)으로 재탄생했다. (〈표 3-29〉 참조) 이러한 양적인 성장뿐만 아니라 철강기술력을 바탕으로 신일철은 현재까지도 각 분야에서의 영향력을 행사하며 세계 철강업계를 리드해 가고 있다.[242]

2000년대에 들어서면서 세계 철강사들의 자동차강판 기술 도입을 위한 전략적 제휴 과정에서 신일철이 제휴 대상의 최우선 순위였다는 사실 자체가 이를 증명하고 있다고 하겠다.

〈표 3-29〉 신일철의 세계 조강생산 순위 변화

(백만MT)

순위	1971		1990		2000		2015	
1	신일철	34.8	신일철	28.3	신일철	28.4	A-Mittal	92.5
2	USS	28.5	U-Sacilor	23.3	POSCO	27.7	허베이	47.8
3	BSC	26.8	POSCO	16.2	Arbed	24.1	NSSMC	44.9
4	Bethle-hem	18.7	BSC	13.8	LNM	22.4	POSCO	38.0
5	NKK	12.9	USX	12.4	Usinor	21.0	상해보강	34.9

자료: IISI 통계자료

---

242 대신증권, "Nippon Steel & Sumitomo Metal", 기업분석- Global Company Report, 2016.7.29 참조

2. 신일철의 주도권 확보 · 유지 배경

가. 통합을 통한 시장지배력 확보 및 규모의 경제 향상

통합을 통해 신일철은 거의 모든 품목에서 시장지배력을 가진 거대 기업이 되었다. 열연제품의 시장점유율이 49.1%로 높아졌고, 냉연 41.6%, 석도강판 57.7% 등의 시장점유율을 확보함으로써 일본 내 수요산업 등에 대한 지배권을 행사할 수 있었다.

〈표 3-30〉 합병 직후 신일철의 시장점유율

(%)

	선철	조강	열연	후판	냉연	석도강판
시장점유율	44.1	35.5	49.1	35.6	41.6	57.7

자료: 新日本製鐵, 「炎とともに - 新日本製鐵株式會社十年史」 1981.3을 이용한 곽강수,"세계 철강산업의 주도권 변화와 시사점", POSRI 경영연구 논문 준비자료, 1998.12에서 재인용

이처럼 신일철이 시장지배력을 확보하면서 일본 철강업계는 그동안의 경쟁적 과점체제에서 협조적 과점체제로 전환되었다. 신일철의 합병 직후인 1970년 중반 일본 경제가 침체기에 접어들면서 합병의 효과가 시험대에 올랐다. 주요 철강 업체들은 1971년 통산성의 행정지도 하에 자발적인 생산 삭감안에 합의하고 이를 시행해 나갔다. 그러나 이러한 조치에도 가격이 안정되지 않자 1971년말 주요 생산업체들은 신일철 주도로 조강 생산에 대한 공식적인 불황 카르텔을 형성했다. 그리고 이러한 불황 카르텔 하에서 1972년초에는 자동차 업계, 조선 업계, 가전 등 주요 수요 산업과의 가격 인상 합의가 이루어졌다. 또한 1972년 중반 일본 경제가 회복되고 있는 상황에서 철강

업계는 연말까지 카르텔을 연장하여 수차례에 걸쳐 대폭적인 가격인상에 성공했다.

신일철은 이러한 국내 시장에서의 시장지배력 확보뿐만 아니라 자동차 등 철강 수요산업의 고도 성장에 따른 수요 증가에 대응하기 위해 1970년대 말까지 지속적인 설비 확장을 추진했다. 통합 이전부터 야와타와 후지 양사에 의해 추진되어 온 설비 능력 확장은 합병 이후에도 지속적으로 실시되었다. 특히 중점을 둔 분야는 기미쯔(君津)제철소 제2기 확장공사와 오이타(大分)제철소의 건설을 통해 일관제철소를 확립하여 최신예 제철소로 전력화하는 것이었다.

합병 당시 기미쯔제철소는 열연강판, 후판, 냉연강판 및 아연도금강판 등을 생산하는 조강능력 500만 톤 규모로 세계 최초의 AOL(All on-line)시스템에 의한 최신예 제철소였다. 합병 이후에는 향후 철강 수요 증가에 대응하여 제3, 제4 고로를 건설하는 등 1,000만 톤 체제의 확충을 추진했다.

또한 오이타제철소는 통합 이전인 1969년 12월 건설에 착수하여 1972년 4월에 1기를 준공했는데, 내용적이 5,070㎥로 당시 세계 최대 고로였다. 또한 1고로 화입 이후 2단계 확장을 실시하여, 1976년 10월에 완공했다. 제2고로는 1기 고로와 같은 내용적 5,070㎥의 최신 기술을 집약한 것으로, 이를 통해 오이타제철소는 조강 능력 800만 톤의 안정된 생산 체제를 확립했다. 또한 세계 최초로 모든 슬라브 생산 설비를 연속 주조 방식으로 건설함으로써 생산성을 향상시킬 수 있는 기반을 만들었다.

이처럼 기미쯔제철소의 확장과 오이타제철소의 건설에는 합병으로 강화된 신일철의 종합력이 결집된 것으로 다음과 같은 합병 메리트가 큰 힘이 되

었다고 할 수 있다.[243]

첫째, 합병에 따라 설비투자를 효율적으로 실시하여 기미쯔, 오이타제철소에 집중적인 투자가 가능했다는 점이다. 합병 이전부터 계획된 것이지만, 합병 이후 기미쯔(君津), 나고야(名古屋)제철소 新냉연공장의 연속소둔설비 건설의 연기를 통해 각 제철소 간의 중복투자를 방지할 수 있었다. 이에 따라 발생하는 설비 자금을 기미쯔와 오이타제철소 신증설에 중점적으로 배분한 것은 1970년 후반부터 시작된 경기 침체로 자금 조달이 어려웠던 시기에 효과가 컸다. 특히 당시에는 연주 설비를 적용할 수 있는 범위가 한정되어 있었기 때문에 오이타제철소에 연주 설비를 집약함으로써 세계 최초의 전연주(全連鑄) 방식의 일관제철소를 건설할 수 있었던 점은 합병의 커다란 메리트였다.

둘째, 전사적으로 합리적인 생산 배분을 실시하여 최신 설비를 갖춘 제철소 설비를 완전히 활용할 수 있었다. 예를 들어 1971년 불황 시에는 다른 제철소의 이해와 협력을 얻어 기미쯔제철소에 집중적으로 생산 배분을 함으로써 최신 설비를 풀로 가동했다. 1972~1973년에는 기미쯔제철소가 정상 가동됨에 따라 오이타 제철소의 풀 가동을 실시하여 전사적으로 생산효율을 향상시켰다.

이처럼 신일철은 야와타와 후지 양사의 통합을 통해 4,433만 톤 능력의 규모의 경제를 확보함과 동시에 1970년대말까지 양 제철소의 확장과 건설 등을 통해 대량생산체제를 구축했다. 한편 조강생산에 있어서는 통합 당시

---

243 新日本製鐵,「炎とともに‒新日本製鐵株式會社十年史」1981.3, pp. 353을 이용한 곽강수,"세계 철강산업의 주도권 변화와 시사점", POSRI경영연구 논문 준비자료, 1998.12에서 재인용

3,298만 톤에서 1973년에는 4,099만 톤으로 피크를 기록했으며, 수요구조 변화로 생산량이 완만하게 하락하고는 있었으나 1970년대 말까지 3,000만 톤 이상의 높은 수준을 유지하여 단위당 생산원가를 낮출 수 있었다.

나. 적극적인 기술개발을 통한 품질 비교 우위 확보

1) 합병 초기의 기술개발

2차 대전 이후 일본 철강업체들이 미국 등 선발국들과의 기술 격차를 축소하기 위해 선진 철강사들로부터 철강기술 도입을 적극 추진했다. 예를 들어 1950년대 초 야와타와 후지제철은 미국의 Armco Steel로부터 Strip Mill 방식에 의한 강판 제조기술 및 아연도금강판 제조기술을 도입했다. 뿐만 아니라 도입된 기술을 완전히 소화하고 개량화함으로써 독자적인 기술 능력을 확보했다. 이를 통해 합병 첫 해인 1970년 신일철은 기술도입보다 해외에 대한 기술 제공이 더 많은 기업으로 성장했다.

1970년 합병 이후 신일철이 가장 힘을 기울인 것이 기술개발이었다. 양사의 연구소를 재편성하여 새로운 연구개발본부를 설치하고 인적 교류 및 기술개발력 강화를 도모하여 기술개발 성과가 지속적으로 나타났다.

예를 들어 1972년 세계 최초로 연속소둔처리설비(CAPL)를 개발하여 기미쯔(君津) 제철소 냉연공장에 설치했다. 과거에는 냉연박판의 제조 시 냉간압연~검사까지 약 10일이 소요되었으나, CAPL의 도입으로 단 10분만에 처리할 수 있는 획기적인 프로세스였다. 이를 통해 인원, 에너지 및 건설 비용의 삭감을 도모하는 외에 자동차용 강판 등의 품질을 크게 향상시킬 수 있었다.

또한 1979년에는 6重式 냉간압연의 실용화 및 연속식 냉간압연 형상제어 기술의 개발에 성공했다. 1981년에는 고로에서의 미분탄 취입 조업을 처음으로 실시했으며, 50㎏급 고장력 후판을 개발하기도 했다. 한편 1984년에는 철강 프로세스에 처음으로 로봇을 도입함으로써 생산성을 향상시키는 효과를 가져왔다. 이처럼 도입된 기술을 개량하거나 이를 응용한 새로운 신기술 개발 및 고로 조업 노하우의 확립 등 일관제철소의 조업에 관한 종합적인 측면에서 신일철은 세계 최고 수준에 달했다.[244] 또한 이러한 성과를 바탕으로 해외 각국에 대한 기술 협력, 플랜트 수출이 활발히 이루어졌다. 그 핵심적인 기능은 합병에 따른 여유인력을 엔지니어링 부문에 집중 배치했기 때문이었다.

1970년대 초반 생산설비의 대형화 및 연속화를 축으로 생산성 향상을 추구한 철강기술의 경이적인 발전과 제1차 석유 위기 이후의 저성장기에 자원 및 에너지 절감을 위한 기술혁신은 신일철의 경영체질 및 국제경쟁력 강화에 크게 기여했다. 뿐만 아니라 일본의 기간산업으로써, 또는 세계 철강업계의 선도기업으로서의 역할을 충분히 다했다 해도 과언이 아니다라고 신일철은 평가하고 있다.[245]

2) 엔고 이후의 기술 개발

한편 신일철의 기술개발은 1980년대 중반을 기점으로 그 동안의 생산성 및 합리화를 위한 기술개발에서 제품의 고부가가치화를 위한 신강종 개발로

---

244 新日本製鐵, 「炎とともに - 新日本製鐵株式會社十年史-」 新日本製鐵株式會社, 1981.3, pp. 414 참조

245 新日本製鐵, 상게서, pp. 427 참조

전환했다. 즉 1986년에는 자동차용 차체 방청강판인 "Silver Alloy-E"를 개발했으며, 1988년에는 가공성이 좋은 압연용 소재인 "열연 BH 강판"의 개발에 성공했다. 또한 1989년에는 조선, 건축, 해양구조물 등 철강구조물의 경량화 추세에 따라 "건축구조용 TMCP(Thermo Mechanical Control Process)강"을 개발하기도 했다.

이처럼 1980년대 중반 들어 신일철이 기술 개발의 방향을 전환한 것은 조업기술의 개선이 상당히 진전되었다는 점 이외에도, 일본의 엔고 영향으로 가격경쟁력이 약화됨에 따라 범용강 중심의 판매에는 국제경쟁력을 확보하는 데 한계를 인식하고 제품의 고부가가치화나 新강종의 개발을 통한 제품 차별화 전략을 추진한 데서 비롯된 것이다.[246] 신일철의 기술 개발은 철저히 현장에서의 적용에 중점을 두어 왔으며, 또한 개발된 기술은 엔지니어링 부서를 통해 개량화되고 설비 제작되어 판매함으로써 기술 축적과 매출액 증대에 기여했다.

신일철의 연구개발은 그 양적 규모에서도 타의 추종을 불허할 정도였다. 신일철의 R&D 투자 규모나 매출액에 대한 투자 비중에 있어서 경쟁 철강사들에 비해 월등한 규모를 유지해 왔다. 1960년대 미국 고로사들의 R&D 투자 비중이 0.5% 전후에 불과할 당시에도 신일철 등 일본 고로사들은 1% 정도의 높은 수준을 유지했고 그 규모는 1990년대 초반까지 지속적으로 증가했다. 특히 1980년대 후반 자동차 산업을 중심으로 한 표면처리강판에 대한 연구개발 수요가 확대되면서 1993년 신일철의 매출액에 대한 R&D투자 비중은 3.6%로, 당시 1% 미만이었던 미국 고로사들에 비해 훨씬 높은 수준의 연구

---

246 박현성, "세계 최강으로의 재도약을 꿈꾸는 新日本製鐵", POSRI 내부자료, 1996, pp. 151

개발 투자를 지속한 것이다. (〈표 3-31〉 참조)

〈표 3-31〉 신일철의 연구개발비 변화 추이(1990년대 초반)

(억 엔, %)

	1990	1991	1992	1993	1994
매출액	26,083	26,294	23,689	21,588	20,909
연구개발비	711	813	836	779	674
R&D비중	2.7	3.1	3.5	3.6	3.2

자료: 신일철, 「신일철가이드」 1995.8, 대장성, 「유가증권보고서」 각년호를 이용한 박현성, "세계 최강으로의 재도약을 꿈꾸는 新日本製鐵", POSRI 내부자료, 1996, pp. 151에서 재인용

이러한 철강기술 연구개발 체제 구축과 적극적인 신제품 개발을 통해 신일철의 제품 생산구조가 고도화되었다. 1970년대의 범용강 중심의 생산구조에서 1980년대 이후 질적 성장으로의 전환과정에서 고부가가치화를 위한 투자가 강화되었기 때문이다. 이에 따라 총 판재류 생산제품 중 열연 제품의 비중은 1970년의 59.1%에서 1995년에는 45.7%로 하락한 반면, 냉연 제품은 1970년 23.9%에서 1985년에는 29.1%로 증가했으나 표면처리강판의 비중이 증가하면서 1990년대 들어서는 20% 이하로 하락했다. 이에 반해 표면처리강판의 비중은 1970년 16.9%에서 지속적으로 증가하여 1995년에는 35%로 증가했다. (〈표 3-32〉 참조)

<표 3-32> 신일철의 Product-Mix 변화 추이(판재류 비중)

(%)

	'70	'80	'85	'90	'95
열연	59.1	51.4	44.8	47.9	45.7
냉연류	40.9	48.6	55.2	52.1	54.3
냉연	23.9	26.7	29.1	21.0	19.1
표면처리	16.9	21.9	26.1	31.1	35.0

자료: 포스코경영연구소, "신일철의 경쟁전략에서 보는 POSCO의 대응전략", 1997.12

이러한 적극적인 연구 개발을 통해 신일철이 2000년대 초반 세계 철강업계의 자동차강판 기술 습득을 위한 제휴 경쟁에서도 가장 높은 제휴대상 기업으로 지목되었으며, 현재까지도 세계 철강업계의 주도적 위치를 유지하고 있다. 또한 이를 바탕으로 2000년대 들어 생산량이 증가하는 등 일본 철강산업의 부활을 견인해 왔다.

다. 지속적인 합리화를 통한 경영 체질의 개선

역설적이게도 신일철의 역사는 합리화의 역사라고 해도 과언이 아니다. 1970년 합병 후 3년만에 오일쇼크가 발생한 이후 간헐적으로 발생한 위기 요인들 때문에 신일철은 주기적으로 위기 대응 전략을 통한 설비 및 인원 합리화를 추진해 왔기 때문이다. 신일철의 통합 이후 두 차례에 걸친 오일쇼크를 계기로 성장 둔화와 물가 급등이 발생하면서 장래 수요 예측 등 미래 경영환경이 극히 불투명하여 설비투자에 있어서도 새로운 대응이 필요했다.

신일철은 설비투자에 있어서도 환경 변화에 맞춰 탄력적인 대응을 해 왔다. 1970년대 에는 제철소 신증설로 인한 투자가 증가하여 1970년 설비투자액은 2,750억 엔, 1975년에는 3,250억 엔에 달하는 등 설비 확장을 계속하면서 1970년대 전체로 연평균 2,000억 엔 정도의 대규모 투자가 지속되었다. 이러한 투자 증가로 조강 설비 능력은 1970년대 초반의 제철소 확장 계획을 유지하면서 1977년에 4,700만 톤까지 증가했다. 반면 조강생산량은 1973년 4,099만 톤에서 1977년에는 3,166만 톤으로 1973년 대비 약 23%나 감소했다. 이에 따라 1977년 기준 조강설비 가동률은 70% 이하로 하락하는 등 경영 악화가 장기화되었다.

1차 오일쇼크로 철강산업의 성장 정체가 장기화되면서 신일철은 장기적인 저성장 시대에서 생존할 수 있는 기업 체질을 구축하기 위한 노력을 적극적이고도 우선적으로 실시했다. 이를 위해 1978년을 초년도로 하는 제1차 합리화 계획을 수립하고 "70% 조업으로도 채산성을 확보할 수 있는 기업체질"확보를 목표로 그 동안의 양적 성장에서 질적 성장으로의 전환을 모색했다. 이를 위해 각 제철소의 일부 설비 휴지를 통한 생산 설비의 집약이 실시되었다. 또한 자원·에너지 등의 Cost 증가에 대응하기 위한 Cost 절감 노력 및 省에너지 대책이 적극적으로 추진되었다.

1980년대에는 세계 철강 경기 침체 및 급격한 엔화절상으로 대외 수출경쟁력이 약화되면서 설비투자 목적에도 변화가 발생했다. 즉 과잉 설비가 본격적으로 삭감되면서 생산 관련 투자가 크게 줄어든 반면, 합리화, 자동화, 갱신 투자, 설비 유지·보수를 위한 투자 비중이 높아졌다.

특히 1985년 이후의 엔고 불황으로 신일철은 1986년 창사 이래 처음으로 영업 이익 △200억 엔, 순이익 △131억 엔의 적자를 기록했다. 1차 오일쇼크 및 2차 오일쇼크 상황에서도 적자를 기록한 적이 없던 신일철로서는 충격적인 상황이 된 것이다.

이러한 최초의 적자 충격으로 전략 명칭을 합리화 계획에서 '중기경영계획'으로 변경하면서 질적 성장에 초점을 둔 1987~1990 기간의 1차 중기경영 계획을 추진했다. 이 시기에는 1985년 플라자 합의 이후 엔고 상황에 대응하는 것이 중요한 목표가 되었다. 목표 년도인 1990년을 기준으로 2,400만 톤 규모에서도 수익 확보가 가능한 생산 체제 구축을 목표로 제철사업의 Cost 경쟁력을 근본적으로 강화할 계획을 추진했다. 또한 철강사업 부문의 침체에 대응하여 다각화 사업을 본격 추진하기 위해 '복합경영 추진체제'로 정관을 변경했다. 이를 통해 신일철의 사업 구조는 1981년까지의 철강과 엔지니어링 사업구조에서 1986년까지의 종합소재 메이커를 지향하다가 1987년부터는 복합경영체제로 전환한 것이다.[247] (〈표 3-33〉 참조)

〈표 3-33〉 신일철의 경영전략 추진의 역사

년도	경영계획	주요 내용
1978	제1차 합리화 계획	· 조강능력 감축: 4,700만 톤 → 3,600만 톤체제('80) - 휴지: 釜石(형강), 八幡(형강), 廣畑(후판)
1982	제2차 합리화 계획	· 조강 2,800만 톤 체제에의 대응 - 휴지: 室蘭, 廣畑, 堺의 각 고로 1기 등 총 3기
1984	제3차 합리화 계획	· 조강 2,700~2,800만 톤의 적정 생산규모 실현 - 휴지: 室蘭(형강), 廣畑(형강), 釜石(고로 1기) 등
1987	제1차 중기경영계획 ('87~'90)	· 1990년도 조강생산 2,400만 톤으로도 수익확보 가능한 생산체제의 실현 - 휴지: 八幡, 室蘭, 廣畑, 釜石, 堺의 고로 5기 · 복합경영 중장기 Vision 수립

247 포스코경영연구소, "일본 경제 및 철강산업 大해부", 연구과제, 2013.12.9, 참조

세계 철강산업의 주도권 변화

1991	제2차 중기경영계획 ('91~'93)	· 세계 최고의 철강사업 경쟁력 실현 - 신제품 개발 및 생산 · 물류 시스템의 혁신 - 3년간 6천억 엔 이상의 설비투자 - 15% 노동생산성 향상 · EI, 화학, 도시개발을 신규사업으로 추진
1994	제3차 중기경영계획 ('94~'96)	· 철강사업에서의 국제경쟁력 재구축 - 3,000억 엔의 코스트 삭감 - 20,000명 종업원 체제 구축 - 시장별 · 품종별 사업전개 강화 · 조직 및 업무 운영의 혁신 - 현장으로의 권한 이양을 통한 작은 본사 실현 - 품종별 사업부제 운영 · 복합경영전략 강화 · 적극적인 신시장 개척

자료: 박현성, "세계 最强으로의 재도약을 꿈꾸는 新日本製鐵", 포스코경영연구소, pp. 155

　그러나 1990년대 들어 시작된 일본경제의 버블 붕괴로 인한 철강 수요가 급격히 침체되면서 1993~1994년은 신일철에 있어서 전환의 해였다. 1993년은 일본 철강업계에 버블 붕괴의 영향이 현저하게 나타나면서 신일철은 단독 기준으로 영업이익 △208억 엔, 순이익 △309억 엔의 적자를 기록하는 등 사상 최대 규모의 적자를 기록했다. 신일철 내부에서는 이러한 상태가 지속될 경우 철강업을 본업으로 전개해 나갈 수 없다는 위기감이 팽배했다. 이 때부터 회사의 철강사업을 어떻게 재구축할 지에 대해 진지하게 논의되었고, 이를 통해 책정된 것이 1994년도를 시작으로 하는 제3차 중기경영계획이었다.

　이러한 적자 충격으로 신일철은 대규모 구조조정 전략을 추진했다. 1994년부터의 3차 중기계획 기간 중 3,000억 엔 규모의 Cost를 절감하고 제철소 및 본사 부문의 인력을 중심으로 인력을 감축하여 달러당 100엔 하에서도 수

익을 낼 수 있는 안정적인 경영 기반 구축을 전략 방향으로 설정했다. [248]

3차 중기 경영 계획에서는 세계 최강의 코스트 경쟁력 확보를 목표로 당시 최강이었던 POSCO를 타겟으로 하여 Cost 경쟁력 강화에 초점을 두었다. 그러나 3년 만에 POSCO와의 격차를 줄이는 것은 불가능한 상황이었다. 때문에 제4차 중기경영계획을 포함하여 6년간에 걸쳐 Cost 절감 노력이 진행되었다. 이를 위해 그룹회사에 파견되어 있던 사원의 대규모 전적(轉籍), 일렉트로닉스 사업에서의 철수를 비롯하여 만성적인 적자사업의 분리 등 대담한 시책을 추진했다.

라. 경영위기 시의 노사 간 협력

1) 신일철의 고용합리화 추진

신일철에서는 1980년대 중반 이후 설비감축이 본격적으로 추진되면서 초기에는 제철소 간 배치전환을 중심으로 고용을 조정했으나 계속적으로 발생하는 과잉 인력을 어떻게 할 것인가가 주요 과제로 떠올랐다. 신일철은 과잉 인력을 감축하기 위해 사업다각화 추진과 밀접한 연계를 갖고 추진해 왔으며, 인력 감축 시 기존의 고용 관행을 유지한다는 원칙을 유지시켜 왔다. 즉 정규 노동력의 직접적인 해고방식이 아닌 배치전환, 출향, 희망퇴직 실시 등과 같은 고용합리화 방식을 유지했다.

예를 들어 엔고 불황에 대응하기 위해 신일철은 1987년 제1차 중기경영계획에서는 대규모 합리화를 실시했다. 먼저 가동 중인 고로 12기 중에 5기를 휴지하고 압연 설비를 집약하는 것이었다. 이를 통해 발생하는 여유 인

---

248 포스코경영연구소, "일본 경제 및 철강산업 大해부", 연구과제, 2013.12.9 참조

력을 1990년까지 제철 사업 부문에서 19,000명을 감축하여 31,000명으로 감축할 계획이었다. 감축 인력의 활용 방법으로는 정년 퇴직과 조기 퇴직 등을 통해 9,000명, 신규 사업 분야 등 직종 전환을 통해 6,000명, 출향이나 사외 파견 등을 통해 4,000명을 흡수할 계획이었다.

그리고 일본 경제의 버블 붕괴가 본격화되어 철강 내수가 침체 상황에 빠진 1994~1996년 기간 중의 3차 중기 계획에서는 제철 사업 부문의 인력을 20,000명 체제로 감축할 계획이었다. 이를 위해 관리직과 행정직 등 전체 화이트칼라 인원의 약 40%인 4,000명을 감축하고 전체 기술직 블루칼라 인원의 15% 수준인 3,000명을 감축할 계획이었다.[249]

1980년대 후반 다른 고로사들은 배치 전환, 출향, 조기 퇴직 제도와 함께 실질적인 해고를 의미하는 전적(轉籍) 등 다양한 고용 대책을 통해 대규모 인원 감축을 실시하고 있었다. 반면 신일철은 배치전환, 출향, 조기 퇴직 제도 등 기존의 고용합리화 방식을 그대로 유지하면서 전적 방식은 채택하지 않았다. 그러나 1991년부터는 신일철도 55세 이상을 대상으로 전적 방식에 의한 고용합리화를 추진했다.[250]

2) 노조의 협조적 대응

경영자 측의 고용합리화에 대응하여 노조는 1977년부터 확립된 사전협의제를 통한 종업원 희생의 배제와 성과 배분을 두 축으로 하여 대응해 왔다.

---

249 POSCO, "일본 철강업체의 감산시 고용조정 사례", 1998. 8. 10 참조

250 염미경, "일본 철강대기업 고용합리화와 노조의 대응전략-신일본제철 야하타제철소의 사례-", 산업노동연구 제4권 제1호 1998, pp. 247~249

1987년 중기경영계획을 통한 대규모 합리화를 추진하는 과정에서 기업은 노사협의제도를 통해 노조의 동의와 협조를 구했고, 이에 대해 노조는 경영자 측의 제안에 대해 기업의 발전을 위한 불가피한 조치로 받아들였다. 이에 따라 신일철노련(新日鐵勞連)은 철강산업의 활성화 및 기업의 신규 사업을 적극적으로 지원하기로 하는가 하면, 1987년 '지역활성화계획 만들기'를 제창하고 지역사회의 구성원으로서 지역 만들기 운동에 적극적으로 참여해 간다는 방침을 세웠다. 예를 들어 야와타제철소의 노조는 중기경영계획에 따라 실시되는 대규모 합리화를 불가피한 것으로 보고 수용하기로 하는 한편, 고용 안정 및 증대 방안이 포함된 지역활성화 계획을 수립하기도 했다

또한 1990년대 들어 실시된 고용합리화 추진에 대해서도 노조는 경영자 측이 장기 계속 고용 보장을 준수한다는 것을 전제로 합리화 계획에 협력한다는 것을 밝혔다. 이에 대해 경영자 측에서도 정년까지 동일 기업에 근무한다는 의미의 장기 계속 고용 관행은 변질시키지 않는다는 것을 기본 원칙으로 했다. 이를 위해 가급적 관련 기업으로의 출향이나 사업다각화를 통한 신규 사업으로의 출향 방식을 채택했다. 이와 같은 장기 계속 고용 원칙을 견지한다는 노사 간의 합의 하에서 실질적인 해고에 해당하는 전적 방식에 의한 고용합리화 대상을 55세 이상의 종업원에 국한시키고, 전적 종업원에 대해서는 60세 정년까지의 임금을 계산하여 퇴직금으로 지급했다.[251]

이처럼 경영자 측의 고용합리화에 대한 노조 및 노동자의 저항감이 상대적으로 적었던 이유는 신일철의 고용합리화 정책이 종업원들의 고용 상실을 의미하는 것은 아니기 때문이기도 했다. 이 과정에서 경영자 측은 종업원의

---

251 염미경, 상게서, pp. 252~253

고용유지를 우선적으로 고려하고, 노조는 생산성 향상과 기업 내 고용조정에 적극 협력하는 관행이 정착되었다.

3. 신일철의 강점

2000년대 이후 철강 생산의 재상승 배경을 중심으로 살펴볼 때, 신일철의 강점은 설비 및 제품기술력, 생산 및 판매 중심의 글로벌 네트워킹 능력, 전후방산업과 지분 관계 혹은 오랜 협력 관계로 묶여있는 강력한 Supply Chain 등을 들 수 있다. 이와 함께 신일철이 강력한 경쟁력을 유지하고 있고 시장을 주도하고 있는 중요한 요인 중의 하나는 과거 4~5차례의 불황에 대응하고 극복해낸 경험과 노하우라고 할 수 있다.

가. 조업 및 제품 경쟁력의 비교 우위 확보

2000년대 초반 글로벌 철강사 간 자동차 강판을 중심으로 한 강재기술 도입을 위한 전략적 제휴 붐이 일었을 때, 기술 제공의 파트너로서 신일철을 포함한 일본 고로사들이 대부분 그 대상이었다는 점은 익히 알려진 사실이다. 특히 중국, 인도 등 개도국 철강사들은 자국 시장을 제공해 주는 조건으로 일본 고로사들이 보유한 기술 습득을 위해 노력했다. 그 기술 보유 철강사의 중심에 신일철이 있다는 점에서 신일철의 설비 및 제품기술력은 타사 대비 강점을 보유하고 있는 역량 중의 하나라고 할 수 있다.

신일철은 선강부문에서 타사보다 차별화된 조업기술력을 확보하고 있으며, 동시에 고급강 제조기술도 보유하고 있다. 우선 저가원료 사용 기술에서는 거의 세계 최고 수준인데, 2000년대 초반 기준으로 난(難)소결성 철광석 사용비율은 39%에 달하고, 미점탄 사용비율도 30~40%에 이르고 있다. 또한 2000년 이후 보유하고 있던 고로 8기 중 5기의 개수를 통해 고로 내용적을 대형화했다.

또한 기술의 비교 우위를 바탕으로 고급강 위주의 종합적인 넘버 원(No. 1) 메이커로서의 위상을 높여 왔다. 고급강 기술력 제고를 통해서 생산 능력을 확충하여 2000년대 초반에 고급강 생산비율을 70% 이상으로 높였으며, 특히 차별화 제품에 대한 개발 전략으로 고부가가치 제품의 자국 내 시장지배력에서 절대적 우위를 차지하고 있다. 예를 들어 특수강 박판의 경우 일본 국내시장의 50%를 차지하고 있으며, 궤조는 65%, 전기강판 50%, 석도강판이나 자동차용 아연도금강판의 경우도 40%의 점유율을 차지하기도 했다. 또한 제조와 기술 연구에 고객을 포함하는 일관 개발체제를 구축했고, 이에 맞는 공급 체제를 구축함으로써 고객 대응력이 우수하다는 점도 신일철의 장점이라고 할 것이다.[252]

이러한 기술력을 바탕으로 신일철은 자동차용 강판과 전기강판 등 주요 고급제품의 경우 세계 최고 수준으로 평가받고 있다. 〈표 3-34〉에서 보는 바와 같이 자동차용강판의 경우 이미 세계 최고 수준의 자동차용 GA 및 고기능 하이텐 제조기술을 보유하고 있으며, 고기능 냉연강판에 있어서도 독보적인 기술 수준을 자랑하고 있다. 또한 전기강판은 신일철의 기술로 TKS, AK Steel, 무한강철 등이 패밀리를 이루어 Hi-B Family 제품을 양산하고 있

---

252 포스코경영연구소, 「新철강시대 글로벌 철강산업의 도전과 기회」, 한국철강신문, 2008.6.1,
   pp. 300 참조

다. 특히 방향성 전기강판에 있어서는 이들이 세계 시장의 70%를 차지하는 등 발군의 경쟁력을 확보하고 있다. 후판과 선재 부문에 있어서도 3개 제철소에서 생산을 특화하여 제품개발을 체계화하고 있으며, 스테인레스 부문에서도 부가가치 향상을 위해 0.1mm 이하의 극박(極薄)STS Foil 사업을 강화해 가고 있다.

<표 3-34> 신일철의 주요 제품전략 및 위상

제품	세계시장 위상 및 기술수준	주요 개발제품
자동차 강판	세계 No.1 자동차용 GA 및 고기능 하이텐 제조기술 보유	Hot Press형 초고장력강(150kg), Trip형 GA고장력강(60/80kg), Pb-Free형 연료탱크용 강판 등
고기능 냉연강판	환경친화형 유해물질 Free화, 에너지 및 자원절약형 제품 양산기술 확보	고기능성 Cr-Free 강판, Super-DYMA 강판, Eco-TRIO 강판, 제진강판, 고흡열강판 등
후판	3개 Mill의 특화전략/제품개발 체계화 - 君津: API 중심, 大分: 조선용 중심, 名古屋: 극후물 중심	표층 초미세립강(HIAREST), 용접부 고인성 고장력강(HTUFF강), 저합금 고내식강(新S-TEN1)등
선재	3개 Mill의 특화전략/제품개발 체계화 - 君津: 고탄소강 중심, 釜石: 저탄소강, 室蘭: 자동차 중심	스틸코드용 선재, Pb-Free 쾌삭강, 자동차용 특수 봉선 등
전기강판	Hi-B Family(新日鐵, TKS, AK Steel,무한강철): 방향성 전기강판 세계시장 70% 점유	新 자구미세화 Hi-B, 하이브리드용 고급 무방향성 전기강판 등
STS Foil	STS 사업 고부가치화를 위한 0.1mm 이하 STS Foil 사업 추진	

자료: 新日鐵 가이드, 일간철강신문 등을 이용한 포스코경영연구소, 「新철강시대 글로벌 철강산업의 도전과 기회」 한국철강신문, 2008.6.1, pp. 302에서 재인용

나. 강력한 전후방 Supply Chain 구축

신일철의 강점을 이야기할 때, 또 하나 빼놓을 수 없는 것이 전후방산업과의 강력한 Supply Chain 구축이다. 원료 공급업체에서부터 최종 고객에 이르기까지 지분 관계를 맺거나 혹은 장기간의 공동 기술 개발과 전략적 제휴 협력을 통해서 매우 강력한 관계를 구축하고 있기 때문에 시황의 변동에도 안정적으로 대응할 수 있는 체제를 보유하게 된 것이다. 즉 원료 공급사에서 2차 가공, 유통, 최종 고객에 이르기까지 종합 상사를 적극 활용하고 있고, 특히 세계 Top Class의 고급강 수요기반을 갖고 있다는 것이 Supply Chain 상의 가장 큰 장점이다.

이와 같이 전후방산업에 걸친 강력한 Supply Chain의 보유는 원료의 안정적 구매와 원가경쟁력 강화, 수입재 방어 및 고급강 고객 확보를 통해 경기변동 시에도 안정적인 대응이 가능해짐으로써 경쟁력 확보와 지속 성장의 원천이 되고 있다.

우선 원료 공급 측면에서의 강점은 상사와 공동으로 글로벌 구매 네트워크를 구축해 나가고 있다는 점이다. 신일철의 철광석 개발수입 비중은 2005년 현재 33%에 이르고, CVRD, BHP Billiton 등 철광석 메이저 3사와 원료 이용기술 공동개발 등 꾸준한 협력관계를 유지해 왔다. 종합상사도 미쓰이물산을 중심으로 막강한 자금력과 정보력을 바탕으로 해외 원료투자를 확대해 왔다.[253]

철강 수요 확보 측면에서 신일철의 강점은 철강 2차 제품 기업들을 수직

---

253 포스코경영연구소, 「新철강시대 글로벌 철강산업의 도전과 기회」, 한국철강신문, 2008.6.1, pp. 306~307

계열화함으로써 안정적인 Captive 수요기반을 확보하고 있다는 점이다. 예를 들어 신일철은 2004년 일철강판(日鐵鋼板)과 일철건재(日鐵建材) 등 주요 단압밀을 완전 자회사화했다. 또한 가전 및 자동차용 2차 가공 분야를 강화하기 위해 철강회사와 가공 업체가 일체화된 사업이 필요하다는 판단 하에 2006년 4월에 미쓰이물산이 보유하고 있는 일철전자(日鐵電磁)테크노 주식을 23.7% 매입하여 동사에 대한 출자비율을 64.2%로 높였다.

또한 신일철은 직계상사에 대한 물류·유통 기능도 확대해 왔다. 강재 물류의 전략 공유화를 통한 수송의 효율 향상과 경쟁력 강화를 도모하기 위해 일철물류(日鐵物流)와 제철운수(製鐵運輸)를 완전 자회사하여 2006년 4월 1일부로 양사를 통합했다. 통합된 회사는 신일철 제품 수송의 70% 이상을 담당하고 있으며, 기미쯔(君津), 나고야(名古屋), 오이타(大分), 히로하타(広畑) 등 각 제철소의 수송 전반을 담당하는 신일철 그룹의 핵심 물류회사이다.

고객 측면에서 Supply Chain상의 강점은 세계 시장과 기술을 선도하는 초우량 고객군을 다수 보유하고 있다는 점이다. 자동차나, 기계, 부품 산업 등 세계 최고 수준의 기술력을 근간으로 하는 고부가가치 제품의 수요 기반을 보유하고 있다. 예를 들어 세계 소형 모터 시장의 80%를 차지하고 있는 일본의 부품 산업을 활용하여 신일철은 고급 전기강판시장을 주도하고 있다. 또한 이러한 초우량 고객군과 함께 공동으로 기술개발을 추진하고, 확고한 장기 안정적인 거래 관계를 구축하고 있다. API 강재의 경우 엑슨모빌(Exxonmobile)과 스미토모금속은 영국 석유회사 BP와 공동으로 기술 개발을 추진해 오고 있으며, 자동차 강판의 경우 전체의 40%를 고객과 공동으로

개발하고 있다.[254]

또한 해외시장에서도 신일철은 직계상사와 전략을 공유하면서 가공 거점을 확충하고 있다. 이는 일본 종합상사가 구축한 네트워크를 적극 활용함으로써 해외 영업을 강화하고 있는 것이다. 예를 들어 신일철주금의 직계상사인 일철주금물산(日鐵住金物産, NSSB)은 2017년 10월 NSSMC의 글로벌 판매력 강화를 위해 Mitsui Group의 철강 사업 부문을 인수하여 Mitsui가 보유한 유럽, 러시아, 인도 등에서의 코일센터의 공동 활용을 통해 통합 시너지를 창출하고 있다. NSSB는 Mitsui Group의 지분을 11%에서 20%까지 늘리는 동시에 글로벌 코일센터 25개를 공동 활용하면서 코일센터 수를 기존 14개에서 39개로 확대했다. 또한 기존 코일센터는 주로 동남아, 중국 및 북미지역 중심이었으나, Mitsui 그룹의 코일센터는 주로 유럽, 러시아, 인도 등에 분포하고 있어 세계 대부분의 지역에서 판매 네트워크를 구축했다.[255]

다. 글로벌 Network 구축을 통한 Captive 수요 확보

전 세계 철강 회사들과의 글로벌 네트워킹도 신일철의 강점 중의 하나이다. 사실 신일철의 글로벌 네트워크 구축 과정을 보면, 신일철이 주도적으로 추진하기는 했지만 신일철이 보유한 기술력에 매력을 느낀 해외 철강사들이 접근한 경우도 많았다. 신일철의 글로벌 전략은 크게 전략적 제휴, 기술 제휴, 합작 사업의 형태로 추진되고 있다. 전략적 제휴는 주로 메이저급 철강

---

254 박현성, 탁승문, 허진석, 최동용, "Supply Chain 관점에서 본 일본 철강사의 강점", POSRI 이슈리포트, 2006.10.9 참조

255 조문제, "일본 상사의 해외 코일센터 운영 특징 및 시사점", POSRI 이슈리포트, 2018.7.5 참조

사를 중심으로 해외시장 확보, 원가 절감의 시너지 효과 제고, 적대적 인수합병 방지 등을 목적으로 2000년 이후 활발히 추진해 왔다.

또한 오래 전부터 해외 철강회사와 기술 협력 중심의 제휴를 자동차용 강판 중심으로 합작 사업을 강화해 오고 있다. 신일철의 글로벌 전략의 핵심은 도요타자동차를 중심으로 한 일본 자동차 업체들이 해외에 진출하면서 고품질의 강판을 해외에서 현지 조달하고자 하는 요청에 대응하는 것이다. 일본계 자동차 메이커가 미국에서의 현지 생산을 확대함에 따라 신일철은 1980년대 후반부터 미국의 Inland Steel과 냉연 및 아연도금강판의 합작 사업을 시작하여 자동차용 강판의 현지 공급 기반을 구축했다. 2000년에는 브라질의 Usiminas사와의 용융아연도금강판 합작 공장이 가동되었고, 2001년에는 주요 철강사들과의 제휴나 합작 등을 통해 자동차용 고급강을 세계 주요 시장에 공급하는 체제를 강화했다. 즉 남미의 Unigal에 이어 유럽에서는 Arcelor와 제휴를 통해, 중국에서는 상해보강과의 합작사업을 통해 일본에서와 동일한 품질의 강판을 공급할 수 있는 체제를 구축한 것이다. 특히 중국의 상해보강과 Arcelor와 합작을 통해 냉연, 아연도금강판 회사인 BNA를 설립하여 2006년부터 가동을 시작했다. 이러한 글로벌화 전략의 결과 신일철은 중국과, 북미지역, 동남아, 인도, 브라질, 멕시코 등 세계 주요지역을 망라하는 글로벌 네트워크를 구축하게 되었다.[256] (〈표 3-35〉 참조)

256 포스코경영연구소, 「新철강시대 글로벌 철강산업의 도전과 기회」, 한국철강신문, 2008.6.1,
        pp 303~305

<표 3-35> 신일철주금의 해외 수요기반 구축사업

(%, 만 톤)

국가/지역	프로젝트명	출자비율	산세냉연	연속소둔	도금
미국 알라바마주	AM/NS Calvert	50	250	60	140
멕시코 몬테레시	Tenigal	49			40
태국 라용현	NSGT	100			36
인니 칠레곤시	KNS	80		(48)	48
인니 자르칸트주	JCAPCPL	49		60	

자료: 각 사 홍보자료를 이용한 박상우, "일본 철강산업의 구조개혁 성과와 시사점", 주간 경제 다이제스트, 한국은행 포항본부, 2015.4.24, pp 5에서 일부 수정

라. 다양한 상황에서의 불황 극복 경험

신일철이 어떤 난관 속에서도 흔들리지 않는 강한 체질을 구축할 수 있었던 배경 중의 하나는 과거 4~5차례에 걸친 불황과 이를 극복한 경험이라 할 수 있다.

1970년대 이후 불황에 대응한 신일철의 전략을 시기별로 살펴보면, 우선 1,2차 오일 쇼크 기간 중에는 신속히 낮은 수준의 조업 체제로 전환했다. 세계적인 경기침체에 대응하여 60~70%의 가동률 하에서도 채산성을 확보하기 위해 무로란(室蘭), 히로하타(広畑), 사카이(堺) 제철소의 고로 3기 등 경쟁력이 약한 노후설비를 휴지했다. 또한 현장 중심의 자주관리활동을 통해 에너지 절감을 본격적으로 추진하여 1974~1976년 기간 중에는 1973년에 비해 10.4%, 1979~1983년 기간 중에는 1978년대비 10%의 에너지 절감에 성공했다. 그 결과 경상이익은 1973년 1,316억 엔에서 1974년에는 680억 엔으로

이익이 줄어들기는 했으나 감산체제 하에서도 적자를 모면할 수 있었다.

한편 1985년 플라자 합의에 따른 급속한 엔고 영향으로 신일철은 또 한 차례 위기를 맞이하게 되었다. 1986년부터 시작된 일본 정부의 내수 부양정 책 및 세계적인 3저 호황[257]으로 1987년부터 일본 철강 경기는 회복되었지만 앞으로 닥칠 불황에 대응하여 상시적인 합리화 체제로 전환한 것이다. 즉 조 강 2,400만 톤 체제 하에서도 수익 확보가 가능한 시스템을 구축하기 위해 과거 최대생산, 최대이익이라는 'Max-Max 전략'에서 최저 생산 하에서도 이 익을 확보한다는 'Min-Max'전략으로 전환하는 신호탄이었다.

또한 공정 직결화를 통해 생산성 향상을 적극 추진했고, 노조 동의 하에서 제철소 인력의 출향을 추진하는 등 고용혁신도 도모했다. 그 결과 약 3천억 엔에 달하는 원가절감에 성공할 수 있었다. 이러한 대응으로 노동생산성은 10년 동안 약 2배 이상 증가했고, 가동률 60% 수준에서도 5% 내외의 이익을 달성했다.[258]

이후 1990년대 버블붕괴로 시작된 장기복합불황 기간에는 일본 전체 조 강 생산 9,000만 톤을 전제로 한 비상경영체제에 돌입했다. 우선 노사협력 기반을 바탕으로 한 위기의식으로 대대적인 합리화와 경영혁신을 본격 추진 하게 되는데, 달러당 엔화환율 80엔대 하에서도 수익확보가 가능한 체제를 구축하기 위해 5년 동안 약 5천억 엔의 원가 절감을 추진했다. 여기에는 본

---

257 3저 호황이란 1986년부터 1988년까지 전세계적으로 나타난 저유가, 저금리, 저달러 등의 영향으로 세계경제가 호황을 나타낸 것을 말한다. 이는 1980년대 초반의 고유가, 고금리, 고 달러로 표현되는 소위 3고에 대응되는 개념이다.

258 포스코경영연구소, 「新철강시대 글로벌 철강산업의 도전과 기회」, 한국철강신문, 2008.6.1, pp. 308~310

사 기능을 슬림화하면서 적자 품종에서 철수하는 동시에 경쟁 우위 품종으로의 전환을 신속히 추진했다. 이 과정에서의 판매-연구개발 일체형 품종별 사업부제 운영을 개시하여 수익 중심의 운영체제로 전환해 나갔다.

이러한 노력의 결과 10여 년이 지난 2004년에 신일철은 과거 최고 이익을 넘어서는 등 2003년부터 2005년까지의 중기경영계획에서는 재무목표를 1년 앞당겨 달성했다. 신일철은 1999년도부터 4년간에 걸쳐 퇴직급여금, 유가증권 평가손 등 3,000억 엔 이상을 특별손실 처리했다. 더욱이 2003년도에는 감손회계를 조기 적용하여 고정자산 평가손 600억 엔을 처리함으로써 일련의 회계 기준 변경에 따른 특별손실을 일거에 정리했다. 이것은 앞으로 특별손실 규모가 매우 작아진다는 것을 의미하는 것이었다. 2000년대 초반의 이러한 양호한 경영실적에 대해 신일철의 담당 임원은 "Cost 합리화의 성과이다. 1994년도 이후 지속적으로 Cost 경쟁력 강화를 추진해 온 것이 지금에 와서 결실을 맺었다"고 강조했다.[259]

이러한 합리화 노력뿐만 아니라 신일철은 생산성 향상을 위한 설비대형화를 추진했고, 고부가가치화를 위해 설비 및 연구개발 투자를 더욱 강화했다. 세계 철강사 중 최대 규모의 연구개발투자를 통해 자동차강판을 비롯한 최종 제품뿐만 아니라 조업기술 측면에서도 세계 최고 수준의 기술력을 확보했다. 이를 통해 전세계 주요 철강사들과의 제휴의 중심에 서고, 판매 기반을 구축함으로써 고급강 중심의 세계 Top 메이커로서의 위상을 확보했다고 할 수 있다.

---

259 포스코경영연구소, 「新철강시대 글로벌 철강산업의 도전과 기회」, 한국철강신문, 2008.6.1, pp. 298~299

일본 철강산업 재건의 일등공신, 니시야마 야타로(西山彌太郞)

제2차 세계대전이 끝난 직후 일본의 철강산업은 해체위기에 처하기도 했으나, 1970년대 들어서는 세계 철강산업의 주도권을 가져올 정도로 성장했다. 이처럼 일본 철강산업이 재건하는 데 있어 기업가정신을 발휘한 사람이 니시야마 야타로(西山彌太郞, 1893~1967)였다.

니시야마는 1919년 도쿄대학 공학부 야금과를 졸업했다. 대학 졸업과 함께 가와사키중공업에 입사하여 철강 부문의 공장장 등을 거쳐 1942년에 사장으로 취임했다. 2차 대전이 끝난 직후에 니시야마는 가와사키중공업을 제철업과 조선업으로 분리하자고 주장했다. 결국 1950년 4월에 가와사키제철은 가와사키중공업에서 분리되었고, 가와사키제철을 맡았다.

당시 가와사키제철은 선철을 구입, 평로를 통해 강철을 생산하고 압연기로 강판을 만드는 구조를 갖고 있었다. 니시야마는 지바현에 새로운 제철소를 건설해 가와사키제철을 제선, 제강, 압연을 통합한 일관제철업체로 키우려고 계획하고, 지바제철소를 1951년에 착공하여 1953년에 완공했다.

니시야마 야타로
가와사키제철 회장

그러나 지바제철소는 단순한 제철소가 아니라 향후 일본의 경제부흥을 규정하는 세 가지 혁신성을 내포하고 있었다. 첫 번째는 과당경쟁의 우려 속에서 미래 수요를 낙관하고 과감하게 일관제철소를 건설한 것이다. 1950년 일본에는 세 개의 일관제철업체가 있었다. 당시 일본의 철강업계에는 3개 회사만으로도 과당경쟁이라는 의식이 있었지만 과점적 경쟁관계가 국제경쟁력을 제고시키는 지름길이라고 주장하면서 제철소 건설을 강행했다.

두 번째는 최신 설비의 도입을 바탕으로 공장을 효율적으로 배치했다는 점이다. 니시야마는 민간기업으로는 처음으로 기술시찰단을 미국에 파견해 연수를 시키기도 했고, 임해제철소의 개념을 바탕으로 건설했다. 더 나아가 지바제철소는 당시로서는 세계에서 가장 우수한 공장 배치도를 갖고 있었다.

세 번째는 과잉 차입이었다. 지바제철소 건설에 소요될 자금은 163억 엔으로 계획되었다. 정부 지원자금 80억 엔, 회사채 31억 엔, 시중은행 차입금 10억 엔으로 구성되었다. 대부분의 자금이 타인의 자본을 차입해서 이뤄진 것이었다. 이를 위해 니시야마는 정부를 대상으로 부단한 설득을 했고, 은행에서 이사를 파견하는 것도 마다하지 않았다. 세계은행의 융자를 처음으로 개척해 해외에서 자금 도입을 실현한 사람도 니시야마였다.

니시야마는 1966년까지 가와사키제철의 사장과 회장으로 활동했고, 1965년에는 우리나라를 방문해 종합제철소의 규모와 입지에 대한 자문을 제공하기도 했다.

• 자료: [세계 철강산업을 움직인 10대 철인] 니시야마 야타로, 2005/05/29, http://blog.naver.com/basicity/120013536999

제4부

중국 철강산업

제1장

중국 철강산업 성장 과정

1. WTO 가입 이전의 성장 과정

가. 중국 정부 수립 이후의 철강산업 육성

동서고금을 막론하고 중공업을 중심으로 경제 성장을 추진해 온 나라들에 있어 철강산업의 전후방연관효과는 다른 산업에 비해 크기 때문에 어느 나라나 철강산업을 우선적으로 육성하고 지원해 왔다. 중국도 1949년 정부 수립 이후부터 21세기 들어서까지 철강산업 발전에 국력을 집중했다. 개혁개방 이전에도 미국과 소련과의 냉전 속에서 미국 등 서방에 대응하기 위해 군수공업을 육성할 필요성이 대두되었고, 이를 위해서는 소재를 공급하는 철강산업을 육성시킬 필요가 있기 때문이었다.

중국 정부가 산업 정책을 수립하고 실행한 것은 1949년 新중국 성립 이후부터라고 할 수 있다. 신중국 수립으로 자본주의에서 사회주의로 경제체제가 전환되었기 때문에 경제시스템을 바꾸는 일련의 조치들도 필요했다. 이에 따라 중국정부는 한국전쟁 기간 중인 1953년부터 1차 5개년 계획(1·5계획)을 수립하여 그들이 구상한 공유제를 기반으로 하는 사회주의 국가 건설에 매진했다.

중국은 1.5계획기간(1953~1957년) 중 舊소련의 중공업 우선정책을 모방하여 효율적인 자원 동원과 생산재 부문에 대한 우선 배분을 통한 급속한 공업화를 추구했다. 이러한 공업화에 필요한 소재 공급을 위해 중국 정부는 1.5계획 기간부터 철강산업을 우선적으로 집중 육성해 왔다. 따라서 중국 철강산업의 역사는 1.5계획이 추진된 1953년부터 본격적으로 시작되었다고 할 수 있다.[260]

이러한 국가적 과제를 완수할 수 있는 대표적인 산업정책은 공업입국을 표방한 중공업우선발전정책[261]이라고 할 수 있다. 이 시기에 중국 정부는 구소련의 원조 하에 대규모 철강 생산공장을 건설했으며, 막대한 사회 간접 자본시설에도 투자했다. 예를 들어 1.5계획을 시작하면서 구소련의 지원을 받아 안산(鞍山)강철, 본계(本溪)강철 및 태원(太原)강철의 설비를 신증설했다. 또한 무한(武漢)강철과 포두(包頭)강철을 신규로 건설했다. 이를 통해 중국의 조강 생산은 1949년 16만 톤에 불과했으나 1.5계획기간 중 평균 조강 생산은 95만 톤으로 증가했다.

'1·5계획'이 마무리된 후 중국은 사회주의 개조와 미국과 영국 등 서방국가를 추월하기 위한 사회운동이 전개되었으며, 산업정책들도 이러한 기조

---

260 포스코경영연구소, 「중국 철강산업의 오늘과 내일」 한국철강신문, 2005.6.1, pp. 91

261 중공업우선발전정책은 1953년부터 시작된 '경제발전 1차 5개년 계획' 기간에 발표된 정책으로 군수산업과 공업을 하나로 보는 '군공일체화' 기치를 내걸고, 철강·기계·화학·통신 등 산업을 육성하는 정책을 펼쳤다.

위에서 수립되었다. 이 시기에 추진된 대표적인 사회운동은 '대약진운동'[262]과, 문화대혁명이 시작되면서 추진된 삼선건설정책(三線建設政策)[263]이었다.[264]

1957년 11월 이념적 차이로 인해 중국은 구소련의 원조를 거부했고, 모택동(毛澤東)은 군중을 동원한 공업화운동인 대약진운동(大躍進運動)을 추진했다. 즉 중국은 소련식 개발모델을 뒤로 하고 모택동식 혁명 이념을 바탕으로 하는 새로운 자력갱생 전략을 추구한 것이다. 이에 따라 중국 정부는 1958~1960년 기간 중에 철강산업을 공업발전의 원동력으로 삼는다는 이른바 '이강웨이깡(以鋼爲綱)' 정책을 채택하여 60만기(基)에 달하는 토로(土爐)를 건설했다. 그러나 소련과의 관계 악화에 따른 소련 기술자들의 철수로 정상적인 조업이 어려웠다. 결국 1963~1965년의 경제 조정기간 동안 이들 토로가 폐기되면서 평균 선철 생산은 907만 톤으로 감소했고, 조강 생산도 983만 톤으로 감소했다.[265]

경제조정기를 거쳐 문화혁명(1966~1976년)을 추진하면서 중국 정부는 농촌 지역을 대상으로 철강, 탄광, 시멘트, 비료, 기계 등 5개 부문의 소형공업(五小工業)을 집중 육성했다. 이러한 소형기업 육성 정책에 따라 1975년

---

262 대약진운동은 1958년 2월 인민일보에 "국민경제가 대약진해야 한다"고 사설을 발표하면서부터 1958년부터 약 2년간 추진된 농공업의 대규모 증산 정책이다.

263 삼선건설정책(三線建設政策)은 미국과 소련의 냉전이 격화되자 전쟁 위협을 느낀 중국 정부가 중서부 내륙지역에 전략적인 후방군수공업기지를 구축하는 정책으로 중국 전역을 1, 2, 3線으로 나누고, 3線 지역에 군수공업을 위주로 하는 대규모 후방기지 건설작업이다.

264 서영인, "중국 철강산업발전정책이 산업조직에 미친 영향분석", 중국학연구 제57집(2011), pp. 370~371 참조

265 포스코경영연구소, 「중국 철강산업의 오늘과 내일」 한국철강신문, 2005.6.1, pp. 91~92 참조

에는 중국의 철강 기업 수가 2,826개에 달하면서 최근까지도 해결하기 힘든 난제로 남아 있었다. 1966~1976년 기간은 3.5계획과 4.5계획 기간에 해당되는 시기이다. 이 시기에 중국 정부의 철강산업에 대한 투자가 다시 급증했는데 투자의 80% 이상이 신규 철강설비 건설에 집중되었다. 또한 이 시기에 주요 중공업 시설 및 군수공장을 내륙지역으로 이전하는 이른바 '삼선건설(三線建設)' 정책이 강력히 추진되었다.

1971년에 시작된 4.5계획기간(1971~1975)에 중국 정부는 철강산업 발전을 위한 일대 전환을 시도했다. 무한강철이 일본과 서독으로부터 박판 제조기술을 도입하여 중국 철강산업의 기초를 구축한 것이다. 이는 중국이 구소련 이외의 선진국으로부터 철강기술을 도입한 첫 사례로써 보산강철(寶山鋼鐵) 건설의 모델이 된 것으로 평가된다.

중국 정부는 1976년부터 시작된 5.5계획 기간(1976~1980) 중에 연해안 지역에 선진형 일관제철소인 보산강철 건설을 추진하여 1978년에 비로소 현대적 의미의 제철소 건설을 시작했다. 중국 최대의 유통 및 상업 중심지역인 상해시 북동쪽에 위치한 보산강철은 황해 바다를 이용한 원활한 원료 수송을 염두에 두었다. 보산강철은 중앙정부인 국무원(國務院)의 직접 관할 하에 놓임으로써 세수(稅收)와 인력 배치 등에서 지방정부인 상해시의 견제를 받지 않는 특급대우를 받는 등의 정치적 혜택을 받았다.

보산강철 1기 공정은 1978년 12월에 착공하여 1985년 9월에 완공했고, 연이은 2기와 3기 공사를 통해 1998년 5월 1,000만 톤 생산체제를 구축하게 되었다.[266]

---

266 포스코경영연구소, 「중국 철강산업의 오늘과 내일」 한국철강신문, 2005.6.1, pp. 93~94 참조

나. 개혁개방 이후의 철강 산업 발전

중국 정부는 개혁 개방 이후인 1980년대에는 냉전시대에 전개된 중공업 우선 발전 전략의 산물로 왜곡되었던 산업구조를 바로잡는 차원에서 비대해진 중공업 발전보다 경공업 발전을 우선시했다. 따라서 개혁개방 초기 10년간(1979~1988년) 철강산업에 대한 투자는 답보상태였다고 할 수 있다. 당시 중국 정부가 소비구조, 경공업 및 중공업의 산업구조 등을 조절하기 위해 고정자산투자 건설 속도를 늦추는 속도 조절에 나섰기 때문이다.

1990년대 들어 중국은 개혁 개방에서 어느 정도 자신감을 얻으면서 본격적으로 WTO 가입에 대비한 산업 정책을 펼치기 시작했다. 우선 경공업 육성을 통한 산업구조가 합리적으로 조정되자, 이제는 국민경제의 견실한 발전을 도모하고 자국 산업의 경쟁력을 높이는 정책을 시행했다. 우선 국민경제의 지속 가능한 발전을 담보하고자 기계, 전자, 석유화학, 자동차 등 주요 전략 산업을 육성하는 정책을 시행했다. 또한 대기업 육성전략 등을 통해 기존의 '분산형 시장구조'를 '집중형 시장구조'로 전환시키는 정책을 시행했다.

이 시기에는 1980년대와 달리 지역별 균형발전을 도모하기 시작했다. 예를 들면, 80년대 경제특구 지정 등을 통한 연해안 중심의 발전 전략을 추진하면서 동부연해지역과 중서부지역의 경제발전 정도가 크게 차이가 나자, 중앙정부는 서부대개발 등을 제창하여 동부와의 경제 격차를 줄이는 정책을 선보였다.[267]

그 결과 1990년대 이후에는 다시 중공업이 경제 발전의 주축이 되면서 철

---

267 서영인, "중국 철강산업발전정책이 산업조직에 미친 영향분석", 중국학연구 제57집(2001), pp. 371~372

강산업이 다시 발전하는 전기가 되었다. 중국 조강소비의 연평균 증가율은 1980년대 4.7%에서 1990년대에는 7.2%로 높아졌다. 또한 1996년 중국의 조강생산량은 사상 최초로 1억 톤을 상회하면서, 일본(9,880만 톤)을 제치고 세계 1위로 부상했다. 이는 1980년 중국 조강생산량이 3,712만 톤으로 일본의 33% 수준에 불과했던 것에 비해 괄목할 만한 성장이라고 할 수 있다. 동시에 이러한 성장을 통해 중국은 철강 생산대국의 대열에 진입했고, 세계 철강시장에 적지 않은 영향을 미치게 되었다. 또한〈표 4-1〉에서 보는 바와 같이 개혁개방 이전인 5.5계획기간 중 연평균 조강생산량은 2,952만 톤에 불과했다. 그러나 9.5계획 기간인 1996~2000년 기간 중에는 연평균 1억 1,518만 톤으로 증가하여 개혁개방 이전인 5.5계획 기간에 비해 3.9배나 증가했다.[268]

〈표 4-1〉 1949~2000년 기간 중 중국의 철강 생산 변화 추이

(만 톤)

연도	선철	조강	강재
1949년	25	16	14
복구기(1950~1952)	436(145)	286(95)	221(74)
1.5기간(1953~1957)	1,998(400)	1,667(333)	1,320(264)
2.5기간(1958~1962)	8,362(1,672)	5,590(1,118)	3,857(771)

---

268 서영인, "중국 철강산업발전정책이 산업조직에 미친 영향분석", 중국학연구 제57집(2001), pp. 378 및 포스코경영연구소, 「중국 철강산업의 오늘과 내일」 한국철강신문, 2005.6.1, pp. 93 참조

조정기간(1963~1965)	2,720(907)	2,949(983)	2,131(710)
3.5기간(1966~1970)	6,145(1,229)	6,577(1,315)	4,658(932)
4.5기간(1971~1975)	11,456(2,291)	11,494(2,299)	7,774(1,555)
5.5기간(1976~1980)	15,692(3,138)	14,758(2,952)	10,519(2,104)
6.5기간(1981~1985)	19,090(3,818)	20,305(4,061)	15,709(3,142)
7.5기간(1986~1990)	28,328(5,666)	29,586(5,917)	23,145(4,629)
8.5기간(1991~1995)	43,363(8,673)	42,945(8,589)	37,447(7,489)
9.5기간(1996~2000)	59,724(11,945)	57,592(11,518)	55,311(10,062)

주: 기간 중 합계 생산량, ( )안은 기간내 연평균 생산량

자료: 중국강철협회, 「중국철강통계연감」 각년호를 이용한 포스코경영연구소, 「중국 철강 산업의 오늘과 내일」 한국철강신문, 2005.6.1, pp. 93에서 재인용

2. WTO 가입 이후 고도성장과 위상 변화

가. WTO 가입 전후 시장환경 변화

1979년에 시작된 중국의 개혁개방정책에 따라 정부의 계획경제 틀 속에서 움직이던 생산 부문에 비해 판매 부문은 보다 빠른 속도로 시장경제화되었다. 1993년에는 철강재 가격이 완전 자율화되었고, 1996년 정부의 정책 방향이 생산 규제에서 수급 조정으로 전환되었다.

정부주도형의 관리 체제에 큰 변화가 온 것은 1998년 야금공업부가 국가 경제 무역위원회 소속의 야금공업국으로 축소되면서부터이다. 또한 1999년에 민간기구인 중국강철공업협회(CISA)가 창립되면서 철강산업의 주도권이 정부에서 민간으로 이양되기 시작했다. 2000년에는 야금공업국마저 폐지되

고, 주요 기능이 CISA에 이관되었다. 그리고 2001년에는 중국의 WTO 가입으로 철강재 무역 등의 자유화 조치가 취해짐에 따라 철강산업은 국유 독과점에서 민간의 진입이 가능한 산업으로 완전히 전환되었다. 2002년 2월 중국은 WTO 가입을 계기로 자국산업 보호를 위해 내수용 원자재 수입에 대해 매년 수입량을 할당해 온 수입허가제를 폐지했다.[269]

이러한 정부정책의 변화 속에서 WTO 가입 이후 전 산업 분야에서 민간의 자율적인 경제활동이 활성화되면서 중국의 인프라 건설 및 제조업 부문이 빠르게 성장했고, 그 결과 철강 수요는 급격히 증가했다. 2002년 강재 소비는 전년비 25.3% 증가하는 등 2001~2005년 기간 중 조강소비는 연평균 21.3%나 급증했다.

그러나 기업들의 설비 투자가 증가했으나 설비 완공까지의 시차가 발생하면서 2000년대 초반 철강 공급은 부족해졌다. 그에 따라 강재 자급도는 2000년 93.1%에서 2003년에는 88.5%로 하락했다. 특히 자동차나 가전 산업에 소요되는 박판류의 자급도는 51%에 불과했다. 결국 부족한 공급을 수입에 의존하게 되고 더군다나 수입허가제가 폐지되면서 수입이 급속히 증가했다. 예를 들어 WTO 가입 이전인 2000년 중국의 철강수입은 2,070만 톤이었으나 WTO 가입 이후인 2003년에는 4,320만 톤으로 3년만에 두 배 이상 증

---

269 중국강철협회 설립 당시 조강생산 50만 톤 이상의 회원 199개 사를 보유한 민간 협의체로 중국 조강생산량의 92%, 매출액의 90%, 근로자의 70%를 보유하고 있었다. 설립 초기에는 야금공업국 기구와 인원을 이양받아 반민반관 성격을 보이기도 했으나 민영 철강사들의 회원 가입이 증가하면서 민간 이익단체로 자리 잡았다. (중국강철공업협회 홈페이지(www.chinacisa.org)를 이용한 김동하, "중국 거시경제정책, 산업정책, 중앙지방 관계가 철강수급에 미치는 영향력 연구", 한국외국어대학교 국제지역대학원 박사학위논문, 2007.2, pp. 100에서 재인용)

가했다.

〈표 4-2〉 중국의 5개년 경제발전계획상 철강관련 주요정책 및 주요 내용

구분	주요 철강 정책	비고
1.5계획 **(1953~1957)**	설비 증설(안산강철, 본계강찰) 및 신규건설(무한, 포두강철)	1949~1957년 기간 중 조강 생산량 28배 증가(16만 톤 →530만 톤)
2.5계획 **(1958~1962)**	대약진운동 추진 (고도성장, 대량생산)	선철 연평균 1,672만 톤 생산
3.5계획 **(1966~1970)**	소형 철강기업 집중 육성 (중복 생산, 중복투자)	철강기업 수 급증(2,826개)
4.5계획 **(1971~1975)**	일본으로부터 박판 제조기술 도 입	중국 철강산업의 기초 구축
5.5계획 **(1976~1980)**	보산강철 건설 (선진형 일관제철소)	현대적 의미의 제철소 보유
6.5계획 **(1981~1985)**	철강제품 이중가격제 실시 (85% 지정가격, 15% 시장가격)	강재수입 급증 (1985년 2,000만 톤)
7.5계획 **(1986~1990)**	시장 기능 강화 (전 철강기업 책임경영제 실시)	야금공업부 축소 (정부 간섭 축소)
8.5계획 **(1991~1995)**	철강재 가격 완전 자율화	강재소비 1억 톤, 강재수입 3천만 톤 달성
9.5계획 **(1996~2000)**	생산규제에서 수급조정정책으로 전환, 중국강철협회(CISA) 창립	연평균 조강생산량 1억 톤 돌파
10.5계획 **(2001~2005)**	WTO가입, 야금공업부 폐지 4대 대형 철강기업 중심으로 경 쟁력 강화 및 세계화 추진	상위 철강기업 점유율 하락 (2000년 50%→2005년 30.9%) 철강자급도 증가 (90%→98.9%)

| 11.5계획
(2006~2010) | 생산능력 합리적 규모 유지
품질향상, 산업집중도 제고 | 세계 최대 수출국(2006년)
세계 조강생산의
44.6%(2010) |
| 12.5계획
(2011~2015) | 철강산업의 구조적 문제 해결
(양정성장 억제, 품질제고, 기술
투자) | 세계 조강생산의
49.6%(2015년) |

자료: 박상우, "최근 중국 철강산업의 구조조정 추진현황과 시사점", 주간 경제 다이제스트, 한국은행 포항본부,
2015.3.20, pp. 1~2를 참조하여 일부 보완

나. WTO 가입 이후의 고도성장

이러한 철강산업의 성장 속에서 당시 중국 정부와 학계 및 산업계에서는
중국 철강산업의 지속 성장을 주문했다. 더 나아가 중국의 WTO 가입으로
중국 철강시장도 무한경쟁 시대에 돌입하기 때문에 철강산업의 경쟁력을 높
임으로써 생산강국의 대열에 진입해야 한다고 주장했다.

2001년부터 시작된 10.5계획 기간 중에는 이처럼 철강산업이 각광을 받
으면서 맹목적인 투자가 급증하고 있다는 지적을 받을 정도로 철강설비의
과잉 투자는 철강산업뿐만 아니라 거시경제 과열의 주범으로 꼽혔다. 지방
정부를 중심으로 중소형 철강사들의 설립이 급증하면서 철강회사 수는 2000
년 2,997개에서 2004년에는 4,119개로 증가했다. 이에 따라 과열 중복 투자
에 따른 구조적 문제점이 계속 제기되었다. 이러한 문제점은 양적인 측면에
서의 공급 과잉에 대한 우려가 고조되고 있는 반면에 판재류 수급에서는 공
급 부족 상황이 동시에 존재한다는 구조적인 불균형 상태에 놓이게 되었다
는 점이다.[270]

---

270 정은미, "중국 철강산업발전정책의 주요 내용", KIET 산업경제, 2005.8, pp. 74~75

또한 이러한 양적인 확장과 고로-전로를 통한 일관제철소 중심의 설비 확장 및 생산 증가[271]로 국제 원자재 가격의 급등과 해외의존도를 심화시키고, 중국 철강산업 구조의 비합리성과 기술 수준의 낙후성 등 구조적인 문제를 확대시켰다.

설비 투자가 급증하면서 중국의 조강 설비 능력은 2000년 1억 5천만 톤에서 2005년에는 4억 2,400만 톤으로 5년만에 2억 7천만 톤 이상, 2.8배나 증가했다. 이를 통해 조강 생산량은 2000년 1억 2,720만 톤에서 2005년에는 3억 5,580만 톤으로 급증했다. 그 결과 2003년 4,300만 톤의 철강재를 수입하여 3,470만 톤의 순수입국이었던 중국이 2005년에는 수입은 1,910만 톤으로 줄고, 수출은 5,170만 톤으로 증가하여 3,260만 톤의 순수출국으로 전환되었다.

이러한 철강산업의 급속한 발전과 그에 따른 구조적 문제점을 안고 있는 상황에서 중국 정부는 2006년부터의 11.5계획을 추진하였다. 동 계획 기간 중 중국 정부는 철강산업에 대한 대대적인 구조조정을 추진하여 전체 생산 능력의 증대는 억제하고, 대형 철강사를 중심으로 경쟁력을 강화시킬 계획이었다. 철강사 간 M&A 등을 통해 10대 철강사의 생산비중을 2005년 35% 수준에서 2010년에는 50%까지 높일 계획이었다. 철강설비 확장을 억제하기 위해 제철소 신설 요건을 강화하고 모든 철강 투자를 중앙 발전계획위원회의 비준을 거치도록 했다. 대형 철강사는 연해지역에 배치하고, 지역별로는 중국 중남부 지역을 집중 육성할 방침이었다.

---

271 중국 조강생산 중 전로강 비중은 1999년 62.8%에서 2005년에는 88.1%로 높아졌다. (IISI, *Annual Statistical Report*, 각년호 참조)

그러나 이러한 중국 정부의 철강산업 구조조정 의지에도 불구하고 결과적으로 중국의 철강산업은 양적으로 고도성장을 지속했다. 설비 투자가 지속적으로 증가하면서 조강 생산 능력은 2005년 4억 2,400만 톤에서 2010년에는 8억 톤으로 거의 두 배에 가까운 3억 7,650만 톤이나 증강되었다. 중소형 철강회사의 신규 진입이 급증하면서 2010년 철강회사 수는 11,777개로 2000년에 비해 8,700개 이상 증가하면서 산업집중도는 오히려 낮아졌다.[272]

한편 수요 측면에서는 2008년 전 세계적인 금융 위기를 계기로 중국 철강산업의 수요가 오히려 급증세를 나타내는 결과를 초래했다. 조강 소비 기준으로 2005년 3억 6,200만 톤에서 2008년까지 4억 6,500만 톤으로 완만하게 증가하던 철강 소비가 중국 정부의 경기부양정책으로 2010년에 6억 1,200만 톤으로 증가하여 2년만에 약 1억 5천만 톤이 증가한 것이다. 또한 2013년에는 7억 6,600만 톤으로 5년만에 3억 톤이 증가하는 결과가 되었다. 이는 2008년 글로벌 금융위기 이후 경기 부양을 위해 미래의 투자계획을 앞당겨 집행하면서 나타난 결과였다.

2000년대 들어 중국은 건설 산업뿐만 아니라 자동차, 가전, 조선 등 제조업의 생산활동이 급속히 증가하면서 철강 수요와 생산을 견인함으로써 중국 철강 산업은 세계 철강 역사상 유례가 없는 단기 압축적인 성장을 나타냈다. 〈그림 4-1〉에서 보는 바와 같이 중국이 1986년 조강 생산량 5천만 톤을 초과한 이후 1996년 1억 톤에 이르기까지 10년이 소요되었으나, 1억 톤에서 2억 톤(2003)을 달성하는 데에는 7년으로 단축되었다. 또한 그 두 배인 4억 톤

---

272 박상우, "최근 중국 철강산업의 구조조정 추진현황과 시사점", 주간 경제 다이제스트, 한국은행 포항본부, 2015.3.20, pp. 2 참조

(2006년)을 달성하는 데에는 3년만에 달성했고, 그 두 배인 8억 톤(2013년)을 달성하는 데에도 불과 7년밖에 걸리지 않았다. 즉 7년만에 4억 톤의 조강 생산량이 증가한 것이다. 이처럼 2000년대 들어 중국의 조강 생산은 2000년 1억 2,700만 톤에서 8억 톤을 넘어서는데, 불과 13년만에 달성한 것이다. 그 것도 2008년 글로벌 금융 위기에도 불구하고 13년 동안 조강 생산 증가율은 연평균 15.4%가 증가할 정도로 급속히 성장했다.

<그림 4-1> 중국의 조강 생산 변화 추이

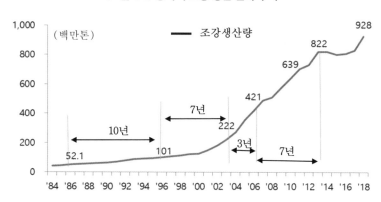

자료: IISI, *Steel Statistical Yearbook*, 각년호

그 이후 중국 경제성장의 둔화 등으로 조강생산은 8억 톤대에 머물다가 2018년에는 9억 2,830만 톤으로 9억 톤을 돌파했다. 이에 따라 전 세계 조강 생산에서 차지하는 중국의 비중은 2000년 15.0%에서 2018년에는 51.3%로 증가하여 전 세계 조강생산의 절반 이상을 생산하게 되었다.

참고로 2017년 이후 중국의 조강생산과 조강소비량이 급증세를 보인 것은 그동안 공식 통계에서 제외되었던 디탸오강(地條鋼)[273] 생산량이 포함되면서 철강 소비에도 영향을 미쳤기 때문이다.

다. 중국 철강산업의 위상 변화

중국은 2002년에 처음으로 미국과 일본을 제치고 생산·소비·무역 부문에서 명실상부한 세계 1위의 철강 시장으로 부상했다. 조강 생산에 있어서는 1996년 기점으로 일본을 제치고 1위 국가로 등극했고, 조강 소비는 1993년에 이미 미국을 제치고 세계 1위 국가로 자리매김한 바 있다. 2002년에는 철강 수입 2,930만 톤과 수출 660만 톤으로 합계 무역량은 3,560만 톤으로 세계 최대 교역국으로 등장했다. 따라서 세계 철강업계에서는 2002년을 세계 철강 산업의 축이 기존의 미국이나 일본에서 중국으로 이동한 원년으로 보고 있는 것이다.[274]

2000년대 들어 중국 철강산업의 성장 과정을 살펴보면 국제적 위상 변화를 실감할 수 있다. 먼저 조강 기준 철강 소비는 2000년 1억 3,810만 톤에서

---

273 디탸오강(地條鋼)이란 노천에서 개방형의 소규모 노(爐)에 고철(철스크랩)을 녹여 직접 주조 성형을 해서 생산되는 것으로, 주로 저급의 건설용 철강재를 생산한다. 이를 생산하는 중빈로는 공기 중에 오염물질이 그대로 방출되는 것은 물론이고, 뜨거운 쇳물에 노출되는 작업자들의 희생도 빈발하는 불법적 생산시설이다. 또 고철 구입과 제품 판매가 무자료 거래로 이루어져 철강 생산이나 매출액 통계에 잡히지 않은 채 거대한 지하경제를 형성하고 있었다. 저가의 질 낮은 고철로 만든 디탸오강은 철강 가격이 오르면 생산을 늘려 경기 상승의 발목을 잡았다. 저급 품질 제품이 불법적으로 사용되면서 건축물 등 시설의 안전성 문제도 일으켰다. (심상형, "디탸오강(地條鋼) 폐쇄의 나비효과 - 중국 철강산업의 구조조정은 계속될까?", 포스코경영연구원 Chindia plus, 2017.11/12월호, pp. 31~33 참조)

274 2003년 중국의 철강수입은 4,320만 톤으로 미국을 제치고 최대 수입국이 되었다. 포스코경영연구소, 「중국 철강산업의 오늘과 내일」 한국철강신문, 2005.6.1, pp. 101 및 IISI 통계 참조

2018년에는 8억 6,975만 톤으로 약 6.3배, 7억 3,200만 톤이 증가했다. 반면 동 기간 중 세계 전체 조강 소비는 8억 4,930만 톤에서 18억 3,980만 톤으로 9억 9천만 톤 증가했다. 중국의 조강 소비 증가가 세계 전체 증가량의 74%를 차지한 것이다.

조강 생산에 있어서는 중국은 2000년 1억 2,720만 톤에서 2018년에는 9억 2,830만 톤으로, 약 7.3배인 8억 110만 톤이 증가했다. 반면 세계 전체 생산은 8억 4,770만 톤에서 18억 860만 톤으로 9억 6,090만 톤이 증가했다. 이에 따라 중국 조강생산 증가량이 세계 전체 증가의 83.4%를 차지했다.[275] 이처럼 2000년대 들어 중국의 철강 소비와 생산 증가가 세계 전체 소비 및 생산 증가를 견인한 것이다.

이에 반해 2000년대 들어 중국의 철강 생산 증가량이 소비 증가를 상회함에 따라 결국 수출 증가로 나타나면서 세계 전체 철강 수급 및 가격에 중대한 영향을 미쳤다. 앞에서 살펴본 바와 같이 중국은 2004년을 기점으로 철강 순수입국에서 순수출국으로 전환되었으며, 2015년에는 1억 1,160만 톤을 수출하여 세계 전체 수출량의 약 24%를 차지하기도 했다. 이러한 대량의 수출은 세계 시장에서의 공급 과잉을 초래하여 국제 철강시황을 악화시키고 통상마찰을 유발했다.[276]

또한 중국의 수급과 수출량이 세계 철강시황의 바로미터가 되면서 세계 철강 가격의 벤치마크가 과거 유럽의 Antwerp항 수출가격에서 중국의 유통

---

275 중국과 세계 전체 조강생산 및 소비는 WSA, "Short Range Outlook", 2019.4 통계자료 및 Press Release 자료 참조

276 2015년 중국의 철강 수출은 1억 1천만 톤을 상회한 반면, 수입은 1,320만 톤에 불과하여 1억 톤에 가까운 9,840만 톤의 순수출을 기록했다.

시장 가격으로 이동할 정도로 세계 철강시장에서 중국을 제외하고 설명하기 어려운 상황이 되었다.

2000년대 들어 철강 소비가 급증하면서 설비 확장이 가속화되어 조강 생산 능력은 2000년 1억 5천만 톤에서 2015년에는 11억 5천만 톤으로 15년 만에 10억 톤의 증강되었다. 이러한 과정에서 고로-전로의 일관제철소 형식의 설비 증강이 대부분을 차지하면서 생산 구조도 2015년에는 조강 생산의 94.1%가 전로 설비를 통해 생산되었다. 이처럼 전로강을 통한 철강 생산이 급증하면서 결국 철광석과 원료탄의 국제 가격을 급등시키는 요인으로 작용했다.

〈표 4-3〉 시대별 조강생산량 상위 10대기업 변화 추이

(백만 톤)

순위	2000		2010		2018	
	기업명	생산량	기업명	생산량	기업명	생산량
1	Nippon Steel	28.4	A-Mittal	90.6	A-Mittal	96.42
2	POSCO	27.7	Hebei	52.9	Baowu Gr.	67.43
3	Arbed	24.1	Bao Steel	44.5	Nippon Steel	49.22
4	LNM Gr.	22.4	Angang Gr.	40.3	HBIS Gr.	46.80
5	Usinor	21.0	Wuhan	36.5	POSCO	42.86
6	Corus	20.0	POSCO	35.4	Shagang	40.66
7	TKS(독)	17.7	Nippon Steel	34.5	Ansteel	37.36
8	Baoshan	17.7	JFE	31.1	JFE	29.15
9	NKK	16.0	Jiangsu	30.1	Jianlong	27.88

| 10 | Riva | 15.6 | **Shougang** | 25.8 | **Shougang** | 27.34 |

자료: WSA, "Top Steel-producing Companies 2018" 등 각년호

이와 함께 철강산업 안정화를 위한 업계 간 M&A 추진 등으로 중국 기업들의 대형화가 눈에 띄게 증가해 왔다. 예를 들어 〈표 4-3〉에서 보는 바와 같이 1998년 이전까지는 글로벌 철강사 중 조강생산량 상위 10대 기업에 중국 기업은 하나도 없었다. 중국 기업 중 보산강철(상해보강)이 1998년에 조강생산량 990만 톤으로 세계 13위를 기록한 바 있다. 그러나 1999년 합병을 통해 상해보강이 1,670만 톤을 생산하면서 중국 기업 중 처음으로 세계 7위에 오르기 시작했다. 2005년까지도 중국 기업 중 Top 10에는 상해보강이 유일했으나, 중국 기업들의 설비능력 확장과 M&A가 활발히 추진되면서 순위가 상승하기 시작했다. 2006년에는 상해보강이 2,250만 톤으로 6위, 당산강철이 1,910만 톤으로 9위에 랭크되었고, 2010년에는 하북강철, 상해보강 등 6개 업체가 Top10에 진입했다. 그리고 2018년에는 상해보강과 무한강철이 합병을 통해 성립된 보무강철이 6,743만 톤을 생산하여 세계 2위 철강사에 오르는 등 중국기업 6개 사가 Top 10에 진입했다.

제2장

중국 철강 소비 Peak 논쟁

한 국가의 철강 소비량을 결정하는 핵심 지표로는 인구 구조와 함께 공업화와 도시화 정도를 들 수 있다. 경제 지표로는 총고정자본형성의 성장과 비중을 통해 나타난다. 공업화가 진전될 경우 이를 위한 공장 건설과 설비 투자가 발생하고 도시화 과정에서는 인프라 투자와 상업용 건축 등 건설 투자가 증가하기 때문이다. 이 건설 투자와 설비 투자가 결과적으로는 총고정자본형성으로 나타나기 때문에 그 변수의 등락에 따라 철강 소비도 등락하게 되는 것이다. 그동안 중국은 중화학 공업을 중심으로 하는 성장 정책과 농촌 인구의 도시 이동을 통한 도시화 진전 과정에서 철강 소비가 급증해 왔다. (〈표 4-4〉 참조)

<표 4-4> 중국의 조강소비 및 인당 조강 소비 변화 추이

(백만 톤, Kg)

	2012	2013	2014	2015	2016	2017	2018
조강소비	687.6	772.3	740.4	700.4	709.4	806.1	869.8
인당조강소비	500	559	533	501	506	545	-

자료: WSA, *Steel Statistical Yearbook 2018*, 2018.11 및 "Short Range Outlook, 2019.4 참조

　역사적 경험으로 볼 때 일부 도시국가를 제외하더라도 국토 면적에 비해 인구 밀도가 높을수록, 공업화의 완성도가 높을수록 인당 철강 소비 수준도 높은 추세를 나타냈다. 예를 들어 한국과 대만의 인당 조강 소비가 Peak 시점에 1,000Kg을 상회했다는 점에서 좋은 사례가 되고 있다. 이를 역으로 추정해 보면 인구가 많고, 국토 면적이 넓을수록 인당 소비는 높지 않을 가능성이 있다는 의미이다. 인구 수가 많을수록 인당 소비는 줄어들고, 국토면적이 넓을수록 광활한 국토를 모두 개발하는 것은 어렵기 때문이다. 단지 중공업을 중심으로 경제 성장을 추진해 온 국가들의 철강 소비가 크기 때문에 공업화나 성장과정에서 나타나는 도시화의 정도가 그 국가의 철강 소비의 척도가 되는 것이다.

　또한 국제적 경험 상 미국이나 일본과 같은 인구 1억 이상의 인구 대국은 공업화의 완성시기와 조강소비량의 Peak 시기가 거의 같은 시기에 달성되었다. 반면 인구가 상대적으로 적은 한국이나 대만 등은 공업화 완성 이후 도시화가 심화되면서 조강소비량 역시 상당 기간 추가 상승한 것으로 나타났

다.[277] (〈표 4-5〉 참조)

〈표 4-5〉 주요국의 인당 조강소비 Peak 비교

(Kg, %, $)

	한국	일본	대만	미국	독일	중국
Peak 시점	2008	1973	1993	1973	1970	?
Peak 인당조강소비	1,278	802	1,196	706	669	?
2013년 인당조강소비	1,082	558	955	335	517	559
Peak시점 도시화율	82.3	75.7	80.0	73.7	72.3	53.7
Peak시점 인당GDP	25,521	13,771	17,892	23,183	12,944	7,133

주: 인당 GDP는 실질기준, 중국의 도시화율은 2013년, 인당실질GDP는 2012년 기준
자료: WSA, Penn World Table 자료를 이용한 포스코경영연구소, "중국 대해부", 연구과제, 2014.12.10 참조

그동안 중국에서는 2010년과 2014년에 중국의 철강 소비 Peak시기에 대한 논쟁이 이루어진 적이 있다. 2010년 논쟁에서는 주요 전망기관들이 대체로 중국 철강 소비에 대해 낙관적인 전망을 했다. 또한 중국은 지역별로 산업의 발달 정도가 다르고 지역적 환경 특성이 달라서 소비 Peak점도 달라질 것으로 예상했다. 이러한 변수를 고려할 경우 중국의 조강 소비 최고치는 2020년에 10.22억 톤에 달할 것으로 전망한 바 있다.[278]

2014년에도 철강 소비 Peak 논쟁이 벌어졌는데, 이때에는 2020년경 조강

---

277 포스코경영연구소, "주요 철강전문기관의 중국 철강소비 Peak 예측", POSRI 북경사무소 이슈분석, 2010.7.9 참조

278 포스코경영연구소, "주요 철강전문기관의 중국 철강소비 Peak 예측", POSRI 북경사무소 이슈분석, 2010.7.9 참조

소비가 8억 5천만 톤~10억 톤 사이에서 Peak 점에 도달할 것이라는 전망과 함께 이미 정점에 도달하여 감소할 것이라는 전망도 상존했었다.

한편 2014년 철강 전문가인 R. Beddows는 장기적으로 철강 수요에 영향을 미치는 가장 기본적인 요소는 인구 구조이고, 이와 함께 고정자본 투자가 철강 수요에 영향을 미친다고 분석한 바 있다.[279]

인구구조 변화 관점에서 볼 때, 중국은 이미 생산 가능 인구가 2015년부터 감소세로 전환되었고, 2025년부터는 인구절벽에 직면할 것으로 인구통계학자들은 분석하고 있다.[280] 중국 정부의 1가구 1자녀 정책으로 인해 출산율이 하락하고 있기 때문이다. 총인구는 2030년경까지 증가세를 유지할 것으로 보이지만, 주력 소비계층인 생산가능인구가 감소하면서 인프라 투자수요나 내구재 소비 등 철강다소비 산업의 성장은 포화상태에 진입할 가능성이 높아 보인다.

또한 중국은 그동안 정부주도의 경제발전을 통해 건설 투자 및 제조업의 설비투자가 집중적으로 이루어지면서 철강 수요를 견인해 왔다. 중국의 총 고정자본형성 즉 고정자본 투자가 GDP에서 차지하는 비중은 2013년 47.3%까지 상승하는 등 경쟁국들에 비해 훨씬 높은 비중을 차지하면서 경제성장과 철강 수요를 견인해 왔다.[281] 그 결과 철강산업에서는 과도한 과잉능력이

---

279 Rod Beddows, *Steel 2050*, Devonian Ventures Kingsbridge, Devon, UK, 2014.10.6, pp. 73~75 참조

280 Harry Dent, 「2018 인구절벽이 온다」 권성희 옮김, 청림출판, 2015.5.18, pp. 63~64

281 1960년 이후 총고정자본형성의 GDP 비중의 Peak 시기를 비교해 보면 중국은 2013년 47.3%로, 일본의 1970년 38.8%, 한국 1991년 36.8%, 독일 1970년 30.5%, 미국 1984년 25.1% 등 경쟁국들에 비해 훨씬 높은 비중을 차지했다(world bank 자료를 이용한 포스코경영연구소, "중국 대해부", 연구과제, 2014.12.10 참조)

발생하는 부작용을 초래했고, 중국 정부도 향후 경제성장을 투자와 수출 중심에서 내수 소비 중심으로 전환하려는 정책을 추진하고 있어 고정자본투자의 비중은 점차 줄어들고 있다.

2007년 중국사회과학원에서 발간된 보고서에 따르면, 당시 중국은 공업화의 중후반기에 있으며, 2021년이 되면 공업화가 완성될 것으로 전망한 바 있다. 또한 13억 인구와 넓은 국토 면적과 지역적 특성 등을 감안할 경우 공업화의 완성과 조강소비량의 최고치가 2021년 전후로 동시에 달성될 것으로 전망한 바 있다.

한편 2010년 4월 영국의 철강전문 연구기관인 CRU는 중국은 동부와 중부 지역에 인구의 80%가 집중되어 있다는 점을 감안하면, 1인당 평균소비가 약 800kg이 될 때까지 증가하여 중국의 철강 수요는 2020년 약 10억 톤까지 증가할 것으로 예측한 바 있다.[282]

반면 R. Beddows는 2014년 기준으로 향후 10~15년 동안 중국의 철강 소비는 2억 톤 정도 증가할 수도 있지만 연간 10억 톤에 달하지는 못할 것으로 전망한 바 있다. 그 이유는 중국 경제의 성장 붐은 이미 종료되었으며, 철강 수요 산업의 성장은 둔화되고 있고, 과거와 같은 고성장은 기대하기 어렵기 때문이라고 주장했다.

그의 전망에 따르면 중국은 이미 생산 가능 인구가 감소하기 시작하는 등 인구 구조가 변하면서 노동공급이 줄어들기 시작했으며, 생활수준이 높아짐에 따라 더 많은 부가가치가 높은 노동력의 활용을 요구하게 됐다. 이는 결

---

282 CRU 북경 대표인 J. Johnson이 2010년 4월 발표한 자료이다. (포스코경영연구소, "주요 철강전문기관의 중국 철강소비 Peak 예측", POSRI 북경사무소 이슈분석, 2010.7.9)

국 철강산업에는 합리화와 설비의 현대화 및 업계 간 통합화를 요구하게 된다. 또한 향후 중국 경제가 투자와 수출 중심에서 내수 중심으로 전환됨에 따라 과거 영국이나 미국의 사례에서 나타난 바와 같이 서비스 산업 중심 경제로의 전환은 결국 철강 소비를 줄일 것이다.[283]

한편 그동안 2000년대 중반 이후 중국 철강산업의 구조적인 문제점으로 작용해 온 설비 과잉 문제와 노후 설비 문제 등은 중국 정부의 발표 자료로 보면 거의 해결된 것으로 보인다. 중국강철협회는 2019년 초에 저급강을 생산하는 디탸오강(地條鋼)설비를 포함하여 3억 톤 규모의 노후 설비를 폐쇄했다고 발표했다. 중국은 2016년부터 철강 설비를 감축하기 시작하여 2017년까지 1억 2천만 톤 규모의 설비를 폐쇄한 데 이어 2018년에도 3천만 톤의 추가적인 감축을 추진하여 2020년까지의 감축 목표를 조기 달성했다는 것이다. 또한 이와는 별도로 1억 5천만 톤 규모의 비제도권 설비인 디탸오강 설비도 함께 정리한 것이다.[284]

OECD 자료에 따르면, 중국의 조강 생산 능력은 2018년 현재 10억 2천만 톤으로 줄어들었고[285], 2018년 조강생산이 9억 3천만 톤에 달함에 따라 조강 설비의 가동률은 90.7%의 높은 수준을 나타냈다. 이러한 공식 통계로 볼 때 중국에서의 과잉 설비는 해소되고 가동률도 90%를 상회하는 호조세를 나타낸 것이다.

이처럼 양적인 측면에서의 구조조정이 거의 완료됨에 따라 중국강철협회

---

283 Rod Beddows, *Steel 2050*, Devonian Ventures Kingsbridge, Devon, UK, 2014.10.6, pp. 98~100 참조

284 한국신용평가, "철강: 내우외환의 철강산업, 차별화는 계속된다", 산업분석 자료, 2019.1 참조

285 OECD, Steelmaking Capacity Database, 2000~2018 참조

는 추가적인 설비 삭감은 없으며, 향후에는 질적인 측면에서의 구조조정을 추진할 것이라고 밝힌 바 있다.

중국 정부의 발표 자료로 볼 때 중국은 전세계적으로 어떤 나라에서도 달성하기 힘든 철강설비 구조조정을 단기간 내 마무리한 국가가 될 것이다. 1980년대 이후 미국이나 유럽 등 선진 철강업계가 설비 과잉 문제를 처리하는 데 국가 간 또는 기업 간 갑론을박을 벌이면서 지연되기도 하고, 보조금 지급 등을 통해 장기간에 걸쳐 진행해 왔던 점을 감안할 경우 중국은 매우 빠른 속도로 일단락한 것이다.

제3장

중국 철강산업의 향후 전망

1. 중국 철강산업의 주도권 변화 전망

2018년 중국의 조강생산량이 세계 전체의 절반 이상을 차지하고 있는 상황에서 중국의 주도권 변화 가능성을 논하는 것 자체가 시기 상조일 것이다. 2018년의 조강 생산과 조강 소비가 모두 사상 최대치를 기록했고, 여기가 Peak인지도 아직 알 수 없기 때문이다.

미국도 한때 세계 조강 생산의 50% 이상을 차지했지만, 당시에는 다른 후발국들이 성장 초기 단계에 있어서 생산이 급격히 증가하면서 상대적으로 미국의 비중이 빠르게 축소되었다. 그러나 현재는 중국을 추격할 수 있는 나라는 인도 등 손에 꼽을 정도에 불과하다.

향후 중국의 주도권 변화 가능성을 선진국들의 경험, 차기 주도국 후보인 인도의 성장 가능성 및 중국의 수급상황 등 3가지 측면에서 살펴본다. 첫째, 그동안 세계 철강산업의 주도권을 보유해 본 경험이 있는 미국과 일본 등 선진국들의 경험이다. 미국의 철강 소비 Peak 시점과 그 이후의 최저점 간의 하락률은 1973년 Peak 점에서 1982년의 경기침체기로 보면 약 44%, 2009년 금융위기까지 확장하면 약 54% 하락했다. Peak 시점에서 36년이 지난 시점 이었다. 일본의 조강 소비 Peak점은 버블기였던 1991년이었으며, 최저점은 2009년 금융위기 시점으로 동 기간 중 약 44% 감소했다. 한편 조강 생산의 경우에는 미국이 1973년 Peak에서 2009년 저점(6,550만 톤)까지 약 57%가 하락했고, 일본은 2007년 Peak기에서 2009년 저점까지 27% 감소한 바 있다.

이를 반영하여 중국의 2018년 조강 생산과 소비가 50% 감소한다고 가정 할 경우 조강생산은 4억 6천만 톤, 조강 소비는 4억 3천만 톤 수준으로 감소 한다. 설사 4억 톤대로 감소하더라도 2위 그룹과의 격차가 3억 톤 가까이 발 생하게 된다. 또한 미국이나 일본이 저점에 비해 생산과 소비가 회복된다는 점을 감안시 중국의 철강 생산과 소비가 지속적으로 하락하지는 않을 전망 이다.

둘째, 중국을 추격할 수 있는 2위 그룹 중 인도의 성장 가능성으로 볼 경 우 인도가 중국을 추월하여 주도권을 확보하기 위해서는 중국이나 일본과 같은 고도성장 과정이 필요하다. 물론 경제발전 과정 상 철강 소비 Surge 현 상도 발생하겠지만 인도의 경제 구조 상 중국과 같은 고도성장은 어려울 것 으로 보인다. 인도는 영국의 경제체제를 받아들이면서 개인의 사유재산에 대한 보호가 강하기 때문에 정부주도의 경제성장을 기대하기 어렵기 때문이 다. 따라서 가까운 장래에 인도가 중국과 유사한 수준으로 성장하기는 어려 워 보인다.

셋째, 선진국의 경험과 인도의 성장 가능성을 토대로 중국의 현재 생산 소 비 구조를 통해 전망해 보면 주도권이 추락할 가능성은 낮아 보인다. 즉 중국 경제가 선진국들과 같은 정상적인 경기변동을 한다고 가정한다면, 가까운 장래에 철강 생산과 소비가 붕괴될 가능성은 높지 않다는 의미이다. 2018년의 사상 최대 생산과 소비가 Peak 점인지, 향후에도 추가 성장을 할 지는 상당기간이 지나야 알 수 있을 것이다.

이를 종합해 볼 때, 세계 철강산업에서의 중국의 주도권은 당분간 계속될 것으로 예상되며, 국내외 철강산업에 대한 영향력도 크게 줄지는 않을것으로 보인다. 다만 중국도 고도성장 과정에서 철강기업 수가 급증했고, 시장이 성숙기에 접어 든 상황에서 주요 대기업들의 산업 집중도가 낮아서 시장의 변동성이 크고, 과당 경쟁의 가능성이 상존해 있다. 따라서 향후에도 중국에서는 철강사 간 통합화는 계속될 것으로 보인다.

2. 중국의 철 Scrap 공급 증가에 따른 영향

가. Scrap 수급 전망

중국 철강 소비 Peak 도달 논쟁이나 주도권 변화 이슈보다 중요한 것이 중국의 철 Scrap 공급 문제라고 본다. 2000년대 들어 중국에서 철강 소비가 급격히 증가했기 때문에 일정 기간이 경과하면 그만큼 Scrap의 발생량도 증가할 것이기 때문이다. 심지어 중국이 세계 전체 소비량의 절반 정도를 차지했다는 점을 감안할 경우 Scrap 발생량도 그만큼 클 것으로 보인다.

중국은 2000년대 들어 매년 5억 톤 이상의 강재를 소비해 왔고, 향후 2030년까지 매년 4억 5000만~5억 톤이 신규로 축적되면서 2030년에는 철강 누계 축적량이 130억~140억 톤 수준에 달할 것으로 예상된다. 이에 따라 2016

년 약 7100만 톤 수준인 노폐 철 Scrap 공급량이 향후 급속도로 확대돼 2030
년에는 2억 톤 전후까지 늘어날 것으로 예상된다. 이와 함께 철강제품 제조
공정 중에 발생하는 자가 고철과 자동차, 가전 등 철강 수요산업의 제조공정
에서 발생하는 가공 고철 발생량까지 포함할 경우 2030년 중국 철 스크랩 총
공급량은 3억 톤을 초과할 것으로 전망된다.[286] (〈그림 4-2〉 참조)

〈그림 4-2〉 중국의 철 Scrap 발생가능량 전망

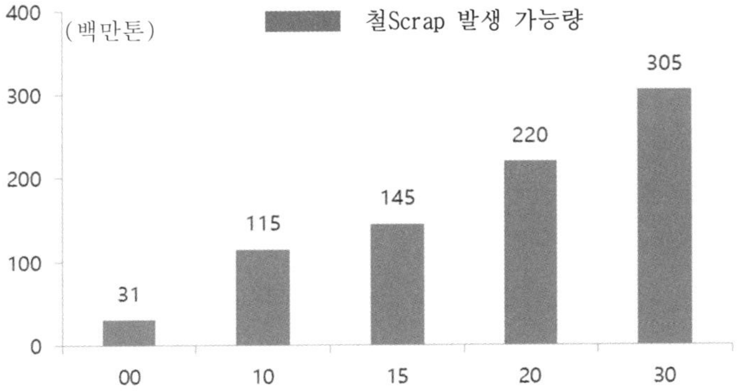

자료: F. Zhong, "Is it time for China to switch to electric arc furnace steelmaking?", WSA Blog, 2018.2.13

참고로 R. Beddows에 의하면, 특정 국가에서의 철 Scrap의 발생은
"70/17"의 법칙이 작용한다고 한다. 즉 철강명목소비량의 70%가 17년 후에
는 노폐 고철로 전환된다는 이론이다. 이러한 폐고철의 발생 이론은, 주석

---

286 이민근, "2017 세계 철 스크랩 시장에 중국發 변화의 바람 - 향후 공급량 늘어나며 장기적으
로 가격 하락 예상" 포스코경영연구원 Chindia plus, 2017.11/12월호, pp. 36~37 및 장원익,
"중국 철스크랩 수출량을 결정하는 요인들", POSRI 이슈리포트, 2018.12.13 일자 참조(이슈
리포트에서 저자는 Case별로 철 Scrap의 수요와 공급을 전망하면서 Scrap 공급이 지속적으
로 증가하여 2025년에는 Scrap 발생량이 3억 톤을 초과하고, 2030년에는 84~116백만 톤
의 공급 과잉이 예상된다고 전망했다)

캔은 6개월, 가전제품 2~5년, 자동차 10~15년, 그리고 건물은 20~50년, 인프라시설은 50~100년이 지나면 Scrap으로 전환된다는 철강 소비의 Cycle과 관련이 있다.[287] 이를 중국에 적용할 경우 2008년 강재명목소비가 4억 5,500만 톤이었으므로 17년 후인 2025년에는 3억 톤 이상의 폐고철이 발생할 수 있는 것이다.

이에 반해 철 Scrap의 수요는 전로에서의 Scrap 배합비와 전기로 생산 비중에 의해 좌우된다. 세계철강협회 통계에 따르면, 중국에서 전기로를 통한 조강생산은 2017년 현재 7,749만 톤으로 전체 조강생산량의 9.3%에 불과하다. 90% 이상이 전로 설비를 통해 생산을 하고 있는 것이다.

한편 2014년 기준으로 중국의 전로강에서의 조강 1톤 당 Scrap투입량은 다른 선진국에 비해 매우 낮은 수준이다. 한국이 평균 156Kg을 사용하고 있고, 일본은 124Kg, 미국은 217Kg을 사용하고 있는 반면에 중국은 60Kg에 불과하다. 또한 중국 철강사들은 고로사들이 전기로를 함께 보유하는 경우가 많아서 전기로 설비들도 고로에서의 선철을 사용하면서 2014년 현재 Scrap 사용량이 조강 1톤당 372Kg에 불과하다.[288]

따라서 전기로 설비에서 Scrap 사용량을 늘리고, 전로에서도 Scrap 배합 비중을 늘릴 경우 Scrap 소비량은 어느 정도 증가할 것으로 보인다. 단기적으로는 중국의 조강생산에서의 Scrap 사용을 증가시키면 수급 상의 조정은 어느 정도 가능할 것으로 판단된다.

---

287 Rod Beddows, *Steel 2050*, Devonian Ventures Kingsbridge, Devon, UK, 2014.10.6, pp. 93~94 참조

288 한국 · 일본 · 미국의 조강 톤당 Scarp 사용량은 변동성이 커서 2011~2014년 평균을 사용했다. (Meritz증권, "Entering a New Phase", 산업분석 자료, 2018.11.8 참조)

그러나 장기적으로는 현재의 생산 구조가 유지된다고 가정할 경우 Scrap 수요를 계산해 보면 공급 과잉은 불가피해 보인다. 조강 생산이 9억 톤 수준을 유지하고, 전로강 8억 톤, 전기로강 1억 톤이 유지된다고 가정하고, 전로강에서의 사용량을 조강 톤당 200Kg으로 늘리고, 전기로에서 조강 1톤당 1톤의 Scrap을 사용한다고 가정할 경우 최대 전체 Scrap 수요량은 2억 6천만 톤이 된다.[289] 따라서 2020년대 중반 이후 3억 톤을 상회할 것으로 보이는 Scrap 공급량을 감안할 경우 장기적으로는 Scrap 공급 과잉은 불가피할 전망이다.

나. 중국 철강업계의 딜레마

중국이 철 Scrap 공급 과잉을 완화시키기 위해서는 현재의 생산 구조를 근본적으로 바꾸지 않으면 안된다. 먼저, 전기로 설비를 대폭 확충하여 Scrap 사용을 늘리는 것이다. 둘째, 전로강에서의 Scrap 배합비를 늘려서 고철 사용량을 늘리는 것이다. 그러나 중국의 조강 생산 구조상 아무리 전기로에서의 Scrap 사용량을 늘리고, 전로강에서의 Scrap 배합비를 늘리더라도 Scrap 공급 과잉을 해소하기에는 한계가 있을 것으로 판단된다.

먼저 중국 정부가 전체적인 설비 능력을 줄이고 있는 상황에서 전기로 설비를 대폭 확대하기가 쉽지 않다. 대부분 최신 설비를 보유하고 있는 고로업체들 입장에서는 전기로로 전환할 이유가 부족하기 때문이다.

OECD의 국가별 철강 설비 능력 자료에 따르면, 중국의 조강 생산 능력은 2000년 1억 4,960만 톤에서 2015년에는 11억 5,010만 톤으로 증가하여 10

---

289 전로강에서 8억 톤*200Kg, 전기로강에서 1억 톤*1톤 사용으로 합계 2억 6천만 톤이 된다.

억 톤 이상이 2000년대 이후에 신증설되었다. 더군다나 2015년 이후 2018년까지 중국 정부는 과잉 설비 축소 과정에서 노후·소형 설비를 중심으로 약 1억 3천만 톤을 폐쇄했다.[290] 이를 근거로 추정해 보면, 현재 남아 있는 설비의 대부분은 2000년대 이후에 건설된 최신 설비이거나 효율성이 높은 대형 설비일 것으로 판단된다. 따라서 중국 고로-전로의 대다수 설비의 연식은 불과 10~15년으로 감가상각비조차 회수되지 못한 상황이다. 이러한 상황에서 고로나 전로관련 설비를 폐쇄하면서까지 단순히 전로를 전기로로 전환하기에는 기회비용이 너무 큰 것이다.[291]

다음으로 전로강에서의 Scrap 배합비를 늘리는 데에도 한계가 있다. 현재 중국의 배합비가 낮아서 선진국 수준으로 늘리는 것은 가능하겠지만 무한정 늘리지도 못할 뿐만 아니라 전기로 생산량이 확대될 경우 전로강 생산이 줄 것이므로 전로강에서의 Scrap 사용량 확대에도 한계가 있게 된다.

이처럼 조강 생산의 설비 구조를 바꾸는 것은 쉽지 않을 뿐만 아니라 설사 생산 구조가 큰 폭으로 바뀔 경우 전로강 생산량이 줄면서 전로강 생산을 위한 Scrap 사용이 줄어들게 되는 것이다.

다. 중국 철 Scrap 공급 증가가 철강산업에 미치는 영향

2018년 전세계 Scrap 수출량은 1억 220만 톤으로 최근 1억 톤 수준을 유지하고 있다.[292] 이러한 상황에서 앞에서 살펴본 바와 같이 중국의 Scrap 발

---

290 OECD, "OECD Steelmaking Capacity Database, 2000-2018" (http://www.oecd.org) 참조

291 Meritz증권, "Entering a New Phase", 산업분석 자료, 2018.11.8 참조

292 WSA, "Steel in Figures 2019", 2019 참조

생량은 3억 톤을 초과하게 되고, 반면 중국의 현재 철강설비가 전체적으로 최신식 전로 설비라는 점을 감안할 경우, 전로 설비를 전기로 설비로 전환하는 것은 쉽지 않을 것으로 보인다. 따라서 중장기적으로 중국에서는 Scrap 공급과잉이 발생하면서 수출 압력을 받게 될 것으로 보인다. 이러한 중국에서의 Scrap 공급의 급속한 증가에 따른 대량의 공급 과잉은 중국뿐만 아니라 세계 원료 시장 및 생산 구조에도 변화를 유발할 것으로 예상된다.

더구나 중국의 철강 생산 구조가 지나치게 고로-전로 위주의 일관제철소 체제로 구성되어 있다보니 향후 조강 생산 구조나 철강 원료 시황에 커다란 영향을 미치는 요인으로 작용할 것이다. 2000년대 초반 중국의 철강설비 확장 과정에서 대부분이 고로-전로 방식으로 증강되면서 철광석과 원료탄 수요를 유발하여 원료 가격이 급등하고 국제 시황에 커다란 영향을 미쳤다. 이러한 편향된 생산 구조는 향후 중국에서 Scrap 발생 속도와 생산 구조 변화 등에 따라 국제 철강 원료와 철강재 판매 가격에도 지대한 영향을 미치는 요인으로 작용할 것으로 보인다.

먼저, 노폐 철스크랩 발생이 누적되면서 공급 과잉이 심화될 경우 중국에서의 Scrap 가격의 하락은 불가피해질 전망이다. 이는 다시 국제 시장에서의 Scarp 가격의 하락 요인으로 작용하게 될 것이다.

둘째, 중국의 Scrap 공급 과잉은 결국에는 Scrap 수출을 증대시키는 요인으로 작용할 것이다. 중국 내 철 Scrap 공급 과잉이 누적되어 중국 내에서의 사회적 처리비용이 상승할 경우 공급 과잉 물량의 해외 수출 압력은 증가하게 된다. 이에 따라 현재 40%에 달하는 철 Scrap의 수출세를 축소하거나 폐지시키는 요인으로 작용하여 중국의 Scrap 수출을 촉진시킬 것이다.

셋째, 철 Scrap 공급 과잉과 가격의 하락은 중국뿐만 아니라 전세계 전기로 생산을 촉진하게 될 것이다. 중국 정부는 Scrap 공급 과잉이 심화되는 상황에 대비하여 이미 전기로 설비 능력 확충 계획을 추진하고 있다. 예를 들어 철 Scrap의 국내 소비량 확대를 위해 2017년에 5,400만 톤 규모의 전기로 설비 건설허가를 해 준 바 있다.[293]

넷째, 만약 전기로강 생산이 확대될 경우, 이는 전로강의 생산 축소를 통해 철광석과 원료탄 등 철강 원료 가격의 하락 요인으로 작용할 것이다. 중국에서 전기로 생산 비중이 늘어나서 전로강 생산이 줄어드는 것만으로도 국제 원료시장에 상당한 영향을 미칠 것으로 전망된다. 중국에서의 생산 규모가 워낙 크기 때문에 전로강 생산이 10% 감소할 경우 8천만 톤의 전로강 생산이 줄어들게 되어 철광석과 원료탄을 합칠 경우 1억 5천 만 톤 이상의 원료 수요 감소 요인이 발생하기 때문이다.

---

293 Meritz증권, "Entering a New Phase", 산업분석 자료, 2018.11.8 참조

중국 정부는 1976년부터 시작된 제5차 5개년 계획 기간에 선진형 임해 제철소의 건설을 추진하여 1979년 말에 보산강철(寶山鋼鐵)이라는 현대적 제철소를 착공했으며, 6년 후인 1985년에 1고로에 화입함으로써 첫 출선(出銑)을 했다.

상해시 북동쪽 연안에 위치한 보산강철은 등소평이 두 차례의 실각에서 재기하여 1978년 12월에 주창한 개혁개방정책의 산물로서 양자강과 서해 바다를 이용한 원활한 원료 수급을 염두에 둔 입지적 특성을 갖고 있다.

보산강철은 설비확장과 1998년 합병을 통해 상해보강으로 재탄생했고, 지금은 중국의 대표적인 철강사로 무한강철 등과의 합병을 통해 세계 2위의 대형 철강사로 성장했다.

하지만 개혁개방을 발표한 직후에 중국에 국제경쟁력을 갖춘 현대식 제철소를 건설하는 데에는 여러 가지 우여곡절이 숨어 있다. 그 중의 하나가 포항제철을 건설한 박태준 (TJ) 회장과의 인연이다.

보산강철 기공식

등소평이 중국의 산업 발전을 추진하기 위한 현대식 제철소 건설을 계획하고는 1978년 8월에 일본 신일철의 기미쯔(君津)제철소를 방문했다. 당시 신일철의 이나야마 회장에게 포철 이야기를 꺼내더니, 중국에도 포철과 같은 제철소를 지어 달라고 부탁했다. 등소평의 제의에 대해 이나야마 회장이 불가능하다고 대답하자, 등소평이 "그게 그렇게 불가능한 것인가요?"라며 되물었다. 아나야마 회장의 답변은 "제철소는 돈으로 짓는 것이 아닙니다. 사람이 짓습니다. 중국에는 박태준이 없지 않습니까. 박태준 같은 인물이 없으면 포철 같은 제철소를 만들 수가 없습니다."라고 했다. 그러자 등소평이 "그러면 박태준을 수입하면 되겠군요."라고 답했다는 것이다.

그리고 이러한 인연으로 등소평은 보산강철의 2기 종합 준공식 이후인 1992년 여름에 박태준 회장을 영빈관으로 초빙하여 "중국에 당신네 같은 제철소를 짓고 싶은데 도와 달라."고 요청했다. 그리고 당시 사기화(謝企華) 보산강철 부사장 등이 포항·광양제철소를 여러 차례 방문하면서 롤 모델 철강회사의 경영 노하우를 배워 갔던 것이다.

이로 배경으로 보산강철은 설립 초기부터 특별한 대우를 받았다. 예를 들어 중앙정부(國務院)의 직접 관할 하에 두어, 지방정부(上海市)의 견제를 받지 않는 등 특별한 대우를 받았다. 이러한 정치적 배경을 통해 보산강철은 현대적인 설비를 갖추고 세계적 경쟁력을 갖춘 철강사로 발돋움하게 된 것이다.

• 자료: 박태준 전 포철회장 회고록, "남기고 싶은 이야기들 112화", Naver Blog, 2015.2.23 및 포스코경영연구소, 「뉴 밀레니엄 철강산업의 도전과 기회」 2000.8 및 중앙일보, 2016.8.18일자 등 참조

제5부

한국 철강산업에 대한 시사점

제1장

미·일 철강산업의
흥망성쇠가 주는 교훈

세계 철강산업 역사에 있어서 주도국 또는 주도기업은 성장과정을 거치다가 결국에는 후발국이나 후발기업에게 밀려나 쇠퇴의 길을 걷는 Cycle을 그려오고 있다. 앞에서도 살펴본 바와 같이 미국 철강산업은 20세기 중반까지는 거대한 내수를 바탕으로 세계 철강산업에서의 주도권을 유지해 왔다. 그러나 성장과정에서의 지속적인 임금 인상을 포함한 Cost 상승과 기술개발 소홀 및 과도한 다각화 추진에 따른 핵심역량의 분산 등으로 경쟁력이 약화되었다. 이러한 내부적인 요인뿐만 아니라 국제경쟁력이 약화된 철강 수요산업들이 두 차례의 오일쇼크를 계기로 생산 활동이 침체되면서 철강 수요가 급격히 감소했다. 그 결과 철강업계의 생산이 줄고, 가동률이 하락하면서 적자가 급격히 증가하는 악순환이 발생한 것이다. 이러한 과정을 통해 미국 철강산업은 국제경쟁력을 상실하게 되고 세계 철강산업에서의 주도권을 일본에게 내 주고 말았다.

뿐만 아니라 2000년대 초반 경기침체 시에 대규모 적자가 발생하면서 13

개 고로사 중에 US Steel과 AK Steel을 제외한 대부분이 파산보호신청을 하면서 부도 처리되었다. 그리고 남아 있는 두 회사도 경영실적이 회복될 기미를 보이지 않고 있다. 예를 들어 미국의 자존심이라 할 수 있는 US Steel도 2000~2016년의 17년 동안 10년간이나 적자가 발생했다. 이와 함께 미국 내 전체 조강 생산 중에서 차지하는 고로사들의 비중은 1970년대 중반까지는 80%를 상회했으나, 2015년에는 37%까지 하락하면서 미국 고로사들의 위상은 끝없이 추락하고 있는 것이다.

이러한 미국 고로업계의 위상 추락은 앞에서 살펴본 바와 같이 US Steel의 회장이 미국 고로사들의 파산 보호 신청이 한창이던 2002년 1월 International Herald Tribune紙와의 인터뷰 내용에서 극명하게 드러난다고 할 수 있다. 당시 Usher 회장은 "미국 철강업계가 안고 있는 120억 달러의 Legacy Cost를 정부가 지원해 주고, 통합과 관련한 반독점법 배제 및 수입 강재에 대해 관세 40% 적용을 요구한다. 이러한 요구가 받아들여져야 미국 철강산업이 무너지는 것을 막을 수 있다. 이러한 제안이 추해 보일지 몰라도 수십만 명의 철강 노동자들과 그 가족들을 길바닥으로 내모는 청산 보다는 추하지 않다"고 주장한 바 있다. 수십만의 노동자들과 그 가족들이 길바닥을 내몰리는 청산을 당할 지 모르니 비록 추해 보이는 제안이지만 정부가 이 제안을 받아 달라는 읍소였던 것이다.

이에 반해 일본 철강업계는 1950년대부터 활발한 내수 증가를 바탕으로 대량생산체제를 구축함으로써 1970년대 이후 세계 최대 생산국으로써의 지위를 확보했다. 이러한 양적인 확대뿐만 아니라 수입된 기술을 개량하여 자체기술로 체화하고 새로운 기술을 개발함으로써 기술적인 측면에서도 세계 최고수준의 경쟁력을 확보하게 되었다. 일본 철강산업이 세계적 주도권을 확보할 수 있게 된 요인 중에는 이러한 내부적인 노력뿐만 아니라 세계 최고 수준의 경쟁력을 가진 수요산업과의 Supply Chain 구축을 통해 국내외 시장에서의 공급 기반을 유지해 온 것도 있다. 또한 수입 시장에서는 외국산 철강재의 유입을 억제하는 시스템을 통해 일본 고로사들은 내수시장에서의 높은 시장점유율을 유지하고 있다. 뿐만 아니라 경영 위기 시에는 합리화에 협력하고 Cost 절감 활동에 적극 동참해 온 종업원들과의 협력적인 관계가 경쟁력을 유지해 온 요인 중의 하나라고 할 수 있을 것이다. 이는 미국 철강업계가 노사 간의 반목과 대립으로 임금의 과다 상승과 Cost 경쟁력의 상실을 초래했던 것과 비교된다고 할 것이다.

이러한 미국과 일본 철강산업의 흥망성쇠를 통해 한국 철강산업이 얻을 수 있는 교훈은 첫째, 한 나라에서의 철강산업은 경쟁력 약화로 한 번 무너지면 좀처럼 회복하기 어렵다는 점이다. 미국 고로업계는 과도한 임금상승으로 수입재에 대한 Cost 경쟁력을 상실하면서 1960년대 이후 철강 수입이 구조적으로 증가하기 시작했고, 1980년대 이후에는 미니밀에도 밀리면서 미국에서의 시장점유율이 지속적으로 하락했다. 또한 미국 고로사들은 자동차강판 등에 대한 원천 기술을 보유하고 있었음에도 불구하고 경영이 악화되면 연구 개발 투자를 줄이는 등 기술 개발을 게을리하여 수입재에 시장을 잠식당하고 수출도 어려운 구조가 된 것이다. 이에 대응하여 미국 고로업계가 대규모 구조조정도 추진하고, 무역제소를 통해 수입 억제를 시도해 보기도 하고, 외국 기업과의 합작이나 박판류 분야로의 특화도 추진해 봤지만 결국 회복되지 못하고 쇠락한 것이다.

둘째, 철강산업을 사양 산업으로 인식하지 말자는 것이다. 일본 철강업계도 1980~90년대 어려운 시기를 경험하기도 했으나, 이 시기에도 철강 부문의 경쟁력 향상을 위한 Cost 절감 노력뿐만 아니라 기술개발을 위한 노력을 지속하면서 결국 부활할 수 있었다. 일본 고로사들의 R&D투자 비중이 버블 붕괴가 한창이던 1993년에 최고점에 달했다는 점이 이를 방증한다고 하겠다. 철강 경기가 나빠지면 기술개발투자를 축소하고 구조조정에 집중했던 미국 고로업계와 비교되는 점이다.

결국 미래 위기상황의 발생 가능성에 대비하여 어떻게 준비하고 대응하는가에 따라 철강산업이 쇠퇴하느냐 또는 건전한 발전을 연장하느냐가 결정되는 것이다. 마치 젊은 시절에 운동 등을 통해 건강한 신체 유지노력을 한 사람들이 보다 건강하게 노년기를 맞이하는 것처럼 말이다.

제2장

한국 철강산업에 대한 시사점

 미국과 일본 고로업계의 부침을 통해 우리나라 철강산업이 가져야 할 시사점은 4가지 정도이다. 첫째는 비슷한 환경변화에서 미국 고로업계는 왜 쇠퇴하고 일본 고로업계는 왜 흥했을까 하는 점이다. 둘째는 미국이나 일본 사례로 봤을 때, 한국도 머지않은 장래에 철강 수요가 큰 폭으로 하락할 가능성이 있는데, 어떻게 대응할 것인가 하는 점이다. 한국 철강산업도 이미 성숙기에 도달한 상황에서 향후 외부 충격이 발생할 경우 미국이나 일본 철강산업처럼 수요 하락이 불가피할 것이기 때문이다. 셋째는 중국의 잠재적 리스크이다. 중국은 생산과 소비량 자체가 크기 때문에 수급 변동 시 등락의 폭도 커질 수밖에 없다. 예를 들어 2018년 조강수요 기준으로 10%만 감소해도 8천만 톤 이상의 공급 과잉이 추가 발생하게 된다. 이 경우에 중국의 수출 확대는 불가피해지는데 한국 철강업계는 어떻게 대응할 것인가 하는 점이다. 마지막으로는 중국의 철 Scrap 공급증가에 따른 준비가 필요하다는 점이다.

이러한 미래 환경 변화 가능성에 대응하여 사전에 대비할 필요가 있는데, 중요한 것은 우리 철강업계가 여력이 있을 때 선제적으로 대응하고, 쉬운 것부터 조금씩 개선해 나가는 것이 필요하다는 것이다.

이를 좀 더 세분화하여 설명하면 아래와 같다. 먼저 미국 철강업계처럼 쇠퇴하는 것을 막고, 일본처럼 높은 가동률을 유지하기 위해서 현 시점에서 중요한 것은 기술경쟁력이라고 본다. 임금 수준 등에서 개도국 철강사들에 비해 높은 수준을 유지하고 있는 상황에서 생산 비용을 개도국 수준으로 낮추는 데에는 한계가 있다. 뿐만 아니라 향후 경기 둔화 시에도 한국산 철강 제품을 구매할 수밖에 없는 시스템을 만드는 데 있어 결정적인 요소는 기술경쟁력이기 때문이다.

일본 철강업계가 2000년대 들어 수출 확대를 통해 일본을 소재공급기지화할 수 있었던 근본적인 배경에는 일본 고로업계가 가지고 있는 품질경쟁력이라고 단언하고 싶다. 2000년대 초반 글로벌 시장에서 자동차강판 기술 확보를 위한 철강기업 간 제휴 경쟁이 벌어졌을 때, 기술 도입을 원하는 개도국 철강사들은 자국 시장의 일부를 양보하고서라도 선진 철강사의 기술을 습득하기 위해 노력했다. 그 제휴 대상의 대부분은 신일철이나 JFE 등 일본 고로사들이었다.

이처럼 일본 고로사들은 기술을 제공하는 반대급부로 해외 시장을 확보할 수 있었던 것이다. 또한 이를 바탕으로 해외 단압밀 등에 대한 지분 투자 등을 통해 소재를 공급할 수 있는 기반을 확보했고, 엑슨모빌 등 해외 유수의 수요 업체들과 공동 기술 개발을 통해 안정적인 소재 수출 기반을 구축한 것이다. 결국 일본 고로업계가 부활할 수 있었던 근원적인 원인은 기술경쟁력이라고 할 수 있다.

따라서 한국 철강산업이 일본 고로업계처럼 높은 생산수준과 가동률을 유지하기 위해서는 국내외 시장에서의 경쟁력, 특히 제품경쟁력의 확보가 필수적이다. 이러한 기술력을 확보하고 궁극적으로 일본 고로업계를 추월하기 위해서는 연구 개발 투자를 상대적으로 높게 유지하고 제철소 현장과 수요 업계에 적용할 수 있도록 연구의 효율성을 높여야 한다. 특히 경기 변동기에도 합리화 대상이 되는 것을 피하고, 일본 고로사들에 대한 비교 우위가 확보될 때까지 높은 수준을 유지할 필요가 있다. 연구개발투자의 효율성이 낮다는 이유로 얼마되지 않은 R&D투자도 합리화한 미국 고로사들은 결국 쇠락한 반면, 높은 수준의 연구 개발 투자를 제철소 현장에 적용하고 수요가와 공동으로 개발을 확대한 일본 고로사들은 위기 상황에서도 재기할 수 있었다는 점을 반면교사할 필요가 있다.

둘째, 미국과 일본의 사례로 볼 때, 한국의 경기 침체 시 철강 소비의 하락 가능성이다. 대공황에 버금간다던 2009년 글로벌 금융 위기 상황은 제외하고 볼 때, 미국은 1973년 조강소비 Peak점에서 1982년 저점까지 철강 소비는 약 44% 하락했고, 동기간 중 조강생산은 51% 감소했다. 그 결과 설비가동률은 96%에서 48%로 급락했다. 1980년대 수요 감소에도 불구하고 수입이 증가했기 때문이다. 반면 일본은 1973~1977년 기간 중 조강소비가 29% 하락했고, 조강생산은 14% 하락에 그쳤다. 내수 침체를 수출확대로 대체했기 때문이다.

한국도 철강 수요가 포화점을 지났다고 볼 때 향후 선진국들과 같은 외부 충격이 올 경우 철강 소비는 큰 폭으로 하락할 가능성이 있다고 본다. 예를 들어 한국의 조강소비는 지금까지 Peak점을 기록한 2008년의 6,110만 톤에서 2018년에는 5,580만 톤 수준을 나타내고 있으나, 선진국의 철강 소비 감소율을 감안할 경우 향후 4천만 톤 전후로 하락할 가능성이 있는 것이다.

이러한 가능성에 대비하여 철강업계나 정부에게 필요한 것은 사전적 리스크 예방 활동이다. 사전적 리스크 예방은 경영학 사전에도 없는 단어이긴 하지만 위기 발생 이전에 예방 차원의 노력을 기울이자는 의미이다. 예를 들어 철강업계는 수요 산업과의 협력관계를 강화하는 것이다. 수요가들과의 제품 공동개발 활동의 폭을 넓히고, 해외 시장에서의 공동의 시장 개척 활동을 전개하는 것이다. 뿐만 아니라 과거 일본 철강업계의 불황 시의 대응 전략을 벤치마킹하여 사전에 대비할 필요가 있다.

사전적 리스크 대응에 있어 중요한 것은 노사 간의 협력적 분위기 조성이다. 일본 고로사들이 경쟁력을 확보하고 부활에 성공한 근원 중의 하나가 노사 간 협력이라는 사실을 노사 모두 명심할 필요가 있다. 종업원들에게 경영 상황과 환경 변화 요인을 설명하고, 지속적인 교육을 통해서 기업의 경영전략 추진에 협력할 수 있도록 분위기를 조성할 필요가 있다. 또한 종업원들도 미국이나 일본의 구조조정 사례에서 볼 수 있듯이 회사의 경영 악화에 따른 구조조정의 피해자는 결국 종업원들이라는 점을 인식하여 Cost 절감 노력뿐만 아니라 기술경쟁력을 제고시킬 수 있는 자발적인 노력이 필요할 것이다.

또한 정부의 역할은 철강업계 간 또는 철강업계와 수요 업계 간 협력적 분위기를 조성하는 것이라고 할 수 있다. 일본 정부도 그동안 철강산업에 대한 재정적인 지원과 함께 공을 들인 것이 상호 간 협력 분위기를 조성한 것이라고 하겠다. 이와 함께 만약 경기 침체가 발생할 경우에는 업계 간 과당 경쟁이 발생하지 않도록 정부의 조정자적 역할이 중요해질 것이다. 미국이나 일본의 경우에도 정부가 불황 카르텔을 용인하는 등 시장 안정을 위해 적극적으로 대응한 바 있다.

셋째, 중국의 경기 침체 시에 수입재의 유입 가능성이다. 현재 한국이 일본과 같은 수입 억제 시스템이 없는 상황에서 만약 중국의 경기 침체로 1억 톤 이상의 공급 과잉이 발생한다면 지리적으로 가까운 한국으로의 수출 압력은 한층 강해질 것이다. 특히 미국의 1980년대처럼 내수가 감소하고 있는 상황에서 수입 압력이 고조될 경우 한국 철강산업의 피해는 커질 수밖에 없을 것이다

이러한 상황에 대비하기 위해 우리 철강업계는 무엇을 준비할 것인가? 한국 철강업계가 장기적이고 관행적으로 형성된 수입 유통 구조를 일시에 바꾸기는 어려울 것이다. 그러나 미리 선제적으로 수입 시스템을 조정해 가고 철강업계와 수요산업계가 협력하여 국내산 제품을 사용하려는 노력을 기울이도록 시스템화해 나간다면 최악의 상황은 피할 수 있을 것으로 본다. 예를 들어 현재 수입물량의 10%만 수입 대체를 해도 연간 200만 톤의 국내 생산 증대와 가동률 상승이 효과를 가져올 수 있기 때문이다.

따라서 철강업계와 협회 및 정부는 수입 관리 시스템을 사전에 점검하여 조정 가능한 것부터 실행해 나갈 필요가 있다. 예를 들어 1998년 이전에는 철강재와 같은 건축 재료에 대해서는 KS 표시제품을 사용하도록 의무화하고 있었으나, 1999년 건축법 개정 이후 KS 표시제품의 의무 규정이 폐지되었다.[294] 즉 건축용 수입재에 대해서도 KS인증 의무 규정이 폐지된 것이다. 그러나 한국도 지진 발생이 증가하고, 수입재 부담이 증가하는 환경 변화에 대응하여 건축 현장에서 철강재를 구입할 경우 KS품질인증제도를 다시 의무

---

294 한국철강협회, "수입재 급증에 대응한 국내 철강시장 안정화 방안 연구-철강산업 유통구조의 선진화 방안을 중심으로-", 2006, pp. 108~109 참조

화할 필요가 있다. 국내 건축물의 안정성 강화를 위해서라도 의무화하는 것이 필요하고, 원래 의무화된 것이었기 때문에 어렵지도 않을 것으로 보인다. 이와 함께 일본에서처럼 종합상사를 활용하여 수입 유통시장에 대한 관리를 강화하는 것도 필요하다고 본다. 또한 미국이나 EU 등 철강 수입국들은 수입철강제품에 대해 일정 기간 내에 통계 정보를 입수하는 수입모니터링 제도를 운용하고 있다. 한국도 수입이 3천만 톤 수준을 유지하고 있는 상황에서 수입모니터링 제도의 도입은 당연한 것이다.

마지막으로는 중국의 철Scrap의 공급 과잉 발생 가능성이다. 중국의 철강 소비가 급증하면서 발생했던 철강 원료나 철강재 가격에 대한 영향처럼 앞으로는 중국에서의 Scrap공급이 증가하면서 국내외 철강 원료 및 철강 생산 구조나 철강재 가격에도 상당한 영향을 미칠 것으로 예상된다.

그동안 분석된 관련 자료들을 종합할 경우 중국의 Scrap 수요 대비 공급 과잉은 불가피할 것으로 예상된다. 공급 과잉은 우선적으로 중국 내 Scrap 가격의 하락을 초래하고 결국 수출 압력으로 작용할 것이다. 이와 함께 중국 내 철강 생산 구조가 근본적으로 바뀌게 되고 이는 다시 국제 철강 원료나 철강재 가격에 영향을 미칠 것으로 전망된다. 따라서 한국 철강업계는 이에 대한 사전 연구와 대응을 통해 기회요인을 활용하고 리스크 요인에 대한 피해는 최소화할 수 있도록 사전 대응이 필요할 것이다.

이상에서 살펴본 바와 같이 미국과 일본 철강산업의 흥망성쇠, 특히 고로업계의 부침의 근원은 원가경쟁력과 함께 기술경쟁력이라는 기본적인 경쟁력을 누가 먼저 확실히 비교 우위를 확보했는가에 달려 있었다. 기본에 충실하고 원천기술력을 가지고 외연을 확대한 일본 철강업계는 부활했고, 단기 수익성을 중시하면서 근원적인 경쟁력 확보에 실패한 미국 고로업계는 초라하게 축소되었다는 점을 교훈으로 삼고 철저히 대응해 나가야 할 것이다.

앞으로 철강업계뿐만 아니라 수요업계, 그리고 협회, 학계 및 정부 모두 힘을 합쳐 우리나라 산업들이 생존 가능한 체질을 만들고, 국내외 시장에서 상호 Win-Win할 수 있는 성장 모델을 구축하여 한국 철강산업이 장기간 성장세를 지속할 수 있기를 기대한다.

세계 철강산업의 주도권 변화

【한국자료】

고려대학교 경제연구소, 「철강공업발전 패턴의 국제비교 분석」, 1983. 1

곽강수, "세계 철강산업의 주도권변화와 시사점", POSRI 경영연구 논문 준비자료, 1998. 12

_____, "세계 철강 산업의 주도권 변화와 시사점", POSRI 경영연구 제1권 제2호, 2001. 8

_____, "미국 철강산업의 경영위기 발생원인 분석", POSRI Working Paper 준비자료 2002. 03

_____, "미·일 철강기업들의 경영다각화 사례", POSRI Steel Focus, 2001. 4. 20

김동하, "중국 거시경제정책 산업정책 중앙지방 관계가 철강수급에 미치는 영향력 연구", 한국외국어대학교 국제지역대학원 박사학위논문, 2007. 2

대신증권, "Nippon Steel & Sumitomo Metal", 기업분석- Global Company Report, 2016. 7. 29

박경서 외 3인, "글로벌 공급과잉기 우리나라 철강산업의 발전방안", 한국은행 대전충남본부/광주전남본부, 2016. 12

박명섭 외 2인, "일본 철강산업의 유통구조와 진입장벽에 관한 연구", 무역학회지, 제36권 제4호, 2011.8, pp. 69~95

박상우, "최근 중국 철강산업의 구조조정 추진현황과 시사점", 주간 경제 다이제스트, 한국은행 포항본부, 2015.3.20

박상우, "일본 철강산업의 구조개혁 성과와 시사점", 주간 경제 다이제스트, 한국은행 포항본부, 2015.4.24

박현성, "세계 최강으로의 재도약을 꿈꾸는 新日本製鐵", POSRI 내부자료, 1996

박현성, "일본 고로사의 인도·아세안 전략 강화 배경과 특징" POSRI 이슈리포트, 2018.11.8

박현성, 탁승문, 허진석, 최동용, "Supply Chain 관점에서 본 일본 철강사의 강점", POSRI 이슈리포트, 2006.10.9

서영인, "중국 철강산업발전정책이 산업조직에 미친 영향분석", 중국학연구 제57집, 2011

심상형, "디탸오강(地條鋼) 폐쇄의 나비효과 - 중국 철강산업의 구조조정은 계속될까?", 포스코경영연구원 Chindia plus, 2017.11/2월호

염미경, "일본 철강대기업 고용합리화와 노조의 대응전략-신일본제철 야하타제철소의 사례-", 산업노동연구 제4권 제1호 1998

이덕훈, "일본의 철강산업 발전과 산업정책", 韓日經商學會 韓日經商論集 Vol. 10, 1994, pp. 173~204,

이민근, "일본 고로업계 재편바람, 어디까지 불까?", POSRI 이슈리포트, 2016.3.31

이민근, "2017 세계 철 스크랩 시장에 중국發 변화의 바람 - 향후 공급량 늘어나며 장기적으로 가격 하락 예상", 포스코경영연구원 Chindia plus, 2017.11/12월호

이진우, "중국산 철강제품이 힘 못쓰는 일본 철강시장의 특성과 시사점", POSRI

보고서, 2015.9.2

임종원, 「철강산업의 경쟁과 협력」, 서울대학교 경영연구소, 1991.2.

장원익, "중국 철스크랩 수출량을 결정하는 요인들", POSRI 이슈리포트, 2018.12.13

전기용 외 1인, "철강재 표준화 전략, KS 등 품질인증제도의 활성화부터", 포스코 경영연구원 이슈리포트, 2015.6.23

정은미, "중국 철강산업발전정책의 주요 내용", KIET 산업경제, 2005.8, pp. 74~88

조문제, "일본 상사의 해외 코일센터 운영 특징 및 시사점", POSRI 이슈리포트, 2018. 7. 5

톨스토이, 「인생이란 무엇인가」, 채수동 · 고산 옮김, 신원문화사, 2018.6.1

한내희 외, 「WTO 체제하의 국제통상 현안」, 포스코경영연구소 연구보고서, 1995.12

POSCO, "철의 역사와 함께하는 세계 철강산업의 노사관계 - 일본편", 포스코내 부자료, 2008. 1. 24,

POSCO, "일본 철강업체의 감산시 고용조정 사례", 내부자료, 1998.8.10

포스코경영연구소, 「한미 철강 통상 마찰 - 역사와 향후 과제」, 1996.7

──────────, 「뉴 밀레니엄 철강산업의 도전과 기회」, 한국철강신문, 2000.8.1

──────────, 「중국 철강산업의 오늘과 내일」, 한국철강신문, 2005.6.1

──────────, 「新철강시대 글로벌 철강산업의 도전과 기회」, 한국철강신 문, 2008.6.1

──────────, "POSCO의 국가경제에 대한 기여도 분석", 연구과제, 2000.11.

──────────, "세계 철강산업의 흥망성쇠", 연구과제, 2009.10

_____, "글로벌 위기 이후 세계 철강산업 구조변화 전망", 연구과제, 2009. 3

_____, "일본 경제 및 철강산업 大해부", 연구과제, 2013. 12. 9

_____, "중국 대해부 - 철강", 연구과제, 2014. 12. 10

_____, "국내 철강재 수입 급증과 제도적 요인", 연구과제, 2015. 9

_____, "주요 철강전문기관의 중국 철강소비 Peak예측", POSRI북경 사무소 이슈분석, 2010. 7. 9

_____, "글로벌 철강사의 사업다각화 추진사례와 교훈", POSRI이슈 리포트, 2018. 3. 22

_____, "미·일 철강업계의 경영다각화 사례 및 시사점", POSRI Steel Focus, 2001. 4. 20

한국신용평가, "철강: 내우외환의 철강산업, 차별화는 계속된다", 2019

한국철강협회, "수입재 급증에 대응한 국내 철강시장 안정화방안 연구 - 철강산 업 유통구조의 선진화 방안을 중심으로 - ", 2006. 11

일경산업신문, "신일본제철, 상해보강과 합작", 2003. 7. 23일자

Meritz증권, "Entering a New Phase", 산업분석 자료, 2018. 11. 8

Harry Dent, 「2018 인구절벽이 온다」, 권성희 옮김, 청림출판, 2015. 5. 18

【일본자료】

新日本製鐵,「炎とともに - 新日本製鐵株式會社十年史 -」, 新日本製鐵株式會社 1981. 3

岩井正和,「鐵に賭ける」, タイヤモンド社, 1992. 3

日本經濟新聞社,「新日鐵の變身」, 日本經濟新聞社, 1988. 11

日興リサチセンタ-,「新日本製鐵の 研究」東洋經濟新報社, 1982. 12

兒玉光弘,「アメリカ 鐵鋼業の 盛衰」, 日鐵技術情報센センタ-, 1994. 6

日本興業銀行, "日美 鐵鋼産業の 將來展望"- 我が國 鐵鋼業の 新たなる 展開に 向けて -, 興銀調査 1994 No. 3, 1994

日本貿易會 貿易研究所, "美國産業 貿易構造의 變遷과 展望", NIRA 위탁연구 NRC-85-23, 1987. 12

戸田弘元,「現代世界鐵鋼業論」文眞堂, 1984. 11

市川弘勝,「日本 鐵鋼業の 再編成」, 新評論版, 1974. 10

大橋周治,「現代の産業 - 鐵鋼業」, 東洋經濟新報社, 1966. 12

川上清市,「鐵鋼業界の動向と構造」

川崎 勉,「日本 鐵鋼業 - その 軌跡」

市川弘勝,「日本 鐵鋼業の 再編成」, 新評論版, 1974. 10

日本鐵鋼聯盟,「戰後鐵鋼史」, 1958. 12

川端 望, "戰後 미국 철강산업에 있어서의 성장의 一國的 構造" - 리스트럭처링 의 諸前提에 관한 연구 (1), 證券研究年報 제10號, 1995

―――, "일본 철강산업의 과잉능력 삭감에 있어 정부의 역할 - 1970~2000년대 경험", Tohoku Economics Research Group Discussion Paper, No. 371, 2017. 7

浜田直也, "신일본제철에 있어 연구개발전략" 新日鐵技報 제391호, 2011

일경산업신문, "철강 - 연구개발력의 회복 열쇠, 鐵源의 공동생산(승자의 조건)", 2002. 1. 11일자

일경산업신문, "전환기의 신일철(5) 기술의 축적을 유지할 수 있을까", 2003. 3. 9 일자

일경산업신문, "신일본제철, 상해보강과 합작", 2003. 7. 23. 일자

【영어자료】

AISI, *Annual Statistical Report*, 각년호

Hogan, William, *Steel in the United States: Restructuring to Compete*, Lexington Books, 1984

IISI, "Short Range Outlook", 각년도

Seiichiro Yonekura, *The Japanese Iron and Steel Industry*, 1850-1990, 1994

WSD, *Steel Strategist #41*, 2015.11

Yoshitaka Suzuki, "The Rise and Decline of Steel Industries: A Business Historical Introduction", pp. 1~18, Changing Patterns of International Rivalry: Some Lessons from the Steel Industry, Edited by ETSUO ABE, YOSHITAKA SUZUKI, University of Tokyo Press, 1991

Paul F. Paskoff,, "The Growth of American Steel Industry 1865-1914: Technological Change, Capital Investment and Trade Policy", pp. 76~109, Changing Patterns of International Rivalry : Some Lessons from the Steel Industry, Edited by ETSUO ABE, YOSHITAKA SUZUKI, University of Tokyo Press, 1991

Paul A. Tiffany, "The American Steel Industry in the Postwar Era: Dominance and Decline", pp. 245~265, Changing Patterns of International Rivalry: Some Lessons from the Steel Industry, Edited by ETSUO ABE, YOSHITAKA SUZUKI, University of Tokyo Press, 1991

Paul A. Tiffany, "The Roots of Decline: Business-Governmant Interaction in the American Steel Industry, 1945-1960", Journal of Economic History, vol. XL IV, No. 2, June 1984

Robert W. Crandall, *The U. S. Steel Industry in Recurrent Crisis - Policy Options in a Competitive World* -, The Brookings Institution, Washington, D.C., 1981

Ronald G. Garay, "U.S. Steel and Gary, West Virginia: Corporate Paternalism in Appalachia", 2011

Kenneth Warren, *Big Steel - The First Century of the United States Steel Corporation 1901-2001*, 2001

Rod Beddows, Steel 2050, Devonian Ventures Kingsbridge, Devon, UK, 2014.10.6

SEC, 10-K Report - US Steel, 각년호

Nucor, *Annual Report 2015*, 2016

WSA, "Top Steelmakers in 2018", 2019.5

F. Zhong, "Is it time for China to switch to electric arc furnace steelmaking?", worldsteel Blog, 2018.2.13

OECD, "OECD Steelmaking Capacity Database, 2000-2018" (http://www.stats.oecd.org)

【기타자료】

EBS, "EBS 다큐프라임 - 앙트레프레너, 경제강국의 비밀 5부 - 아메리칸 시스템의 비밀", 2016.10

미디어 참여와 혁신, "일본의 비관세 장벽, '철의 장막'", 2004.10.10일자

인터넷 Daum백과

Google Wikipedia, https://en.wikipedia.org/wiki/Iron_mining_in_the_United_Stat

Google 위키백과사전

Naver Blog, "미국의 역사: 3. '대량생산'과 '대량소비'의 시대(1910~1930)", 2015.1.6

Naver Blog, "미국의 역사: 2. 발명왕 · 철강왕 · 석유왕의 시대(1870~1910)", 2014.12.25

Naver Blog, 미국의 역사: '대공황'과 '2차 세계대전'(1930~1945), 2015.1.11

Naver Blog, "일본 현대사의 이해", http://blog.naver.com/jphi/150045487005

Naver Blog, "세계 철강산업을 발전시켜온 10대 철인", 2005.03, http://blog.naver.com/basicity/

인터넷 Pittsburgh Business Times, 2015. 7. 8

Lehigh University Homepage

Yahoo Japan Wikipedia 등 검색자료